monique jetté

17.

LES ÉNIGMES DE L'UNIVERS
Collection dirigée par Francis Mazière

ISOLA PISANI

PREUVES
DE SURVIE
Croire ou savoir ?

ÉDITIONS ROBERT LAFFONT
PARIS

Si vous désirez être tenu au courant des publications de l'éditeur de cet ouvrage, il vous suffit d'adresser votre carte de visite aux Éditions Robert LAFFONT, Service « Bulletin », 6, place Saint-Sulpice, 75279 Paris Cedex 06. Vous recevrez régulièrement et sans aucun engagement de votre part leur bulletin illustré, où, chaque mois, sont présentées toutes les nouveautés que vous trouverez chez votre libraire.

ISBN 2-221-00464-7

« *La mort est aujourd'hui devant moi*
comme la fin d'un orage...
La mort est aujourd'hui devant moi
comme le désir qu'a un homme de revoir sa maison
après avoir passé nombre d'années en captivité... »

PLATON, *Criton.*

A tous ceux
qui, par doctrine ou cécité,
ne savent pas
que la matière est énergie, vie, esprit,

et

pour Edgard, Bertrand, Pucci P.

OUVERTURE :

Un chercheur et la survie

Traitant de la mort, de la survie, de l'immortalité, les volumes se succèdent. Promettant sur ces thèmes des lumières nouvelles, titrant la mort comme une naissance, affirmant l'autre côté de la vie, ils capturent l'intérêt du chaland. Celui-ci n'y trouvera cependant, à son grand désarroi, que de succulentes hypothèses assorties de réserve et de neutralité prudentes. Les auteurs cautionnent ces sobriétés par l'exigence d'un « esprit-scientifique-qui-s'interdit-de-conclure », ... « qui-se-refuse » — hélas ! — à donner une explication des faits insolites présentés, car « à l'heure actuelle » personne n'en peut raisonnablement avancer qui serait satisfaisante...

Satisfaisante pour qui ? ... savants, théologiens, médecins, vous, moi ?

Satisfaisante selon quels critères ?

Ceux-ci restent généraux et nébuleux.

Le lecteur n'est guère satisfait lui non plus, ayant acquis des ouvrages qui démentent peu ou prou les alléchantes petites formules du titre choisi pour faire vendre. Pages qui portent parfois en son esprit le trouble d'éléments nouveaux, qu'il ne sait ou n'ose interpréter. Et de faits dont la portée est dévalorisée par ceux mêmes qui ont néanmoins voulu les publier.

Preuves de survie

Le sens de la vie, l'espoir d'une démonstration d'existence après la mort sont des interrogations si essentielles pour nombre d'entre nous que l'on achète encore, désirant trouver quelque part enfin des éléments susceptibles d'étayer une conviction, quelle qu'elle puisse être. Certains perdent confiance au cours de ces errances, et deviennent vulnérables aux humeurs neurasthéniques.

Auteur pour ma part de *Mourir n'est pas mourir*, récit d'une expérience concluant à l'irréalité de la mort comme telle, j'ai reçu maints témoignages écrits ou verbaux, de l'amertume conçue par ceux qui voudraient bien comprendre s'ils sont promis au zéro ou à l'infini, comprendre si leur passage terrestre relève d'une fatalité, d'une absurdité, d'un hasard ou d'une chance.

Saura-t-on ? Ne saura-t-on pas ?

En ce qui concerne sa destinée, l'homme serait-il voué à l'Inconnaissable ?

Absolument pas : nous sommes environnés d'informations valables, déterminantes même. Parfois contradictoires, souvent stupéfiantes, il leur arrive — hélas ! — d'être exploitées autant par des illuminés que par des charlatans... Comment s'y reconnaître ?

En s'astreignant à l'étude.

En adoptant l'état d'esprit méthodique d'un chercheur en se gardant toutefois des boulimies intellectuelles. Les Gargantuas de bibliothèque n'en tirent pas les résultats les plus clairs : alourdis d'absorptions massives, ils se montrent inaptes aux synthèses.

Rares sont les chercheurs rigoureux. S'ils sont également acharnés et patients, c'est victorieusement qu'ils terminent leur « traque »...

Estimant exemplaire ce type de démarche, jugeant qu'en suivre les étapes indiquera un certain cheminement réussi à mes nombreux correspondants — ils m'ont demandé avec insistance des détails de recherche, et ils m'ont pressée de prendre position pour ou contre l'évidence du néant — nous avons conclu accord, mon ami « Georges » et moi, pour raconter sa quête et en expliquer les incidences.

Ouverture : Un chercheur et la survie

Georges P. est un presque quinquagénaire, de caractère pragmatique. Il exerce la profession de pharmacien, mais a eu le goût d'acquérir ses diplômes de stomatologiste.

Deux événements l'ont déterminé à « gravir la montagne » : la mort de sa sœur ; l'attitude prise par son beau-frère Thomas Orville * qui n'a pas accepté de se résigner aveuglément à la mort de, sa jeune femme. Retrouvant ses vies antérieures, Thomas' acquit la certitude qu'aucun de nous réellement ne meure, et que l'existence se poursuit au-delà du fonctionnement du corps physique.

D'abord sceptique, mais curieux, Georges fut le témoin familier de ces investigations surprenantes et pénibles. Vint un jour où, s'irritant contre lui-même de sa passivité de spectateur, il décida d'établir son dossier personnel « Survie ».

Voici donc le Journal de son enquête.

---

* *Mourir n'est pas mourir*, R. Laffont 1978. Récit véridique de recherches de vies antérieures avec l'aide du D^r et de Mme KELSEY.

> « Sa tragédie
> était d'être incapable
> d'indifférence. »
>
> I. B. Singer,
> *Le Manoir.*

Journal du Dossier-Survie
de Georges

Un « journal » : tel sera bien le récit fidèle de mes parcours d'investigations. Toutefois, ils sont ici dépouillés de méandres excessifs, et des nébulosités traversées au moment des fatigues et des perplexités.

J'ai ordonné ce compte rendu d'instruction de mon dossier-survie, sans pourtant falsifier la démarche profonde. Ainsi ai-je « rencontré » les documents du Pr Stevenson (premières publications en 1960), avant ceux du colonel de Rochas (1893). Mais pour dégager les cohérences possibles, j'ai dû les situer à leur place respective d'après la chronologie narrative. J'ai aussi procédé à certains regroupements : ils étaient indispensables à une vue d'ensemble. Pour servir à ce que de droit, c'est le deuxième temps, celui de la mise en place que je vous livre, les premiers contacts avec des éléments disparates étant sans grand intérêt.

Pourquoi m'être lancé dans une telle entreprise, quand il aurait été si simple de laisser passer les jours sans songer à ces complexités ?

Précisément parce qu'il m'était impossible de n'y pas penser.

Particulièrement parce qu'une question m'obsédait : la science actuelle apportait-elle quelque chose à la connais-

15

sance de la mort ? « Science et Mort » : était-ce une incompatibilité, un procédé d'observation, un outil de prospection ?

Il est clair que notre souci d'objectivité est moins cartésien qu'imprégné des réactions de l'iconoclaste XVIIIᵉ siècle aux excès obscurantistes et religieux. S'y ajoutent de fortes influences. Celle du positivisme n'est pas des moindres. Celles de technologies rationnelles, efficaces jusqu'à Hiroshima et jusqu'à la conquête de la Lune consacrent la souveraineté des sciences sur les approximations de l'intuition. Apparemment, l'époque des sorcières est aussi révolue que celle des mystères.

Mais quelques questions essentielles nous restent encore sur les bras.

Et pour d'innombrables Occidentaux celle-ci : qu'advient-il de nous après l'événement-mort ? Certains considèrent que nous ne « mourons » pas... auraient-ils raison ? Ont-ils des arguments ? Nous voudrions des PREUVES.

Longuement, j'ai réfléchi durant ces dernières années à ces assignations en irréfutabilité avec lesquelles les partisans conservateurs de thèses traditionalistes clouent au pilori ceux qu'ils considèrent en adversaires : les « révolutionnaires » découvreurs de rudiments originaux.

Une large part de mauvaise foi y est décelable. Mais il est normalement souhaitable que les faits nouveaux mis ici et là en lumière soient examinés avec réflexion et logique. Reconnus plausibles, ils ne devraient pas être rejetés sous prétexte de non-concordance harmonieuse avec les dogmes en place.

La Vérité ne serait-elle pas constituée de vérités relatives et multiformes s'enrichissant les unes des autres, s'affinant des approfondissements et des précisions obtenues ?

Des clartés, il n'y en a guère, ai-je autrefois pensé, dans le domaine de la mort et de la survie. Mais je me trompais.

Il semble, en effet, au premier abord, que depuis les temps historique, ni la thèse du néant ni celle de la survie n'ait jamais triomphé. Et que cette situation doive se poursuivre. Pourtant si aucune des deux n'a réduit l'autre au ridicule et au silence, numériquement la théorie-survie est majoritaire aujourd'hui par plus de trois milliards et demi d'adhérents.

Certes. Mais c'est affaire de Foi : tel y « croit », tel n'y « croit pas ». Rien n'est prouvé. Rien ne le sera.

La cohorte des « matérialistes » et le peuple des « spiritualistes » ne cessant de se chercher conflits à travers les millénaires, leurs clans apparaissent aussi naturels que la nuit suivant le jour. Crédules ou incrédules, sont les épithètes les plus nuancées dont ils se tancent. De part et d'autre, il s'agit bien de foi — jusqu'à la foi de non-foi —, donc d'adhésion ou de rejet émotionnels. Comme si, de naissance, chacun se trouvait porteur d'une instinctive pré-disposition, pré-dilection, envers le camp des valeurs invisibles, ou pour celui des valeurs mesurables.

Et de génération en génération, l'on guerroie dans la passion irrationnelle, pour la victoire d'un « croyant » sur un antagoniste qui, tenant d'un autre système, est accusé de crime d'incroyance. Les procédés visant à instaurer une prédominance temporelle, immédiate et sans discussion, se sont illustrés par une cruauté sans merci : exécutions, persécutions, tortures, procès, exils, discriminations sociales, déportations, asservissements et génocides, guerres de religion.

Reconnaissons que la querelle métaphysique — religieuse dit-on le plus souvent — est l'étendard à l'abri duquel se sont liquidés des comptes qui n'avaient rien à voir avec l'existence d'une « âme », ou celle de la « vraie » foi.

Fréquemment sordide, entachée de préjugés, de réflexes agressifs et défensifs défavorables à l'échange d'arguments précis, elle se poursuit.

CE DÉBAT PEUT MAINTENANT ÊTRE ABORDÉ AUTREMENT : NON PLUS EN TERMES DE CROYANCE, MAIS EN TERMES DE RAISONNEMENT.

Sur ce thème de la survie, une vérité-certitude ne dépend plus du gai rayon de soleil nommé « grâce » éclairant l'un ou l'autre selon d'inexplicables distinctions — tellement irritantes pour ceux qui n'en bénéficient pas ! En 1980, accéder à des connaissances claires sur ces questions essentielles ne relève ni de prédestination ni de révélation. Il est devenu possible de trancher — donc de comprendre — d'après constatations, faits et témoignages, avec l'effort de l'étude et l'appui de la logique.

Preuves de survie

La chanson est optimiste, mais elle est singulière, direz-vous. Pourquoi les « autorités » ne concluent-elles pas, si vraiment les données actuelles permettent d'en arriver là ?

Pour plusieurs raisons s'interfluençant au point de constituer forteresse de refus :

— par méfiance légitime des duperies : tant de mensonges nous ont été racontés ;

— par héritage culturel : pour notre civilisation, la mort est une insondable donnée, un mystère sacré ;

— par conformisme rationaliste : qui, particulièrement parmi les spécialistes intellectuelo-maniaques contemporains, serait assez fou pour affirmer en mots simples que « l'âme », ou bien encore une « conscience individuelle », ou bien encore une « énergie-conscience-personnalisée », traverse sans dommage les stades naissance-mort ?

— par peur, si l'on ose, d'être réputé « naïf-non-scientifique » : telle est l'une des plus graves opprobres de notre temps, dans nos pays développés ;

— par cloisonnements résolus, par spécificités accrues : les apports d'une discipline sont le plus souvent conservés comme apanages exclusifs, sans confrontation avec les concordances éventuelles de la branche voisine ; donc non-corroboration, donc non-synthèse.

— par paresse personnelle : est-ce vraiment nécessaire de remettre en cause les approximations benoîtes énoncées par nos parents, maîtres et philosophes, nos « sages » ? En dépit d'une tentation cachée, une « tendance qui peut être formulée comme le désir de devenir de plus en plus ce que nous sommes réellement, de devenir tout ce qu'on est capable de devenir * », n'est-il pas confortable de s'en remettre aux penseurs et aux savants... tant de problèmes concrets nous réclament immédiatement.

---

* Pr Abraham MASLOW, *Motivation and Personality.*

Ainsi en est-il normalement pour la plupart d'entre nous qui sommes nés dans la civilisation occidentale ne reconnaissant que ce qu'elle chiffre et ce qu'elle consomme. Elle ne valide que ce qui lui ressemble. Elle exclut ce qui la surprend.

Mais l'enfant heureux mourant à treize ans tandis que perdurent les agonisants des famines institutionnelles, qu'est-ce que cela veut dire ? La maladie terrible mutilant des familles harmonieuses, alors que la mort n'achève pas le prisonnier torturé, comment la supporter ? L'accident tuant un être utile, mais épargnant la crapule et le vieillard égoïste, comment l'accepter ? « Qui » fait le choix ? Le destin... Dieu... mais alors, quelle conception s'en faire vraiment !

Ces questions me traversaient l'esprit. Elles ne m'ont rongé le cœur que lorsque je fus moi-même directement blessé : ma sœur, jeune femme épanouie prochainement mère, « trouva » — telle est la curieuse formule — la mort dans un accident d'automobile dont nous ne connaîtrons jamais l'explication : pas de chauffard d'après témoins, pas de pneu éclaté ni d'incident mécanique. Sans doute une défaillance physiologique inattendue. La volonté de Dieu, dit ma mère, femme de pieuses pratiques et de réflexes religieux.

Le besoin de savoir si nous bénéficions de quelque continuité d'existence au-delà d'ici — ou d'obtenir la preuve qu'il n'y en a aucune chance — est alors sorti pour moi du domaine philosophique pour envahir celui des exigences quotidiennes. D'autant plus que mon beau-frère Thomas ne se résignait pas à son drame, il entreprenait une enquête active sur la mort, ou bien était-ce sur la survie. Elles ne pouvaient être dissociées.

Thomas est un être pétri de volonté autant que de passion. Quant à moi, je suis méfiant, lent, et désabusé de bien des rêves. En frère et en ami, j'ai suivi puis accompagné son étude. La mienne n'a commencé en vérité que beaucoup plus tard. Elle me ressemble... Mais elle est nourrie de nos lectures, de nos discussions, aussi des angoisses de ceux que nous avons rencontrés au cours de ce laborieux cheminement vers une certitude. Marquées de mon tempérament de fourmi, et naturellement de mes choix, mes recherches s'absorbèrent quelquefois en des orientations différentes de celles approfondies par Thomas. Mais elles se rejoignent en se complétant, et se confortent réciproquement.

Après un travail assidu d'information critique, de raisonnement et de réflexion, nous avons l'un et l'autre acquis des sérénités, avec des évidences. Je livre mon « journal de bord » comme un témoignage versé au dossier des vérités accessibles. Je précise qu'il n'a aucune prétention à la nomenclature parfaite des auteurs et des approches traitant de ces sujets. Pour rassembler la multiplicité des éléments disponibles et en apprécier l'inégale valeur, il aurait fallu plusieurs archivistes et plusieurs fortunes. « Tout » réunir en notre temps de foisonnement s'avérant une ambition irréalisable, je fus contraint à des sélections. Elles furent riches à mon sens, substantiellement instructives.

Certaines recherches dont j'ai eu connaissance sont par trop orientées, dès l'abord, et partiales. Les conclusions en sont par conséquent excessivement subjectives. Cette remarque m'incitait aux rigueurs méthodiques, aux enthousiasmes réfrénés, aux témoignages corroborés : c'est avec défiance des aveuglements que je m'engageais dans ce qui pouvait être considéré comme un irréductible casse-tête.

Première observation :

Il est rapidement apparu que quantité d'analyses « objectives » sont menées dans le cadre étroit de campagnes contre les attitudes dites de crédulité, celle-ci devenant synonyme de puérilité imbécile.

Quand s'affirme la puissance des ordinateurs, le refus d'allégations infondées, de superstitions grossières, de faits sensationnels clamés sans justification n'est que naturel. C'est un comportement sain que de refuser ce qui est imprécis. Et de porter la polémique pour séparer la clarté de l'imposture. Mais il faut alors aller jusqu'au bout, à l'inverse de tel notable écrivain, hostile à la véracité de messages reçus des esprits, aux manifestations psi, à l'éventualité d'une survie personnelle — mais il est catholique et attend la résurrection finale. Il est médecin, prêtre, juste pourfendeur d'axiomes que l'on ne démontre pas, jetant sur les mythologies consolatrices l'anathème d'une intelligence éclairée... Comment ne pas partager son indignation : il a raison, ne nous laissons pas persuader sans pièces à conviction, soyons avisés. Qu'on ne nous prenne pas pour les enfants que nous ne voulons plus être. Nous réclamons des preuves, des documents, des examens en laboratoire, des historiques, des précédents, des prévisions.

Pourtant cet homme exigeant demande que soient acceptés sans hésitation comme vérité d'évidence, ses propres postulats d'explication du monde, entre autres : « Jésus-Christ-Fils-de-Dieu-Créateur ».

Ainsi les critiques prétendus objectifs se fondent néanmoins sur leur propre article de foi !

... Au cours notamment de l'émission « Chez vous ce soir », du 30 mars 1975, sur TF 1, des hommes d'Église ont exprimé leur réserve quant à la personne historique et divine du Christ. Ce qui ne porte cependant aucune atteinte à la valeur du Message évangélique. Je ne vais pas reprendre ici les déchirements et les schismes connus depuis les premiers siècles à ce propos par l'Eglise catholique, ni les décisions de ses conciles statuant sur une définition dogmatique du Messager. Quant à la création de notre monde et à l'évolution de l'univers, les avis sont très partagés...

Cette formule lapidaire « Jésus-Christ-Fils-de-Dieu-Créateur » est citée à titre de sentence exemplaire prêtant à discussion.

De ce type de discriminations arbitraires : « vos vérités sont sans fondement, les miennes sont au-dessus de tout soupçon ; votre foi est erronée mais ma foi est juste », les cas pullulent.

Deuxième observation :

Des lignes de conduite constructives s'en dégagent :

a. Aucune progression vers la compréhension de la vérité, — quelle qu'elle soit — n'est possible par affrontement entre « credos ». Condamner des opinions en agitant son propre fanion, et en psalmodiant les aphorismes d'un manifeste, c'est s'en tenir à l'irrationnel.

b. Si la logique est évoquée comme système d'argumentation, elle doit être acceptée en ses conséquences extrêmes : les « postulats » seront écartés pour tous les clans en lice. Ayons la correction de ne pas demander aux champions de thèses contradictoires d'admettre des prémisses invérifiables, même si elles nous sont très chères.

c. Les critères et mécanismes de ce procédé d'analyse logique seront uniformément appliqués, et l'information se construira d'après des faits et non sur des croyances.

Troisième observation :

Une étude « solide » n'accepte pas le passage soudain de l'éventualité à l'affirmation, selon ce que je nommerai « articulation téméraire ». Pris dans un ouvrage traitant de la vie possible sur la Lune, voici une citation illustrant ce procédé très dynamique, mais peu convaincant :

« Si, dans le milieu que nous lui connaissons, la Lune a jamais réussi à favoriser une telle forme de vie, cela n'a pu se passer qu'à une ère tellement reculée que nous n'en avons jamais eu connaissance. Pourtant, il se peut aussi que cette hypothèse même nous soit dictée par des habitudes de pensée périmées. Une autorité aussi considérable que Patrick Moore n'y exclut pas en effet, la possibilité d'une sorte de vie autochtone tellement étrange qu'elle nous échappe.

« Par conséquent, nous devons admettre qu'il y a en ce moment sur la Lune une population émigrée d'autres planètes. »

Devons-nous admettre ? ... Non. A mon avis, non. Pas comme cela. Là aussi se trouve ample matière à controverse. Aussi en ai-je conclu qu'il serait salutaire d'éviter tout autant les périls de « jugement téméraire » que d' « articulation

---

* Dr P. MOORE, membre de la Société Royale d'Astronomie, consultant auprès de la NASA, directeur de section de l'Association britannique d'Astronomie, etc.

téméraire ». Ainsi seulement naîtra-t-il une chance de
dénouer des enchevêtrements.

Quatrième observation :

La tendance à expliquer ce qui paraît invraisemblable par
invraisemblances supérieures ou définitions arbitraires est
aussi amusante que remarquablement répandue. Comme
l'exclusion sans appel de certaines familles d'hypothèses.
Ce cas parmi d'autres :

« Il y a cent ans * si quelqu'un était assez crédule pour croire que
des pierres tombaient du ciel, on lui tenait ce raisonnement : il n'y a
pas de pierre dans le ciel, donc nulle pierre ne peut tomber...

(...)
« En 1772 un comité dont Lavoisier faisait partie, fut désigné par
l'Académie pour examiner un rapport sur la chute d'une pierre
tombée à Lucé, en France...

(...)
« L'analyse de Lavoisier « prouva irréfutablement » que cette
pierre n'était pas tombée, mais qu'elle avait été frappée par la
foudre. Officiellement, les chutes de pierre furent damnées, et
l'explication de la foudre fut le standard de l'exclusion. On n'aurait
pas pensé que les pierres damnées puissent crier haro sur une
sentence d'exclusion, mais, subjectivement, les aérolithes y parvin-
rent...

(...)
« On peut avoir toute la science de Lavoisier et rester incapable
d'analyser, ou même de voir, au-delà des hypnoses ou des contre-
hypnoses conventionnelles de son époque. »

Encore l'explication par la foudre semblait-elle sensée.
Est-il sensé de rejeter catégoriquement l'éventualité même
de la réincarnation en donnant comme diagnostic « absolu »
des réminiscences précises antérieures, un lien soudain
télépathique — et curieusement restreint à quelques éléments

---

* 28 — Voir à la fin du volume, la bibliographie numérotée.

sans aucun intérêt général — avec l'inconscient collectif ?

Compte tenu des myriades d'informations envisagées comme collection collective subconsciente, la captation involontaire par une seule personne de données concrètes « étrangères » concernant une autre personne maintenant disparue dans la mort, n'est-elle pas un phénomène cent fois plus « fou », mille fois moins vraisemblable, que le fait de réincarnation ?

Mais par le canal des théories freudiennes, l'inconscient fut bien accueilli de l'intelligentsia du siècle dernier : il est orthodoxe, son « crédit » est immense, largement utilisé pour répondre aux obscurités du comportement humain.

Par contre, la réincarnation, disgraciée en 553 par le Concile de Constantinople — donc non orthodoxe — n'est même pas tolérée comme hypothèse d'analyse. Alors que se multiplient partout des témoignages troublants, tandis qu'un milliard d'individus vivent dans sa réalité.

L'un — l'inconscient — est « capable » de tout, car l'on a fait de Freud l'un des monuments consacrés de la science. L'autre — la réincarnation — d'après vote d'une trentaine de monolithes sacrés de la théologie que sont les cardinaux, est violemment récusée.

Lui accorder quelque intérêt dénoterait une grande faiblesse d'esprit, estiment les « classiques ».

Virevolter des condamnations sans appel aux entraînements dévotionnels, est-ce là une méthode de recherche ? De quel droit « divin » s'arroge-t-on pour exclure ainsi ?

Le présent dossier est-il donc cautionné des garanties de l'esprit scientifique ?

Je ne suis pas un esprit scientifique au sens généralement répandu du terme, mais un homme : à ce titre, je ne suis pas prisonnier de tables des lois du savoir, ni fantassin des guerres scientistes. Je ne suis pas un savant, mais un chercheur.

« *Je ne suis pas un réaliste. Je ne suis pas un idéaliste. Je suis* un intermédiariste *. » Quelqu'un de chair et de cœur, comme vous. Quelqu'un qui, dans une jungle de peines, de doutes et de dangers d'illusions, s'est frayé une voie conduisant à une connaissance cohérente et claire.

Les frontières des empires de l'Insondable sont journellement franchies. Non seulement nous approchons Jupiter et Pluton, mais aussi ce qui constitue l'essence de nous-mêmes et de ce que nous appelons la VIE.

A un niveau élevé de conscience, parcourant un temps non fractionné de sommeils et d'absences, éprouvant un espace sans limites, Thomas mon beau-frère, en avait acquis une connaissance directe, pour lui évidente, mais difficilement communicable aux « incroyants ».

Cette voie ne m'a pas tenté : je ne ressentais aucun besoin de retrouver les anecdotes de mon passé, de mes passés. Le voyage vers mes reconstitutions, je le savais aussi très éprouvant.

Thomas avait établi ses certitudes par exploration profonde de l'être intérieur. Atteindrait-on un résultat identique en interrogeant le monde extérieur ?

Pouvait-on DEMONTRER la réalité d'une survie — la vie éternelle — voilà qui me passionnait. Et piquait ma curiosité. Je cherchais une « expérience de compréhension », le sujet devant à mon avis s'éclairer après un travail de compilation, d'analyse et juxtaposition de documents. Dût-il être ardu. Les éléments du puzzle étant réunis, une conclusion se dégagerait. Du « long œuvre » du chercheur en quête du diamant philosophal — connaissance, compréhension, paix —, de l'intensité de sa demande, de la persévérance de sa réfléxion se créerait un processus « alchimique ». Il aboutirait, je n'en doutais pas, à une évidence indestructible. Serait-ce celle d'un néant prochain, ou bien la promesse de pérennité : il importait de se garder ouvert.

Des interlocuteurs de toutes les époques sollicitaient, réclamaient attention.

---

*   28 — Voir à la fin du volume, la bibliographie numérotée.

Preuves de survie

Quelques-uns d'entre eux avaient « su » par intuition. D'autres avaient appris par observation des comportements humains et pratique de leurs thérapeutiques. Des pionniers poursuivaient la vérification d'hypothèses hardies. Chacun ne détenait-il pas en son domaine une part du Tout dont les sages disent qu'il est accessible ?

Je décidai de procéder sans hâte.

I

Premiers apports

LES INTUITIFS

GRANDS ANCIENS
ET
CONTEMPORAINS

Lorsque je me suis réellement interrogé sur la mort — au lieu d'écouter les autres en parler — deux personnages du passé lointain m'ont extrêmement impressionné. Aussi ont-ils accompagné sans cesse mes prospections. L'énigme qu'ils posaient demeurait si lancinante que je leur dois d'avoir continué la route aux heures où elle était désespérément épineuse.

Surgi de ma mémoire scolaire, ce fut d'abord Socrate.

Pourquoi Socrate ? Parce que légendaire figure de victoire sur la mort.

Calomnié ; accusé de répandre contre les gouvernants d'Athènes des idées subversives telle qu'honnêteté sans prévarication, autorité sans oppression, disciplines personnelles sans dissipations ; injustement condamné à s'administrer un poison par des gens bien informés qu'il ne visait ni au complot ni à la prise de pouvoir, mais exposait ses conceptions de l'ordre et de la destinée, cet homme ne s'est jamais départi de sérénité. Calmement ses ultimes journées se sont écoulées. Il n'a prononcé aucun mot d'amertume ; ses paroles furent celles d'une personnalité forte. Il ne tremblait pas en buvant la ciguë : est unanime la cinquantaine de témoins, badauds, exécuteurs, disciples qui le dévoraient des yeux. Quand tous étaient oppressés d'émotion, Socrate ne leur adressa pas d'adieu dramatique ni de salut particulier ; des recommandations à peine, certain semblait-il que rien ni de lui ni de sa pensée n'allait être brisé.

Il ne suffit pas d'enseigner la philosophie pour se comporter ainsi. Bien d'autres qui ont longuement disserté en tant que philosophes convaincus, n'ont pu maîtriser leur révolte face à l'opprobre sociale, ni étouffer leurs cris contre le sort à l'approche de la mort.

Car la mort est un « test » sans compromis.

Socrate l'a passé extraordinairement, sans frayeur de l'ombre, comme sachant qu'il n'y en aurait pas. Son attitude est celle d'un initié à quelque substantiel savoir. De cette connaissance, il tire une paix que le supplice n'altère pas. Cette issue ne lui apparaît ni grave ni anéantissante.

Bien sûr, il n'a cessé d'affirmer, d'expliquer que l'âme est immortelle. Mais en ses instants derniers d'ici-bas, il fait plus que le déduire ou le croire : il le VIT. Socrate éprouve les minutes de sa mort en invulnérable vivant, son existence s'engageant en somme sans dommage dans une formalité nommée mort. Redoutée de chacun autour de lui comme terrible mystère et ténèbres, en dépit des longs entretiens du maître sur une éternité d'être. N'a-t-il pas dit : « Il est obligatoire que mourir ait son contraire, et ce contraire c'est revivre. »

Si précises que soient les narrations de Platon — son élève d'élection, son continuateur et son biographe —, les éléments de cette conviction profonde demeurent intransmissibles. Secrets.

Au cours de son procès, Socrate évoque les avis d'un « conseiller », une voix venue d'ailleurs : ... génie... divinité... ange... esprit... entité, les qualifications dépendront des habitudes de langage. Il n'en révèle pas les caractéristiques à ses juges. Sans doute comme ceux-ci de notre époque, ceux-là étaient-ils peu sensibles aux communications d'un autre monde. Dont le messager avait livré au philosophe des aperçus, et peut-être certaines expériences « paranormales ».

Autrement dit : de quelles informations Socrate se trouvait-il détenteur pour se montrer si assuré de ne pas « finir » ? Seul est craint ce qui est ignoré. S'il n'a pas été effrayé, c'est qu'au cœur de lui-même il avait compris ce qui devait lui advenir.

Pouvait-on alors concevoir d'obtenir les clefs du secret de Socrate ?

Compulser Platon apporte des argumentations de qualité. Quête, requête, enquête, la logique des questions et des réponses à Glaucon, Thrasymaque et compagnons, s'adressait pourtant aux premiers mécanismes mentaux plutôt qu'à l'être essentiel. On raisonnait mieux qu'à l'ordinaire, sans se départir de l'ordinaire.

Là intervint une seconde rencontre déterminante : avec le vaillant soldat Er, venu il y a deux millénaires de Pamphylie, montagneuse contrée d'Asie Mineure (actuellement Taurus de la Turquie du Sud) pour participer aux guerres grecques.

Le livre X de *La République* se termine sur le récit fabuleux de la résurrection de cet homme « mort dans une bataille ; dix jours après, comme on enlevait les cadavres déjà putréfiés, le sien fut retrouvé intact. On le porta chez lui pour l'ensevelir mais le douzième jour alors qu'il était étendu sur le bûcher, il revint à la vie. Quand il eut repris ses sens, il raconta ce qu'il avait vu là-bas. Aussitôt, dit-il, que son âme était sortie de son corps, elle avait cheminé avec beaucoup d'autres »...

De nos jours, les témoignages affluent qui émanent de revenants de comas dépassés, et même d'états diagnostiqués de mort clinique *. Aussi une telle histoire ne provoque-t-elle plus stupéfaction totale, ni une assimilation systématique au mythe, à l'imagination poétique, à l'invention moralisatrice.

Quelle qu'en soit l'exégèse, personne naturellement n'est capable de définir la part correspondant à une circonstance véridique, et celle que nous devons aux embellissements du conteur. Mais ce fait que plusieurs parmi nos contemporains donnent d'expériences hors du corps et d'expériences « d'après-mort » des comptes rendus présentant avec le récit d'Er des similitudes, parle en faveur d'une aventure insolite sans doute, mais authentique.

---

* 56-70-72-81-93 et R. MONTANDON, *La Mort cette Inconnue* (1942).

Premiers apports : les intuitifs

Combien les commentaires en ont dû varier depuis Platon ! Comment était-elle interprétée dans les universités du Xe au XVe siècle, époque d'intense activité scholastique et de révérence aux Grands Anciens, durant laquelle les mondes inférieurs et supérieurs aujourd'hui méconnus tenaient une place importante : ... parabole, illumination d'un voyant, hallucination, chimère, miracle ?

La question fut tranchée au siècle des Lumières, celui de *l'Encyclopédie* de Diderot et du scepticisme de Louis XV. Nul ne devait plus s'en laisser conter hors des limites du raisonnable. Platon, illustre penseur, sage et philosophe n'avait pu écrire qu'un « mythe », une fable créée de toute pièce. Logiquement c'en était une puisque nul n'avait jamais reçu de précisions sérieuses sur l'autre monde. Ridicules ou méchants démons, les esprits, avec les sorcières, étaient jetés dans un même sac, celui d'un détestable trafic d'influences sur les cervelles faibles. L'histoire d'Er ne pouvait trouver sa source que dans un dessein pédagogique : voilà ce qui ressortait de la description de récompenses et de châtiments mesurés au décuple des actes commis. Les âmes émergeant des terres inférieures racontaient à celles séjournant déjà aux cieux les épreuves dont elles avaient souffert. Les âmes « célestes » manifestaient leur félicité, et visiblement une joie de vivre. Selon l'acquis de mérites anciens, elles étaient favorisées par contraste avec celles qui restaient chargées d'empreintes « terrestres », et attachées à ce milieu-là.

La leçon était simple : dégagez-vous de la terre et de ses périlleux bourbiers ; ayez en tête le bien qui conduit au ciel et à ses lumières.

Lumière, êtres de lumière, voici ce que l'on note uniformément dans les témoignages de ce type, qu'ils soient historiques ou récents.

Er de Pamphylie en parle avec les expressions et les références de son temps : cinq cents ans avant notre ère, ceux que l'on surnomme demi-dieux et dieux sont proches des hommes mais moins prisonniers qu'eux de conditions physiques : ils disparaissent et apparaissent de leur monde au nôtre, avec des facilités de voyage accordées à la rapidité de

leur pensée, s'incarnant indifféremment dans les règnes
animal et végétal. Ils ne se conduisent pas plus en « étrangers » qu'en sages — ils extériorisent jalousies, concupiscen-
ces, colères — mais ils agissent telles des puissances. Les
nymphes, divinités féminines souvent identifiées aux forces
de la nature, interviennent dans le quotidien humain. Leurs
capacités sont autrement développées que les nôtres. Elles
occupent par rapport à nous des positions de plus grand savoir
et pouvoir : ainsi le dira-t-on plus tard des Archanges, Trônes
et Dominations. Ces personnages d'essence particulière évoluent dans le chatoiement de splendeurs étincelantes, évoquées avec émotion nostalgique par ceux qui les ont contem-
plées. Mélancolie de cet ailleurs que généralement nos yeux
de chair ne perçoivent pas, ou plus.

D'après la vision supraphysique d'Er, il appartient à trois
déesses (respectivement : Lachésis-le-Passé, Clôtho-le-Pré-
sent, Atropos-l'Avenir), de consigner les jugements rendus sur
les âmes et leur attribuant une liberté de choix proportionnelle
à leurs bontés et à leurs haines. Ainsi officialisées, les
sentences deviennent exécutoires. Les diverses activités des
Parques, Sirènes et consœurs ; les dispositions prises par les
âmes pour leur incarnation future ; les rencontres dans la
Prairie transmatérielle située entre l'univers voisin et celui-ci ;
les cérémonials, se déroulent dans le rayonnement d'une
colonne de lumière qu'Er appelle le « Fuseau de la Nécessité ».

Trois cents ans plus tard, un autre ressortissant d'Asie
Mineure, Thespesios de Solès, traverse — selon Plutarque —
une expérience analogue. Chez lui, l'impression dominante est
celle du jugement selon la Justice. Il ne fait pas allusion à la
Nécessité.

Mais l'un comme l'autre retrouvent relations, amis, parents
« morts », avec lesquels ils s'entretiennent familièrement,
sans difficulté « d'interruption ». Certaines personnes —
racontent-ils tous deux — sont très lumineuses, brillantes.
Quelques-unes aucunement, au gré du peu de générosité des
actions par elles accomplies.

Ces données sont communes aux récits recueillis depuis une

vingtaine d'années auprès d'agonisants comme auprès des rescapés de coma dépassé.

Il y a bien longtemps que les clairvoyants, prudemment mais constamment, transmettent des « nouvelles » d'un monde proche dans lequel des existences d'ombre et de lumière se perdurent et s'influencent. L'intensité de chaque étincelle individuelle, une transparence déshabillée des opacités dues à l'égoïsme, au goût du mal, créent une hérarchie. Les êtres de grande radiance se montrent les plus communicatifs, les plus instruits de l'art de vivre, les plus secourables... Comme ici.

Cela n'a pas cessé d'être dit à toutes les époques. Des ouvrages spécialisés esquissent une nomenclature de ces assertions *. Elles sont si nombreuses qu'il est impensable d'en citer seulement le dixième.

De cette multiplicité peuvent être tirées trois constatations :

a.   Le phénomène de vision s'est souvent répété ;
b.   Des éléments caractéristiques fondamentaux sont énoncés chaque fois ;
c.   Des identités de perception se rejoignant à travers trois mille ans, Er de Pamphylie n'est plus « personnage artificiel », il devient vivant, fraternel : il a parcouru, ainsi que quelques-uns d'entre nous, un champ différent de réalités. Les dénominations traduisant l'étonnant message appartiennent bien sûr à la civilisation propre au récitant. Dans les détails, il y a normalement divergence, chacun y étant sensible selon son tempérament, personne ne découvrant une scène unique à jamais figée quelque part dans l'au-delà. Er, en somme, est un précurseur.

Comme ces célébrités dont nous devons aux chroniqueurs de connaître leur certitude d'une pré-existence tout autant que d'une supra-existence, et future existence.

Tel Orphée, dont on ne sait s'il fut vraiment un homme de

---

*   5b-113-114

chair et de sang. Qu'importe ! Pherecydès de Syros, philosophe du VIᵉ siècle avant J.-C., l'un des Sept Sages de la Grèce
Antique, lui, n'est pas contesté. Maître de Pythagore, ce
mathématicien fameux, il fut comme lui l'objet de révélations.
Ils furent initiés aux mystères, ce qui veut dire qu'ils eurent la
chance que ceux-ci leur soient expliqués. La chance ?... Sans
doute Pherecydès et Pythagore appliquèrent-ils surtout leur
intelligence et leur obstination à comprendre ce que signifiait,
ce qu'impliquait une vie.

Enseignement, philosophie, chiffres et astronomie constituaient leur activité professionnelle. Mais ils avaient de
surcroît besoin de comprendre la Vie, leur vie. Ils se sont
ardemment attachés à cette étude. Ils ont entrepris de
fatigantes pérégrinations pour interroger de vive voix des
penseurs, des savants réputés, des prêtres sagaces. Pythagore
a sillonné le Moyen-Orient, l'Asie méridionale jusqu'en Inde ;
il s'est rendu en Egypte. Pherecydès a travaillé sur les livres
sacrés — secrets — des Phéniciens ; et certainement aussi sur
des ouvrages élaborés suivant les réflexions des civilisations
environnantes : le monde ancien n'était pas fermé.

Temps béni pour les chercheurs : philosophe et scientifique
n'était qu'un seul et même interlocuteur pouvant répondre aux
demandes concernant la métaphysique et la physique. Personne ne concevait alors de fractionner l'érudition, ni de la
mutiler par dissociation en catégories concurrentes. Science et
philosophie s'alliaient intimement pour la conquête d'une
connaissance englobant les hommes et leurs univers : atome,
galaxie, âme. Intelligent et harmonieux équilibre... cet âge
d'or de l'humanisme est-il révolu ? Actuellement primauté est
donnée à l'esprit d'analyse sur l'esprit de synthèse : les experts
en fragments particuliers se comportent en potentats de la
minutie qui voudraient s'en tenir là.

Etre initié aux mystères, cela indique : être mis en mesure
de les pénétrer. Cessant d'être mystérieux ils deviennent
étapes dans les degrés du savoir.

Il est réconfortant de pouvoir en déduire que les mystères ne
le sont pas irrévocablement, à condition de les approcher avec
persévérance et volonté.

Premiers apports : les intuitifs

Pourquoi donc alors creuser des abîmes entre les hommes et les connaissances ? Pourquoi s'évertuer à dresser des barrières défensives déclarées infranchissables ? Pourquoi crier que ce qui serait vraiment intéressant est inaccessible ?

En vérité, ces attitudes sont dénuées d'importance et de conséquence réelles. Résumons : les historiens rapportent à la fois l'existence de notions cachées et celle de personnes qui y ont eu accès. Deux réactions s'offrent :

— s'attrister de l'hermétisme ;
— se réjouir qu'il ne soit pas absolu.

Personnellement, je m'en tiens à la seconde : elle nourrit l'espoir.

Quant aux raisons pour lesquelles certains camps du savoir ont été retranchés, elles tiennent :

— au bon sens. L'ensemble d'une population ne réclamant pas également l'information métaphysique — d'ailleurs rocailleuse, il faut en convenir — à quoi bon en importuner chacun. Ainsi s'est pratiquement instaurée la différenciation.

— aux impératifs très personnels de pouvoir et d'ambition. « Mieux informé que les voisins, donc mieux habile, je manœuvrerai pour les mener où je veux, à la guise de mes intérêts. » Ainsi des rois et des prêtres se sont-ils servis souvent de l'instruction qu'ils étaient censés posséder pour en imposer aux classes moins intellectuelles de leur société. Et pour en abuser. Ce devait être amusant aussi de terrifier les crédules et les craintifs. Moins on en disait, plus ils se sentaient pauvres, et devenaient vulnérables. Combien naturel alors de prétendre que leurs esprits misérables ne méritaient qu'une éducation élémentaire... appropriée aux besognes citadines, agricoles, commerciales ou guerrières... mais sans autres liens avec les « dieux » que le culte, la confiance du charbonnier, et le rêve du microbe vers l'Etoile.

— à l'intériorisation de ceux que fascine l'Essentiel. Ils s'abstraient des véhémences environnantes en s'occupant à leur réflexion. Comment le condottiere et le saint, tous deux combattants s'expriment-ils ? L'un dans le fracas des armes, les clameurs de victoire et de défaite, les bruits de l'Histoire. L'autre mène des guerres secrètes que ses mutismes voulus laissent ignorées. Et quand la clarté des certitudes triomphe de la nuit des angoisses obscures, il ne convient ni de s'en applaudir ni d'en être applaudi. Cela se passe entre soi, le silence, et Dieu, s'il est là. Les aventures de l'Homme en quête d'Etre ont d'autre part attiré moins de commentateurs avertis que n'en possèdent les sagas poli-tico-économiques : saints et libérés vivants sont mal et insuffisamment connus. Leur démarche n'est que trop souvent déformée par des hagiographes conformistes ama-teurs de colombes et de lys, qui « trient » les circonstan-ces, les privant du vigoureux courage dont elles furent animées, et les édulcorant de manière navrante. Leur « vérité » n'est que faiblement transmise. La discrétion et le calme, primitivement mesures favorables à la préserva-tion des forces du chercheur ont ensuite été élevées à la dignité de « lois ». Tandis qu'elles l'éloignaient de distrac-tions perturbatrices, elles l'ont aussi séparé fâcheusement des cheminements partagés. Il s'est clos en lui-même, redoutant les tourbillons de la vie, ses agressions, et s'essayant à les ignorer. Il s'est réjoui des bastions élevés pour protéger sa retraite. Autre caractéristique jouant dans un sens analogue : les chercheurs véritables sont aussi des défricheurs passionnés. A vouloir maîtriser des espaces incertains, ils oublient ce qu'ils laissent derrière eux, et que peu les suivent. Cela également est une cause de secret : la découverte, l'expérience comme un trésor est tenue cachée, les découvreurs demeurent réservés... qui peut comprendre où ils en sont, et à quoi ils se confrontent ?

— au goût de sacralisation. L'Homme a le sens inné des grandeurs qu'il ne vit pas, qu'il ne sait pas vivre quotidien-nement, mais auxquelles il aspire. De certains Grands Savoirs il a fait des enclaves que le trivial ne doit pas tacher. Il les a dérobés aux malentendus, aux critiques irrespectueuses, aux trahisons. Il a voulu les rendre solides, éternels, c'est-à-dire les soustraire aux transformations dangereuses et aux dégradations du temps. Il avait tellement peur de les perdre un jour... Il les a décrétés divins, sacrés : dévolus à des serviteurs sûrs, choisis. Et ceux qui ne l'étaient pas, donc indignes, s'en sont trouvés rejetés.

Ethnologues, sociologues et médecins l'expliquent en leur langage que celui-ci ne contredit pas. Spécialistes de l'évolution des races, des groupes, des individus, ils ont dégagé de leurs observations des explications détaillées du phénomène. Je ne les compile pas dans ce « journal », car pour chacun qui le souhaite, il est facile de se reporter à ces textes techniques.

A ce point des premières approches, une remarque : si nombreuses que soient les raisons du tabou, il est capital de se rendre compte qu'en fait l'interdit ne comporte pas de fatalité. Je le souligne pour moi-même : j'ai cru si longtemps hasardeuse l'accession à la compréhension de ce que je devais vivre. Je vois quatre-vingt-quinze pour cent des individus s'évertuer à la résignation aveugle. Est-ce ainsi qu'il faut agir ? Ils mobilisent une force considérable pour accepter tant d'événements qui — au premier abord — éclatent en absurdité. La justice... qu'est-ce que c'est ? Où la trouver ? L'amour... comment le vivifie-t-on, vieillit-il toujours ? La souffrance... est-ce une condamnation ? personne n'y a-t-il opposé remède ou invulnérabilité ?

Pourtant une documentation, fût-elle sommaire, apprend que ces questions ont trouvé des réponses. Ainsi en a-t-il été pour Pindare — poète inspiré ; Hérodote — historien précis ; Empédocle — médecin, biologiste, homme d'État ; Aristote — prolifique auteur de traités ayant pour thème la logique, la politique, l'histoire naturelle. Ils ont aussi pris nette position en faveur d'une existence préalable à la naissance, postérieure à la mort du corps. L'affaire pour eux était claire, ils l'ont exposée avec des arguments qu'ils jugeaient probants, décisifs. Nous ne pouvons qu'imaginer les doutes dont ils furent assaillis, puisqu'ils ne témoignent que d'une assurance tranquille et affirmée.

« Nos contemporains n'y songent peut-être pas, mais l'idée d'une mort définitive et irrémédiable est toute récente. Elle représente, selon l'expression de M. J. Pepin, directeur au C.N.R.S. « une conquête du rationalisme pessimiste » *.

Pythagore, Socrate, Platon, Aristote — pour n'évoquer brièvement que les plus familiers de ces penseurs réputés — n'ont pas méprisé l'instinct qui frémissait en eux d'une dimension oubliée, peut-être perdue. Ils l'ont étudié avec le concours d'une raison raisonnable que leur civilisation fortifiait d'une rhétorique poussée à l'extrême.

Ces savants qui se sont reconnus une âme, ces hommes sensibles à une essence immatérielle, se sont montrés extraordinairement méthodologiques, mais plus encore « intuitifs ».

Peut-être n'est-ce pas un assez bel hommage, le terme apparaissant pour certains dérisoire : quelle valeur attribuer aux intuitions, ne portent-elles pas la fragilité des impressions qui se révéleront erronées parfois ?

Faut-il rappeler que la faculté d'intuition fut magnifiquement défendue par Henri Bergson ? « Opération originale de l'esprit, irréductible à la connaissance fragmentaire et extérieure, par laquelle notre intelligence, dans son usage ordinaire, prend du dehors une série de vues sur les choses ; mais il ne faut pas méconnaître que cette manière de saisir le réel ne nous est plus naturelle, dans l'état actuel de notre pensée : pour l'obtenir, nous devons donc nous y préparer, le plus souvent par une lente et consciencieuse analyse... ** »

Faudrait-il aussi se justifier de l'imagination créatrice ? A ses extravagances, nous devons les expéditions interplanétaires, et ces cathédrales marines de notre temps, les plate-

---

*   Henri FESQUET, *Le Monde* (14-4-1979).
** *Dictionnaire Philosophique de* LALANDE, pp. 537 et suiv.

formes élevées à Friggs et ailleurs pour le prélèvement du pétrole.

Oserait-on accuser Socrate et ses pairs du crime d'intuition ? Sournoisement, implicitement, c'est ce qui s'est produit. Positivistes et rationalistes ne l'ont pas formulé. Mais en proclamant qu'il n'y avait qu'un seul procédé de travail — sans lequel, soulignent-ils, il est impossible d'accéder à la réalité, donc à la vérité — ils ont à nouveau condamné Socrate. Ils ont expliqué, sans être embarrassés d'un trop fort complexe de modestie, que, hors leur maniement de la raison, de ses perceptions et analyses, et l'interprétation pragmatique, point de savoir, rien de scientifique.

Or les philosophes historiques ont raisonné. Puissamment. Longuement. Avec un goût pour les arguties d'experts — tous étaient orfèvres du langage et de la pédagogie — que peut apprécier le lecteur de bonne volonté. Mais ces hommes de profonde intelligence n'ont pas rationalisé sur une définition a priori de l'impossible et du possible. Ils n'ont rien refusé de ce qu'ils entendaient ou ressentaient. Ils ont largement ouvert leur recherche sans détermination pré-établie contre quoi que ce soit. Cette lucidité qui ne reniait rien d'eux-mêmes fut constructive, elle les a conduits à une vue claire des choses qui les intéressaient. Leur aisance sur le sujet immortalité est frappante : prescience et réflexion se sont rejointes, ils se savent « éternels ». Certains d'entre eux dissertent d'une continuité de conscience durant les trois modes de vie de l'âme : prénatal, terrestre, postmortel, et cela sans atermoiement, sans ambiguïté, sans pusillanimité. Ils différencient sereinement les états subtils de l'existence sans fin. Ils ne la mettent pas en question.

Nos philosophes n'en sont point là, ni nos savants formés dans les superbes brigades rationalistes scientistes.

Que détenaient-ils pour les guider, ces Grecs du VIe, du IVe siècle, que nos logiciens n'auraient pas ?...

Euclide, cerveau rigoureux connu pour ses postulats fondamentaux : sûr de survivre ; et tant d'autres : Cicéron, véhément écrivain et politique, consul dans la Rome précédant Jésus-Christ ; les auteurs de poèmes fameux, Virgile et Ovide ;

le Maître Apollonis de Tyane qui accomplit des miracles...
tous ceux-là ont su sortir des réseaux de perceptions élémentaires, ils ont été réceptifs à une intuition « réaliste ».
Réaliste puisqu'elle leur a offert une voie allant à la lumière
cherchée par leur intelligence, dont les raisonnements ne
contrecarraient pas les sentiments. « Le sentiment n'est pas
une quantité négligeable égale à zéro son coefficient scientifique *. »

Derrière ces noms évocateurs d'un succès de large
audience, d'un savoir sans les lassitudes du labeur —
Pythagore, Euclide, Platon, sont les pères fondateurs de notre
civilisation occidentale — se cache une réalité humaine : ils
ont dû méditer et interroger beaucoup, argumenter et revenir
sur les données faibles, prier peut-être, importuner de leur
exigence ceux qui détenaient les « clefs ». Leur démarche
n'est pas intellectuelle seulement. Ils s'y sont engagés d'esprit
et de cœur, allant jusqu'à s'instruire des religions, des
symboles, des pratiques paranormales — oracles, magie,
rituels religieux et médicaux transmetteurs d'énergies — et
faisant acte de postulants, de disciples pour acquérir la
connaissance des mystères. Ils ont accepté et vécu des
initiations, dont certaines ont été des expériences de haute
révélation, des « illuminations » transformant leur conception
de la matière, du temps, des objets, des êtres, des dieux, du
ciel, du « je ».

Ce cheminement dont nous ignorerons les angoisses et les
haltes — comment n'y en aurait-il pas eu, sont-ils si différents
de nous ? — il valait d'être fait. Car ces hommes ont trouvé ce
qu'ils voulaient : l'harmonie d'un monde qu'ils traversaient, sa
cohérence avec les autres mondes.

L'avocat du diable — mon esprit critique — demande alors
la parole et s'écrie : « N'oubliez pas, Georges, que nombreux
sont les auteurs du clan adverse hostile à la vie éternelle, très

---

* 25 b.

fermes eux aussi dans l'évidence opposée, celle du néant après la mort ».

C'est vrai.

Fallait-il aligner en un face à face méticuleux de siècle en siècle, les illustrissimes convaincus de la Mort et les célébrissimes sûrs de la Vie ? Puis compter la colonne de gauche et la colonne de droite, tenir pour concluant le résultat le plus élevé, et clore sur chiffres le débat ?

Si le nombre avait été un argument, ce serait assez de recenser les partisans de la survie, environ trois milliards et demi actuellement, je l'ai noté déjà. Compte tenu d'une population démographiquement inférieure à la notre, la civilisation grecque ancienne, pour ne parler que d'elle, a sécrété elle aussi bien plus de fervents d'une éternité que de champions de la courte vie, si l'on en juge tout au moins d'après les œuvres ayant échappé au feu, au brigandage, aux adversaires d'autres confessions politiques et religieuses, aux guerres. Démocrite (VIᵉ siècle) qui a beaucoup apporté à la science de l'atome s'y est tant consacré qu'il ne s'est pas prononcé quant à l'âme. Mais il a tenté de définir l'Etre, il le pensait donc réel.

Les confrontations par arithmétique grossière, ai-je répondu à mon « esprit du diable », sont dénuées de portée satisfaisant au bon sens.

Mais comment ne pas retenir les personnalités s'affirmant non seulement spiritualistes, plus encore réincarnationnistes, c'est-à-dire également certaines de préexistences et de survies : Clément d'Alexandrie, Père de l'Eglise ; Origène, théologien et philosophe, considéré par saint Grégoire de Nysse, le meilleur « professeur » — après les apôtres — de l'Eglise du IIIᵉ siècle ; l'empereur Julien, assassiné à 32 ans, quittant ses responsabilités en parlant paisiblement de l'âme, elle invulnérable ; Léonard de Vinci, « universaliste » de la Renaissance ; Giordano Bruno, brûlé en 1600 pour avoir été pionnier en médecine et en astronomie ; John Milton poète anglais inspiré, auteur du *Paradis Perdu*, mort en 1674 ; Leibniz, philosophe et mathématicien du XVIIᵉ siècle et son éminent confrère hollandais Spinoza ; Voltaire ; l'empereur

Frédéric le Grand de Prusse ; Benjamin Franklin ; Emmanuel Kant ; J. W. Goethe ; F. Schiller ; Charles Fourier ; Arthur Schopenhauer ; Henri Heine ; Richard Wagner ; le Premier ministre anglais Lloyd George ; Rudyard Kipling ; Jean Sibelius ; R. M. Rilke ; l'industriel américain Henry Ford I ; Gustave Strömberg, le physicien contemporain... Plusieurs ont raconté leurs souvenirs précis de vie antérieure.

Ils sont mille et plus qui ne doutent ni d'un passé ni d'un futur.

S'ils sont ici qualifiés d'intuitifs, c'est parce qu'ils n'ont pas soumis leur conviction aux critiques des adversaires en controverses méthodiques, ils l'ont exprimée comme personnes privées à leur entourage. Ils en ont quelquefois donné témoignage dans leurs écrits, par testament ou par inscription sur pierre tombale comme le fit Benjamin Franklin. Ils n'ont pas — ou n'ont pu confronter les éléments de leur certitude à des analyses-examens tels que nous les pratiquons actuellement avec l'aide d'une technologie hautement développée.

La plupart ayant rejoint ce monde proche du nôtre mais supposé si lointain, ils échappent à enquête.

Ils ont affirmé leur prescience. Nous en concevons espoir. Nous en devinons la richesse, nous en remarquons la concordance à travers la multiplicité. Nous la recevons selon que nous-mêmes intuitivement la reconnaissons vraie ou fausse.

Selon l'opinion générale, nous ne pouvons aucunement avec eux la vérifier.

Nous ne pouvons la « tester » avec eux, d'après la demande d'un esprit marqué par l'ère de l'ordinateur, et avide de justifications.

Seulement en tenir compte.

2

SENSITIFS — CLAIRVOYANTS

Edgar Cayce

C'est alors que je décelais chez moi une passion d'authentification qui me créait quelque parenté avec les inquisiteurs sans pitié. Je n'étais moi-même ni si ouvert ni si neutre que cela. L'image du chercheur posé, glanant de livres en procès-verbaux les matériaux de son « dossier », ne correspondait plus à ma réalité. Je dus m'avouer que j'étais bien un produit de mon époque, hérissé par les sentences sybillines reconduites par certains depuis le Moyen Age, un fils de ce temps pourchasseur de confirmations éclatantes ou de réfutations intelligentes, quelqu'un que harcelait le « besoin de contrôle ».

Comment, dans ces conditions, apprécier la longue lignée des sensitifs : voyants du futur et du passé, des disparus, des auras, d'actes et d'états subtils ; clairvoyants des maux physiques, du mal dans l'esprit, des énergies et turbulences pour nous imperceptibles.

Critiqués par ceux qui, les jugeant fous, maléfiques, puissants, ont craint leurs capacités, bénis jusqu'à l'idolâtrie par les autres, « qui » avaient-ils été en vérité ? Plus sagaces que nous... ? Avaient-ils su être plus forts pour affronter leurs propres épreuves ? De ce qui blesse, avaient-ils du talent pour se garder ? Avaient-ils été honnêtes gens, vertueux ? Leur don avait-il été leur force ou leur faiblesse ? L'avaient-ils développé, parfois perdu ?

Mais que reste-t-il du prophète, du mage, de la personnalité paranormale quand ils ne sont plus là qu'à travers leurs fanatiques et leurs détracteurs ?

Des traces. Des paroles, des communications. Des comportements, des « réussites » : secours, guérisons.

Actuellement, quantité d'entre eux apportent un remarquable concours — sans échec — à divers services administratifs ainsi qu'à des familles.

Qu'il soit ou non transformé par ses prosateurs, l'apport des sensitifs est considérable : ils ont depuis toujours été parmi nous, nous alertant, attestant par leur manière d'intervenir d'autre vibration de vitalité — moins simple que naître-boire-manger-procréer-lutter-mourir. Ils se réfèrent à des possibilités auxquelles nous ne comprenons rien, et que nous appelons paranormales parce que, pour nous, est maintenant « normal » ce qu'enregistre notre œil physique prolongé d'adjuvants mécaniques, et ce que « touchent » nos autres sens accrus des finesses technologiques.

Quant au sixième sens, reconnu par la sagesse populaire, il n'est admis qu'avec réticence, car incriminé de défaillances. On en accepte avec bienveillance, la jouissance, le plein emploi par les derniers Patagons, les Groenlandais, et quelques primitifs galopant encore dans les rares espaces vierges. Mais pas par nous.

Car nous, nous devons être précis, et ne pas nous tromper. Plus réellement : nous haïssons toute tromperie, car nous voudrions ne plus être trompés. Peut-être sommes-nous malades de l'algèbre et de la géométrie, des sciences exactes qui permettent l'élaboration d'engins exactement abominables... les bombes au phosphore qui « datent » déjà beaucoup ont été d'assez infâmes procédés de destruction collective... Considérant les typhons de toutes espèces tourbillonnant ici et là, peut-être avons-nous tellement peur de l'incertain, peut-être voulons-nous tellement ce qui est solide, que nous nous mesurons courte-vue courte-oreille : deux et deux jusqu'à nouvel ordre feront quatre et ne recouvriront pas autre chose ; au-delà de cent, des monstres guettent. Mais cela est une autre histoire.

Premiers apports : les intuitifs

Voyants et guérisseurs, musiciens du sixième, du quatorzième sens... trompent-ils ?

Non, si l'on écarte dès l'abord l'inévitable cohorte de filous qui investissent des positions dans toutes formes d'activités. L'objection d'escroquerie ou d'amateurisme ne peut décemment être retenue. Car aucun domaine n'en a été sauvegardé, ni le service de la religion, ni celui de la nation, ni celui des hommes, médecine, école, administration judiciaire... A quoi bon allonger la liste.

Si nous sommes relativement capables de distinguer un mauvais commerçant, un médiocre architecte, un ingénieur stupide, un teinturier inefficace, pourquoi ne saurions-nous pas reconnaître un réel guérisseur, un voyant authentique ?

Parce que nous sommes excessivement exigeants et critiques vis-à-vis de l'ensemble des corps de métier avec lesquels nous traitons d'égal à égal, tandis que nous nous comportons avec le prêtre, le médecin, les conseillers et thérapeutes auxquels nous attribuons — et demandons — « pouvoir » sur nous, comme des enfants révérencieux et confiants. Situation propice à l'illusionnisme et donc aux désillusions.

Nous renâclons à l'entretien d'une sévérité vigilante envers le médecin dont nous attendons la vie, une meilleure vie. Nous souhaiterions ne pas nous en servir non plus avec les intermédiaires entre l'Omniscience et nous. Nous voulons « croire » confortablement les prêtres et les voyants. Nous désirons laisser quelque part notre fardeau de méfiance, et en ceux-là au moins trouver des interlocuteurs dignes de notre « foi ».

Car l'élan de la foi, c'est la transfiguration des déceptions quotidiennes en un apaisement essentiel que rien au jour le jour n'assassinera. S'adonner à la confiance, c'est pouvoir être joyeux.

La foi est un don. Vraisemblablement aussi une prédisposition. Mais courant après elle, quelques-uns la gagnent.

Cela arrive.

Si tel n'est pas le cas, il reste à utiliser la lucidité pour décider à quoi, à qui, se fier. Et sur quoi, sur qui fonder les équilibres du cœur et de l'esprit.

Il est éprouvant, c'est vrai, d'être rigoureusement attentif et de rester réservé aux discours du prêtre, aux révélations du clairvoyant. Une telle attitude est cependant indispensable au véritable chercheur. Si nombreuses sont les « révélations » : traditionnelles-personnelles, millénaires-récentes, officielles-subjectives, s'exprimant dans le cadre de confessions généralement honorables, diversifiées selon des groupes sociaux, ou des ethnies réunissant de trois cents à plusieurs millions de fidèles.

Fidèles, foi : ce cercle bouclé serait-il prison ? Mais non. Reprenons, me disais-je, en m'exhortant à la patience, car des faits-témoins valables existent. Il suffira, sans emportement, sans emballement, d'en dégager « la substantifique moelle », et de continuer ainsi jusqu'à ample information.

Les clairvoyants, guérisseurs ou non, sont excellents « signalisateurs ». Oracles de jadis et d'aujourd'hui, la majeure part de ce qu'ils ont dit est vraie.

Sur les informations fondamentales : un « ordre », un appel, une hiérarchie de forces supérieures de lumière et de ténèbre, une route vers la Vérité et l'Amour, ce qui sauve et ce qui détruit, il y a concordance.

Quant à ce qui n'a pas été corroboré, quatre éventualités : erreur d'interprétation par eux dans la délivrance du message ; erreur d'interprétation par nous dans la réception du message ; erreur initiale par illusion personnelle du voyant ; marge statistique d'erreur humaine.

Qui prétend abattre le cheval parce qu'il s'est cassé une patte ? Seulement l'entraîneur dont l'ambition est le profit brut à court terme. Ne nous conduisons pas comme lui.

En tout état de cause, comment diagnostiquer les « pattes cassées », les erreurs en six mille ans de textes et chroniques ? Serait-il constructif de ratiociner sur la sincérité de la Pythie oracle de Delphes, sur les propos de Michel de Nostre-Dame, sur les faits et gestes de Maître Philippe de Lyon ? Non. D'ailleurs ç'avait été fait. Serait-il profitable de recenser les grands de la seconde vue, et de lire par le menu ce qui les concernait ? Non : j'étais assez persuadé de leur valeur pour n'avoir pas nécessité de la dépister à travers la répétition du phénomène. Ni leur efficacité particulière ni leur loyauté ne sont raisonnablement contestables. Prêtons donc intérêt à leurs concordances.

Il leur arrive d'apercevoir dans notre voisinage, nos proches, habitants désormais d'un autre monde, et nous rendant visite sans que nous en soyons conscients. Certaines indications bouleversent : tel vêtement que nous leur connaissions est décrit avec son accroc caractéristique, un signe distinctif. Et les « nôtres » sont dépeints souriants, quelquefois plus jeunes d'allure, quelquefois préoccupés, mais ressemblant si bien à ceux-là que nous aimions.

Bavardant à droite et à gauche, j'appris qu'un tiers au moins de mes relations avaient eu recours à voyants ou voyantes de niveaux très inégaux. Le don se découvre indépendant du développement plus ou moins « fin » de l'individu pourvu. Sollicités par une même personne, plusieurs voyants livreront sur la santé, le présent, nos défunts, le passé des détails sensiblement identiques ; ils divergeront souvent sur le futur. Désagréable impression de discordance. Est-ce parce que l'avenir est encore flottant, et qu'ils l'aperçoivent donc touffu de possibilités parmi lesquelles ils n'en retiendraient qu'une ; est-ce alors affaire d'interprétation personnelle ? Cette variance introduit un doute, elle nourrit naturellement le scepticisme, même si les plus doués finalement se trompent à peine.

Si d'ailleurs l'on pense qu'il n'y a pas prison de l'avenir par préprogrammation, mais orientations offertes que nous-mêmes sélectionnons d'après nos choix répétés — par exemple vers la générosité ou pour l'égoïsme — scellés de nos actions, alors nous aurions tort de considérer comme certitude ce qui ne représenterait qu'une tendance forte : nous réclamerions une matière solide tandis qu'elle n'est pas encore faite. Qui n'a entendu une fois l'histoire de celui ayant esquivé une mort prédite ? Grief ne devrait pas, en conséquence, être retenu contre le possesseur du don — rarement plus avancé que nous en métaphysique et en cosmogonie — mais plutôt contre le questionneur interrogeant sur ce à quoi lui seul donnera, plus tard, par sa vie, réponse.

Un ouvrage récent évoque spécialement les voyantes renommées, consultées à des moments cruciaux par des hommes politiques tourmentés des conséquences des décisions à prendre. Combiner cela avec l'ordinateur ouvrirait des aspects prévisionnels intéressants.

Une liste des personnages doués de seconde vue serait interminable, s'il fallait l'établir. Mentionner quelques noms appelle des options injustes.

Personnellement je connais plusieurs personnes ayant cette aptitude à voir ce que je ne vois pas. Elles m'étonnent, elles m'intriguent. Ce ne sont pas elles qui me convaincront de la survie. A travers l'esquisse qu'elles tracent de ma sœur morte, je retrouve, je n'en disconviens pas, des éléments familiers validant le récit. Parce qu'elles affirment d'autre part, contre avis d'experts, des diagnostics qui seront confirmés, des pensées et des actes « secrets » mais réels, je suis tenté d'accepter l'ensemble comme véridique. N'est-il pas sans cesse démontré qu'elles ont raison ?

Cependant, je ne puis encore considérer ce qui m'est confié de la survie de ma sœur comme une vérité sûre. C'est ainsi. Tout au plus comme une probabilité à bon coefficient de vraisemblance. Car ce pourrait aussi bien être une « déformation » télépathique, mes amis « voyant » parfois ma sœur en moi, dans ma dimension affective où elle continue de vivre, et non dans une dimension « céleste ».

Contre cette éventualité, je note l'identité des notions générales transmises par les clairvoyants de toutes les époques : après la mort subsiste un être dans une matérialité différente ; les disparus s'occupent de nous et tentent de nous le faire comprendre ; ils ne s'ennuient pas ; ils vont et viennent ; selon qu'ils se sont accomplis vers le bien ou le mal, ils sont rayonnants et gais, ou perturbés d'anxieuses culpabilités ; certains demandent aide et amour.

Témoignages faisant poids en s'ajoutant à d'autres. Le témoin de Platon, Er de Pamphylie, a lui aussi constaté combien ceux qu'il reconnaissait, apparaissaient moins différents qu'il ne l'aurait imaginé de leur état terrestre. C'est aussi ce que rapportait Thespesios de Solès, le témoin de Plutarque.

L'accent a été volontairement mis sur les points de rencontre. Mais le phénomène de voyance ne s'exprime pas uniformément. Toutes sensibilités initiales influant naturellement sur le langage, il accompagne chez certains les états de veille, et ne se manifeste pour d'autres qu'en état de sommeil, de rêve, ou d'hypnose.

Tel Edgar Cayce dont le cas est si « typé » que je le considère comme important, en dépit des réserves que j'éprouve.

Né en mars 1877, au Kentucky (Etats-Unis), Edgar Cayce est resté parmi nous jusqu'en janvier 1944. Trente ans se sont écoulés, ce n'est pas assez pour que son histoire ait été exagérément modifiée, embellie.

Son grand-père paternel * avait été psychocinésiste avant le mot : sur simple coup d'œil, des objets assez lourds — un balai par exemple — se déplaçaient sans autre intervention. « Dans sa jeunesse Grand-Papa avait parfois amusé la société avec ces tours, mais en prenant de l'âge, il finit par éprouver une certaine répugnance à leur égard, et enfin, alors qu'Edgar était encore tout petit, il cessa complètement : — Le pouvoir qui me permet de faire ces choses, quel qu'il soit, est trop fort, disait-il, pour qu'on le gaspille à s'amuser. Je ne sais pas pourquoi j'ai ce don, mais je ne veux plus le tourner en dérision. » Sa femme, quant à elle, n'éprouvait pas de grande difficulté à voir les trépassés.

Son fils, le jeune juge Leslie Cayce, père d'Edgar, appartenait à la catégorie de gens irrités par ces capacité originales, il ne les avait pas.

Edgar est en affinité avec sa mère et sa grand-mère. Elles savent qu'il joue souvent avec des compagnons de son âge,

---

* 67.

mais invisibles, venant de l'autre monde. Sa grand-mère les connaît elle aussi. Son père l'ignore, et d'un commun accord l'on s'arrange pour qu'il ne soit pas au courant. Dès sa petite enfance, les deux registres d'Edgar Cayce se trouvent en opposition, l'un difficile pour l'autre, mal compatible, grinçant.

Le grand-père meurt accidentellement, ainsi s'interrompent les échanges chaleureux entre le bambin et l'aïeul. Mais seulement pour quelques mois : car celui-ci vient « inspecter ses champs de tabac » /sic/ et renoue conversation avec son petit-fils. Le privilège ne se prolonge guère, et quand Edgar comprend qu'il s'agit d'une particularité non partagée, ces visites cessent. « Tu es trop grand », décident ses intimes qui s'en repartent vers leur ailleurs.

Dans les civilisations orientales, il est admis que les enfants demeurent jusqu'à leur cinquième année imprégnés du monde où ils évoluaient avant de naître. L'ambiance présente prédomine ensuite, comme s'ils se laissaient gagner par elle. Ou bien certains se séparent-ils sciemment de l'autre univers pour s'adapter plus aisément aux coutumes de celui-ci.

Edgar Cayce a une mère aimante ; il bénéficie d'une atmosphère très familiale avec de nombreux frères et sœurs plus jeunes. Il est peu expansif, calme au point que cela tranche avec la turbulence habituelle aux gamins. Il raconte à ses camarades d'extraordinaires histoires égyptiennes, perses, qui les subjuguent car elles fourmillent d'explications, de scènes « comme s'il y était allé ».

Intrigué, le juge son père, qui imaginait ces fresques inventées, se documente et découvre que les contes de son fils sont historiquement justes, et, mieux encore, précis. Mais de ces bizarreries — de surcroît Edgar est si mauvais élève que la source n'est évidemment ni scolaire ni livresque — il conçoit malaise et craintes.

Le jeune garçon également, qui apprend de jour en jour combien peu il ressemble à ses condisciples. Il se sent « éloigné », il devient inquiet. Toute sa vie sera marquée du sentiment de cette différence, d'une émouvante nostalgie de l'état « normal ».

Premiers apports : les intuitifs

Qui saura jamais définir la norme véritable du troupeau : de « l'aveugle » ou du « voyant », lequel est « l'infirme » ? La question peut être posée : n'aurions-nous pas atrophié en nous quelque chose d'essentiel sans y prendre garde ? Selon moi, Edgar Cayce répond à cela plus tard, j'y reviendrai.

Des éclats se produisent entre père et fils : l'enfant est inattentif pendant les cours. Ni répétitions particulières ni punitions n'améliorent des résultats navrants. Leslie Cayce pense que son fils aîné est idiot, il en souffre comme homme et comme notable de sa région : la famille Cayce qui a largement essaimé y tient une place en vue.

La tension monte. Les efforts d'un oncle maître d'école n'aboutissent pas. Pour un mot mal orthographié après avoir été copié plus de cinq cents fois, l'altercation éclate. Le juge s'absente pour se calmer d'un verre d'eau. C'est alors qu'Edgar entend une voix * : « Pourquoi te débattre ainsi ? Tu as notre promesse. Dors quelques minutes et laisse-nous t'aider. »

Etrange message : quelle bataille... quelle promesse... ?

L'enfant s'assoupit un court instant. Son père l'éveille pour reprendre l'exercice : soudain le mot est correctement écrit, puis d'autres, puis la leçon entière est récitée, mais aussi celles qu'il n'avait jusque-là pas sues. Il confie qu'il « voit » chaque page du livre, il ne lui reste qu'à lire...

La mystérieuse intervention est efficace. Elle est déterminante pour Edgar Cayce : désormais il apprend en dormant et devient numéro un de sa classe. Cet enfant sensible et renfermé s'épanouit de ses succès, ses camarades l'admirent, mais personne n'oublie que le moyen de cette réussite est insolite, « anormal ». Anormal mais certain.

Atteint un jour, en récréation, par une balle de base-ball, il en est commotionné au point d'afficher — comme à l'envers de lui-même — insolence et dissipation ; il mène grand tapage, grimpe aux arbres, crie, se dispute avec ses sœurs ; pour finir, il tombe en « coma ». Peu après pourtant, avec autorité, il donne des instructions pour sa réanimation : cataplasme

---

* 67.

composé d'herbes et d'oignons crus, application sur la nuque.
« L'ordonnance » ayant été suivie, le « coma » se modifie en
sommeil profond. Le lendemain, le malade-et-médecin est
remis. Son père s'exclame : « Sacré gosse, il peut tout faire
quand il dort * ! »

Ce sont les premiers indices de la qualité chez Edgar Cayce
d'un état second — comme l'on dit seconde vue — qui sera
appelé sommeil faute de savoir mieux le qualifier, l'identifier.

En fait, même lorsqu'il a l'air de tout le monde, Edgar
Cayce traverse constamment de par ses perceptions — son
don, dit-il — des états, des degrés, des niveaux de conscience
qui ne nous sont pas familiers.

Ainsi, alors qu'il effectue un stage de radiographie dans un
service hospitalier, ses clichés captent plusieurs fémurs sur un
même membre, trois tibias superposés... A son grand désarroi, il ne contrôle pas la situation, il ne peut empêcher
l'impression de ces images folles. Il est donc licencié, tandis
que fiancé, il cherche désespérément à travailler pour fonder
son foyer.

Mais plus tard, lorsqu'il parviendra à exercer le métier de
photographe, l'objectif n'enregistrera plus d'anomalies de
cette sorte.

Il sait la présence d'un pouvoir. Il n'en connaît ni l'étendue
ni les lois. Il se trouve quelquefois en mauvais termes avec lui.
Il donne l'impression de se heurter par moments à des
frontières imprévues qu'il ne peut dépasser sans catastrophes :
incendie, maladie, faillite, graves ennuis professionnels.

Edgar Cayce s'étonne souvent de cette puissance incernable
qui l'habite.

Il lutte contre elle ; il la fuit ; il se révolte, car insidieuse-
ment elle le gêne : elle ne lui permet pas d'être normal. Il
doute, de lui, de l'origine bonne et licite du don ; vient-il de
Dieu ou du Diable ? Il en appelle à la Bible, qu'il a fait
serment de lire entièrement une fois l'an depuis son dixième
anniversaire en 1887. Il cherche réconfort auprès de Gertrude, sa fiancée, sa femme.

---

* 67.

Premiers apports : les intuitifs

Le drame de l'étrangeté, le trouble qu'elle apporte, viennent aussi de ce qu'elle s'exprime sans clarté. La voix jadis entendue n'explique rien, elle est maintenant muette. Et les « phénomènes » continuent, les pouvoirs se multiplient, toujours incompréhensibles.

Vue de l'extérieur, la progression d'Edgar Cayce vers l'accomplissement de sa destinée se fait par saccades, par jalonnements d'événements pénibles qui le reconduisent à l'exercice anormal de lui-même. Est-ce parce qu'il désire se refuser à ce « pouvoir » que celui-ci est contraint de le rappeler ? Durement.

Comme observateur, je m'avoue stupéfié par le silence de la voix, et par la complexité des circonstances qui vont amener le clairvoyant réticent à l'état d'hypnose — ensuite auto-hypnose — grâce auquel il aidera, soignera, guérira des individus de tous les continents, délivrant en trente-cinq ans plus de trente mille diagnostics psychiques.

Il les donne sans se déplacer de son divan de travail, sans s'en souvenir aucunement à l'état de veille, sans contact apparent avec le patient. Sans erreur.

En 1900, il a hâte de se fixer professionnellement. Après avoir été vendeur dans une librairie, il réussit à se faire embaucher dans la plus grande papeterie et maison d'édition de l'Etat de Kentucky, John P. Morton et Cie à Saint Louis. Puis il démissionne, mais reste représentant pour Morton, et étoffe ses tournées de quelques placements d'assurances confiés par son père. L'avenir financier semble prometteur, et le mariage sera bientôt célébré, lorsque le fiancé sera « établi ». Joyeusement Edgar Cayce calcule gains rapides, bons profits, économies, achat peut-être d'une maison. « ... une chose m'inquiète, lui dit Gertrude *. Tu ne me parles plus de ces dons ou pouvoirs étranges que tu as reçus. Tu voulais trouver pourquoi Dieu te les as donnés. Tu n'y penses donc plus Edgar ? Tu ne t'interroges plus, tu ne cherches plus comment employer ces dons ?

---

* 67.

— Pas pour le moment. Je suis trop occupé à gagner de l'argent. »

Se trouvant aphone peu de jours après cette déclaration, il établit un lien de cause à effet. De circonstance fortuite en innocent hasard, pour venir à bout de son infirmité tenace, il accepte d'être hypnotisé. Des essais maladroits semblent inutiles. Pourtant, mieux dirigé, il sait indiquer clairement les soins qui lui sont nécessaires. Au réveil, il ne se rappelle rien, mais il se rétablit. Son hypnotiseur, lui-même malade, demande un diagnostic, il l'obtient sans peine, sa santé se reconstitue rapidement : personne ne peut l'empêcher de clamer son enthousiasme par toute la ville, au point que le « médecin endormi » est assailli de toutes parts.

Edgar Cayce, quant à lui, est effrayé, navré de n'avoir aucune conscience de ce qui se passe. Il craint l'aberration qui causerait du tort, ou même la mort, pour quelqu'un. Il ne se laisse pas rassurer par l'accumulation des justes indications transmises, et des justes remèdes prescrits. Les guérisons lui donnent cependant raison contre les médecins, les spécialistes.

Par tâtonnements, le processus se met au point, les lectures de santé, telle est la terminologie, commencent. Leur nombre et leur intérêt ne cesseront de croître. Il suffira d'une lettre mentionnant le nom du demandeur, le lieu où il réside — ville, appartement, étage, pays, continent éloigné — et l'heure où il doit s'y trouver, Edgar Cayce, en son « sommeil » dira : « ... oui, nous avons ici le corps de... » Il ajoute singulièrement parfois des descriptions vestimentaires, des commentaires inattendus sur le mobilier, les moyens de locomotion... il dépeint l'ensemble du « spectacle » avec ses connotations anecdotiques aussi bien qu'en ses réalités profondes. Plus surprenant encore, Mme Cayce, surchargée de requêtes, en omet une, ne s'en aperçoit que vraiment plus tard ; une fois suivante, elle nomme le malade et précise : « ... qui devait se trouver à « y »-date, à « z »-heure, dans telle ville ». Son mari reprend sans embarras : « oui, nous voyons le corps qui aurait dû être... ».

Premiers apports : les intuitifs

Je n'ai évidemment pas connu Edgar Cayce.

Si je l'avais rencontré, peut-être aurais-je été déçu : la personne et sa capacité paranormale apparaissent dissociées, presque contradictoires.

Comment ne pas scruter passionnément son détenteur pour déchiffrer l'étonnante aptitude ? Qu'il utilisait merveilleusement mais avec une incompréhension et une ignorance totales de sa réalisation, et même de sa signification. Cet homme n'a pas été remarquable, sinon par son chaleureux et immense dévouement, tandis que son pouvoir l'était, prodigieusement.

Edgar Cayce ne résolvait pas bien ses problèmes quotidiens. Il agissait à l'étourdie, il était excessivement dépensier, il se mettait en colère, il se laissait facilement envahir par la tristesse et l'incertitude. Il ne montrait ni grande force ni grande intelligence. Passif, lui-même ne pensait pas à questionner son pouvoir pour se comprendre. Il oubliait les suggestions faites en lecture qui le concernaient directement, c'est sa femme qui en tenait compte. Il ne s'est pas cultivé. Il n'était pas « philosophe ». Seulement attaché à la lecture de la Bible, il ne s'intéressa à aucun des autres textes classiques religieux, ni aux traditions spirituelles différentes. Il était influençable. Malade, il ne se soignait pas. Il se rêvait M. N'Importe-Qui. Mais il était simple, assurément bon, compréhensif à la souffrance.

Quel contraste étonnant — insupportable — avec l'être savant, informé, persévérant, sans désordre, sûr de lui, dénué de vague à l'âme, logique, qui s'exprime en auto-hypnose. Celui-là sait des faits qui remontent à la nuit des temps. Il sait aussi discerner dans l'ensemble d'une personnalité les complexités psychologiques, et en tirer des conclusions. *Celui-là est riche d'une vision du monde.* Il pénètre les causes lointaines, insoupçonnables, du mal, et dévoile des moyens thérapeutiques étranges, oubliés ou inconnus. Celui-là répond à TOUTES LES QUESTIONS, parfois obscurément (certaines questions elles aussi ont été posées obscurément), mais sans hésitation : du passé au futur, avis, conseils de toutes catégories y compris financière, pronostics pour exploitation minière ou opération boursière.

Dans ce dernier domaine économique, s'affirme particulièrement le dédoublement curieux d'Edgar Cayce. S'il est
sollicité dans un but lucratif, fût-ce affaire d'argent arrachant
un homme chargé de famille à la gêne, le clairvoyant révélé à
travers l'état hypnotique va offrir le renseignement exact, sans
moraliser, sans admonestations psychologiques ou religieuses.
Mais, pourtant, Edgar en se réveillant sera malade : migraines
terribles, vomissements, crise de refus, épuisement. Comme
s'il ne devait pas utiliser le don à des fins de confort matériel.

Combien surprenant vraiment que la part craintive, fragile,
limitée, avec de pauvres censures puisqu'il ne se souvient de
rien, doive payer le tribut d'une peine pour celui qui, plus
souverain, détient l'apanage des connaissances extrêmes, et
ne refuse pas, lui, à son niveau, la réponse.

Fréquemment, il est assez facile de l'observer, un « pouvoir » passe comme le fait un torrent de montagne qui se
faufile entre des roches amoncelées. Etre un tel champ de
forces ne constitue pas garantie de bon sens, ou de sagesse —
d'art — de vivre. Un talent de la famille parapsychologique
représente le plus habituellement une lourde charge pour son
propriétaire, ne le secourant pas personnellement s'il en aide
d'autres. Mais l'entourage s'exclame de cette richesse dont il
ne jouit pas. Elle est enviée : n'est-ce pas le talisman du
bonheur, n'est-elle pas la clef du gai-savoir, donc du bien-
être ? N'est-elle pas Tout ?... Elle n'est qu'un éclat du Tout. Le
talisman n'est qu'un outil, un travail à faire ; et souvent, il
rend malheureux son porteur.

Edgar Cayce l'a été. Son mérite n'en est que plus grand,
dans ce déséquilibre entre le normal et le supranormal, d'avoir
choisi d'adoucir des misères, d'atténuer les détresses, de
guérir.

Donc Edgar Cayce « lit ». Les diagnostics psychiques sont
aussi appelés « lectures ». D'après document inédit*, pour

---

* J. Hurst, et D. Rotenberg, *Histoire de Jésus, selon Edgar Cayce.*

répondre à certaines demandes, il consulte quelquefois, durant sa voyance profonde, des archives classées dans une vaste salle : il parcourt alors ce qui rend compte d'une vie. Nos actes seraient quelque part enregistrés, Edgar Cayce possède la faculté de s'y renseigner.

Encore que perplexe devant ce tableau, je ne sursaute pas comme cela se serait produit il y a quelque mois. Ni je ne proteste en criant aux débordements d'une cervelle enfiévrée. Ni je n'ai recours à l'explication par symbole.

Car les précisions d'Er de Pamphylie, recoupées par celles des clairvoyants, ont ébranlé ma conception d'un autre monde. L'idée me poursuit qu'il n'est pas cet éther bleu traversé de nuages sur lesquels sont assises des entités — nuages noirs pour les individus infernaux, cela allait de soi. Je ne peux plus imaginer un espace céleste naïf, clouté d'étoiles, occupé en ses cimes par les dieux et les saints, en ses vallées sombres par une population cornue, rouge et fourchue.

La salle d'archives évoquée par Edgar Cayce ne réclame pas un débat de dominicain. Mais il est salutaire à mon sens de pouvoir envisager sans recul un monde reposant sur une substantialité différente de la nôtre, n'excluant pas un degré de matérialité pour des êtres, des objets, des lieux. Les clairvoyants ne décrivent-ils pas nos visiteurs trépassés transparents, mais vêtus comme à leur accoutumée, accompagnés parfois de leur chien, chat, cheval ou oiseau, portant un livre, un papier, ouvrant un portefeuille, toussant, pleurant, riant ?

Argumentons plus loin : en quoi l'enfer — géhenne du feu — est-il plus plausible que des archives extra-terrestres ? Simplement parce que notre enfance chrétienne n'a cessé d'en entendre parler, et que l'art pictural des primitifs au XVIᵉ siècle nous en rend l'image sans surprise. Jusqu'au XVIᵉ siècle Edgar Cayce ne bénéficie pas d'un tel support... J'en conclus que nous sommes pré-orientés vers certaines vraisemblances — voire certitudes — qu'il ne serait pas mauvais d'examiner de plus près. Homère, Dante, Poe, T. H. Lawrence ont « vu » des « enfers ». Comme poètes œuvrant dans l'imaginaire, ils n'ont pas enduré l'accusation de mensonge, les experts en vérité ne s'en sont pas occupés. Ne seraient-ils pas des témoins avertis plaidant à leur façon en faveur d'un autre monde ?

Je note pour moi-même ma non-hostilité à cette banque spéciale de données, évoquée par Cayce, mais aussi une réserve caractérisée. Ne pas s'agripper une vie durant à des notions héritées, d'ailleurs vagues et puériles, est indice d'ouverture. Je considère celle-ci comme un pas vers l'acquisition de la Réalité. Mais bien sûr, je demeure méfiant.

Certaines des lectures surprenantes d'Edgar Cayce ont là-dessus l'avantage d'avoir été authentifiées par les faits, autres que des guérisons. Car il ne s'en est pas tenu à des inventaires de maladies, assortis de listes précises d'excellents systèmes curatifs. Indépendamment des « tuyaux » financiers qui lui furent à une époque arrachés, il a su donner des avis précieux d'orientation professionnelle, dites lectures vocationnelles. Il lui est arrivé de s'exprimer couramment en italien et en espagnol sans avoir jamais appris ces langues.

Lectures de santé ; lectures d'apports techniques ; lectures de conseils dénouant des drames sociaux, familiaux ou personnels ; lectures historiques aussi.

Faisant l'objet d'une publication*, les révélations sur l'Atlantide sont captivantes, mais je ne consens pas à m'y attarder. Pour moi, elles se situent hors cadre de vérification, dans l'état présent de nos moyens d'investigation. Je ne puis donc, dans le sens de ma recherche, y prêter attention, et je n'en dirai rien.

Quelques-unes des prédictions concernant notamment la découverte de documents esséniens (manuscrits de la Mer Morte), et l'apparition de vestiges dans la région de Bimini se sont réalisées. En 1913, des lectures avaient annoncé la Grande Guerre, plus tard son issue, et la révolution russe. Ce ne sont sûrement pas les seules prophéties confirmées : pointage peut en être effectué à l'Association pour la Recher-

---

* E. CAYCE, *Visions de l'Atlantide*, éd. J'ai Lu A 300.

che et l'Illumination présidée à Virginia Beach par le fils
d'Edgar Cayce. Pour d'autres, il faut attendre : le temps de
l'événement est à venir.

Mon dessein n'étant pas biographique, je n'ai esquissé qu'à
grands traits rapides la personnalité de l' « Homme du
Mystère », pour expliquer l'intérêt de ses lectures de vie.

Voilà qu'un jour les diagnostics psychiques outrepassent
physiologie et psychologie actuelles pour englober des causes
situées en d'autres époques. Edgar Cayce découvre dans le
passé prénatal de ses consultants l'explication de souffrances
qui les malmènent maintenant : comme il lit le corps et l'esprit
présents, il lit des vies antérieures.

Quand la sténographie des séances de travail lui apprend
que les précisions transmises impliquent à l'évidence vie
antérieure et donc réincarnation, il en est traumatisé. Interrogée, la « force » supraconsciente répond sans circonlocutions
que la réincarnation est une réalité de fait.

Illustration complémentaire du registre double et contradictoire de connaissance : car Edgar Cayce quotidien, protestant,
lecteur fervent de la Bible qu'il aime prendre à la lettre, est
horrifié par le mot, par la chose. Il n'en savait rien, il l'estime
« incroyable », il est persuadé que la « force » qui ne l'a
jamais encore induit en erreur, cette fois le trompe, se trompe.

Il n'est pas négligeable de souligner, pour la critique
positiviste, le combat de cet homme — de grand devoir moral
et de probité — contre des informations, pour lui fausses, et
pire, sacrilèges. Il n'admet pas la réincarnation.

Il reprend la Bible depuis la première page pour trouver
condamnation de la thèse abracadabrante. Cette inquisition ne
lui apporte aucune récolte pour l'anathème. Au contraire,
quelques phrases ici et là peuvent être interprétées comme des
confirmations, ou des rappels à cette continuité d'être qui,
brutalement, fait irruption dans le cosmos du chrétien forma-
liste et le transforme radicalement.

C'est pour lui une pénible étude, une douloureuse angoisse.
Le débat n'altère pas les lectures. Ni leur message.

Le moins qu'on puisse en dire est qu'Edgar Cayce n'offrait
pas à la pré-existence, ni à la réincarnation, un terrain
favorable.

La porte étroite s'est ouverte, il lui faut la franchir : les
lectures totales disséquant les mécanismes créateurs de tels
réaction, besoin psychologique, barrage affectif incluent une
histoire antérieure.

La cohérence avec ce qu'il perçoit de l'individu en
traitement, les bienfaits des éclaircissements ainsi apportés,
n'autorisent pas longtemps Cayce à nier, à refuser davantage
les nouveaux diagnostics du « médecin endormi ». Dépassant
la santé du corps, s'adressant à l'esprit comme à l'âme, ceux-ci
— qui renouvellent l'implication « vies antérieures » — sont
d'une efficacité accrue.

Il voulait la vie éternelle, il ne voulait pas de préexistences : elles sont là, le « pouvoir » les remet en actualité
contemporaine lorsqu'elles peuvent être utiles, secourables.

Deux mille cinq cents lectures de vie sont répertoriées à
Virginia Beach. Parmi les données antérieures, certaines ont
été vérifiées : d'après détails de sa lecture de vie, un homme a
retrouvé dans les registres militaires de la Guerre de Séces-
sion, trace du soldat qu'il avait été. Ce cas n'est pas unique.

Y aurait-il dans cette retrouvaille une preuve de survie ?

— *Non pour les matérialistes.* Car rien ne réfute l'objection
d'une communication télépathique éventuelle avec l'inconscient collectif, sorte d'immense marmite intemporelle à
minestrone-de-savoir, d'où sont tirés, au hasard d'un branche-

ment mental imprévisible, quelque carotte émotionnelle, ou quelque navet intellectuel. D'après cette théorie, l'information-carotte, ou l'information-navet se rencontrent selon captation aventureuse, sans qu'il y ait aucune correspondance personnelle entre l'émotion, ou l'événement, et l'individu récepteur. Toute ressemblance avec une personne connue ne serait qu'une coïncidence.

— *Non pour les experts.* Tant que la possibilité cryptomnésique (mémoire visuelle enfouie dans le subconscient) n'est pas écartée. Or comment s'assurer qu'Edgar Cayce n'a jamais pu poser les yeux sur un feuillet des états militaires du conflit ayant déchiré son pays, à peine vingt-cinq ans avant sa naissance ? /L'objection de falsification volontaire ne résiste pas à l'examen des recoupements effectués sans erreur entre dix mille lectures, instantanément, à des années de distance./

— *Non pour les spiritualistes classiques chrétiens* croyant — à tort — la transmigration totalement étrangère à l'Eglise. Le refus est basé sur ce qui est CRU conforme aux dogmes. Le non est prononcé par peur de pécher, non par étude.

— *Oui pour les spiritualistes réincarnationistes* soupirant d'aise à ces circonstances — les vérifications historiques — tout à fait dans le sens de leur conviction. Déjà persuadés, ils prennent l'eau pour leur moulin sans en faire objet d'analyse.

— *Pour un « intermédiariste »*, ce sera une pièce d'intérêt notoire à verser au dossier, sans plus. Il faudrait, pour qu'elle revête une signification supérieure à celle d'indice, avoir de quoi museler les matérialistes. Leur objection est recevable. Je n'ai rien pour le moment à lui opposer. Croyance ou penchant, je l'ai précisé en préambule, ne sauraient être arguments.

Par contre, des comportements-témoignages implicites d'Edgar Cayce, seront retenues comme constatations positives en faveur de la survie :

— l'acceptation de la réincarnation après une lutte désespérée, tempétueuse, de cet homme pieux ; il n'a pu la rejeter ;

— l'harmonieuse concordance des lectures de vie avec la réalité quotidienne concrète des consultants : tempérament, goûts, professions, violons d'Ingres, aptitudes particulières ;

— les solutions efficaces apportées à des problèmes de corps, d'esprit, de cœur, par la connaissance de leur origine remontant à des vies précédentes ;

— l'exceptionnelle valeur d'une clairvoyance seconde sans erreur dans le domaine médical, sans erreur dans le champ précognitif vis-à-vis des individus, mais à faible marge d'incertitude quant aux prophéties concernant l'histoire des peuples, les transformations géologiques, les prévisions archéologiques.

J'ai parcouru — avec quelle soif — des lectures de vie. Elles font, certes, réfléchir.

Chacune est sans doute fantastique pour celui qui en fait le sujet et en mesure la portée et l'exactitude à l'aune de sa vérité propre, celle qu'il connaît bien pour la retrouver tous les jours. Lumineuses pour lui, les informations l'éblouissent, et s'il fabrique quelque scepticisme, au moins possède-t-il aussi des points de repère pour s'en débarrasser.

Le chercheur survenant trente ans plus tard ne réagit pas ainsi, car il est privé des articles du test et de l'écho personnels. S'il est absolument confiant, il absorbera les lectures de vie en fonction du reste qu'il aura reconnu totalement exact. Sinon, il trébuchera.

J'ai trébuché.

Sur certaines prédictions archéologiques non réalisées à la date indiquée. Donc coefficient d'erreur.

Sur le langage exclusivement, immodérément biblique et évangélique, ce qui indique une personnalité « enfermée » dans un système fort, et donc partiale même si elle est très capable.

Premiers apports : les intuitifs

Edgar Cayce a retrouvé quant à lui des existences étroitement liées au Christ, vis-à-vis duquel il manifeste un respect croissant : il est vraisemblable que l'être qui parlait à l'état second, pour avoir connu Jésus, en avait été impressionné « essentiellement ».

C'est ainsi qu'Edgar Cayce ne considère les grandes voies spiritualistes (et leurs Maîtres) : hindouisme, bouddhisme, confucianisme, zoroastrisme... que comme des préparations balbutiantes à l'avènement de Jésus. Le monde sans Jésus n'aurait pas été sauvé. Avant Jésus, nul n'était « sauvé ». Avant la Vierge Marie, nulle femme n'a été « sauvée ».

Bien que chrétien catholique, il me semble — prenant de l'âge et de la réflexion — de plus en plus improbable que les milliards d'individus nés sur notre planète, protohistoire comprise, n'aient pu accéder au salut... /quel salut ?/ ... que selon le Dieu de la Bible et celui de l'Evangile, et cela seulement à partir du moment où il leur a plu de se révéler.

D'autres livres sacrés ont ouvert la voie du dépassement de soi ; d'autres dieux, qui bien sûr ne sont pas appelés comme le nôtre, méritent le respect pour avoir conduit les hommes vers l'Infini. Sans conteste, les spiritualistes d'Orient sont plus généreux et proches d'une conception juste, que ne le sont les juifs et les chrétiens : quels que soient les rites, la chapelle, les dogmes, le nom, ces routes diverses mènent, pensent-ils, à la Vérité. Dans laquelle tous confraternellement nous évoluons, animés d'une étincelle de sa lumière. Nous atteindrons un jour sa plénitude.

Condamner, repousser, exclure, poser des conditions de « clan », n'est-ce pas signifier « moi seul détiens la vérité ». Chaque fois qu'un homme ou une femme assure ainsi être seul possesseur de vrai savoir, lui seul transmetteur des lois métaphysiques, religieuses, supranormales, je suis en alerte contre l'hypertrophie d'un moi qui se prendrait un peu pour un dieu déjà, ou quelque prophète recruteur d'adeptes.

A m'exprimer ainsi, il est évident que je ne brigue aucune chaire professorale à l'Institut Catholique ni les approbations académiques. La réponse dogmatique pour moi n'en est pas une, quand je m'interroge sur l'immortalité.

Si un clairvoyant clame : « moi seul suis véritable intermédiaire entre le ciel et la terre », la disproportion entre le petit homme de bonne volonté — espérons-le — et l'immensité de l'Univers, ses vies océanes et stellaires, ses inconnues, ses énergies multiples, ses consciences microscopiques et macroscopiques, fera rire... ou pleurer.

Edgar Cayce ne s'est pas présenté ainsi. Mais comme chez beaucoup d'intuitifs la coloration par interprétation personnelle transparaît nettement dès que les sujets abordés deviennent généraux : évolution des nations, du climat social, directives philosophiques, concepts tels que le bien-le mal. Autant la qualité de la voyance est claire, impressionnante, s'adressant d'un individu ayant des perceptions spéciales à un autre attendant sur ses affaires privées des avis appropriés ; autant le discours radote, s'altère d'inégales intensités lorsque les thèmes sont de ce genre : que doivent faire les Etats-Unis (ou l'Angleterre, ou la France...), pour éviter la guerre, pour supprimer la violence ; quand reviendra le Seigneur ; quand le monde sera-t-il bon ; faut-il prier ; quel est notre devoir..., etc.

Il semble alors que la personnalité consultée s'essouffle à courir au-delà de son réel champ de capacité pour glaner des axiomes *selon ses propres idées générales et surtout selon son propre degré d'évolution, sa propre « culture ».*

Nous « croyons » volontiers qu'un voyant en sait plus que nous. En fait, il VOIT, cela n'implique pas catégoriquement qu'il SAIT AUSSI. Nous attendons des informations capitales : or nous ne pouvons recevoir que des nouvelles relatives, venant dans les meilleurs cas d'une science supérieure à la nôtre, mais peut-être pas de l'Omniscience.

Les Maîtres sont rarissimes.

Ils sont autres.

Et si nous nous emparons de ces bribes, reconnaissants et ravis, pour les publier comme étant le Tout, dans notre jubilation de nous sentir un peu moins ignorants nous nous conduisons en irréfléchis. Il n'y a pas vraiment matière à conviction, sauf pour ces errants affamés de créduleries, dont la confrérie s'étend partout.

65

Premiers apports : les intuitifs

J'ai annoncé un témoignage de valeur, serais-je en train de le déchirer ?

Il est conséquent, mais point éclatant.

Les lectures de vie sont-elles plausibles ? — Oui.

Constituent-elles preuves ? — Non, simples attestations.

Les lectures de vie précisent que la naissance et la mort sont des transitions. Elles décèlent dans les états de conscience et les comportements une richesse de complexités subtiles, de causes et de conséquences supra-lointaines énoncées aussi simplement qu'un compte rendu sportif. Elles soulignent la transformation de tendances en talents, identifiés présentement par nous comme des dons tombés du ciel. Mais nous en sommes les artisans patients, les ayant nous-mêmes autrefois travaillés dans des civilisations diverses, à travers des contrées et des activités variées. Elles certifient que nous rencontrons ici des relations de nos autres incarnations, car nous aimerions à revenir avec des « âmes-compagnes ».

Les lectures de vie ne peuvent être citées en dehors de leur contexte, sans lequel elles apparaîtraient plates, sans vigueur, peut-être absurdes. La langue en est difficultueuse. Voici ce qu'en écrivait en 1945 Gina Cerminara * :

« Les lectures s'entendent comme venant de quelqu'un qui parlerait dans une langue étrangère ;

« Elles s'entendent comme faites par quelqu'un d'une époque ancienne qui essaie de parler à une époque moderne ;

« Elles s'entendent comme données par quelqu'un de très instruit (...) qui essaie de se rendre clair aux non-instruits. »

Serait-ce la longue expérience acquise par Edgar Cayce au cours de ses vies antérieures qui s'exprimait en diagnostics psychiques ? Mais pourquoi cette dualité soufferte par un homme dont une voix évoquait constamment la Religion de l'Un, depuis l'Atlantide, à travers l'Egypte — dont il parlait si bien enfant — la Perse, la Syrie de la jeune église du Christ, tandis que son autre voix exprimait l'ignorance et l'incompré-

---

* G. CERMINARA, *Le Langage des Lectures d'Edgar Cayce*.

hension ? Qu'avait-il donc fait pour que sa conscience quotidienne soit séparée de sa conscience étrangement plus avertie ?

Dans les lectures de vie, il est affirmé plusieurs fois brutalement que chacun a la volonté de répondre oui ou non aux « propositions » de Dieu. Ainsi déciderions-nous de ce que « nous gagnons ou perdons dans le développement de l'âme * ». Ainsi atrophions-nous ou agrandissons-nous notre cœur, nos facultés, notre caractère, nos possibilités. Ce libre arbitre, spécifié maintes fois par Cayce, beaucoup d'entre nous en ont-ils usé pour choisir la paresse et l'aveuglement ?

... Libre arbitre... choix... Certains frémiront de joie, d'autres de crainte.

Edgar Cayce l'affirme continuellement, cette fois de sa manière la plus extra-temporelle, ce qui lui restitue une grande crédibilité : il en traite au-delà des conformités religieuses, il ne se comporte pas en croyant. Le niveau où il se situe est celui où se retrouve le diagnosticien.

Pour beaucoup réincarnation veut surtout dire « karma ».

Mot dont nous, occidentaux, ne saisissons que les aspects les plus négatifs, car nous en méconnaissons les nuances hindoues et bouddhistes. Le « karma » est généralement perçu comme une loi du talion, selon laquelle sont enfilées sur le glaive d'une justice pointilleuse les conséquences des vilenies et fautes commises au long des incarnations précédentes.

Ainsi conçu le fardeau final des expiations à effectuer est effroyable, et effrayant c'est vrai. Cette spéculation dramatique est fausse, comme tout excès : elle exclut bêtement les suites des choix heureux, courage, dévouement, amour, loyauté, ainsi que l'expérience considérable résultant des

---

* Expression d'Edgar Cayce.

talents que l'on a su faire fructifier en tant de bonnes occasions d'existence. Pourquoi ne comptabiliser que les « péchés » ?

Il n'y a donc pas de fatalité du passé, encore que nous devions payer les pots que nous avons cassés, semble-t-il, d'après les lectures de vie. Il y a trace du passé, son indéniable marque. Mais s'il est dit que nous avons le pouvoir de refuser Dieu — et c'est vrai ; de lui dire non — et c'est vrai ; nous sommes évidemment capables d'assainir notre terrain, nous en avons aussi le « pouvoir ». Si nous le voulons. Si nous le voulons, nous arbitrons les forces. Celles-ci ne sont pas exclusivement agressives, ou adverses. D'ailleurs, nous sommes aidés. Par nous-mêmes avec notre acquis positif antérieur. Par des êtres comme Edgar Cayce quand ils sont parmi nous, par ce qu'ils nous laissent lorsqu'ils regagnent la « Prairie » d'Er de Pamphylie :

« Je me vois * comme un point minuscule en dehors de mon corps physique, qui est couché inerte devant moi. Je me trouve accablé d'obscurité, et il se fait sentir une solitude terrible... Tout à coup j'ai conscience d'un faisceau de lumière blanche. Comme ce point minuscule, je me déplace vers le haut en suivant la lumière, sachant qu'il me faut la suivre ou être perdu. Comme j'avance le long de ce chemin de lumière, je prends peu à peu conscience de divers niveaux sur lesquels il y a un mouvement. Sur les premiers niveaux, il y a des formes grotesques, vagues, affreuses, telles que l'on voit dans les cauchemars. A mesure que j'avance, il commence à paraître des deux côtés des formes contrefaites d'êtres humains avec quelque partie du corps agrandie. De nouveau, il y a changement, et je prends conscience de formes encapuchonnées grises qui se déplacent vers le bas. Peu à peu elles deviennent plus claires en couleur. Puis la direction change, et ces formes s'élèvent vers le haut — et la couleur des robes devient rapidement plus claire.

(...)

« A mesure que j'avance, il y a davantage de lumière et de mouvement, dans ce qui semble être de grandes et petites villes normales. Avec l'accroissement du mouvement, je prends

---

* E. CAYCE, *Appendice à Ma Vie et Mon Travail*.

conscience de bruits (…) puis de la musique, des rires et le chant d'oiseaux. Il y a de plus en plus de lumière ; les couleurs deviennent très belles ; et il y a fusion du son et de la couleur.

« Très subitement, je tombe sur une salle d'enregistrements. C'est une salle sans murs, sans plafond ; mais j'ai conscience de voir un vieillard qui me remet un gros livre, un dossier de l'individu pour lequel je cherche des informations… »

Voici, sur de telles choses, la position de William James :

« A ce moment, une conclusion s'imposa à mon esprit, et, depuis lors, le sentiment de détenir la vérité ne m'a jamais quitté. Notre conscience ordinaire de « veille », notre conscience rationnelle ainsi que nous la nommons, n'est qu'un type particulier de conscience, et, autour d'elle, séparées par le plus fin des écrans, reposent des formes potentielles de conscience complètement différentes. Nous pouvons passer une vie entière sans soupçonner leur existence, mais il suffit d'utiliser le stimulus requis pour que ces formes apparaissent dans leur intégralité, catégories mentales définies qui ont probablement, quelque part, un champ d'application et d'adaptation. Aucune théorie ne peut rendre compte de l'univers dans sa totalité si elle néglige ces autres formes de conscience. La question est de savoir comment les considérer, car elles représentent une discontinuité par rapport à la conscience ordinaire. Ces formes peuvent déterminer des comportements bien qu'elles ne puissent en donner la formule, et elles peuvent faire naître une nouvelle géographie de l'esprit bien qu'elles ne puissent en tracer la carte. Dans tous les cas, elles interdisent un survol trop rapide de la réalité *. »

Edgar Cayce écrivait : « Je me donne à ces études et expériences sachant que beaucoup ont été aidés, et espérant que je peux être un « canal de bienfaits » pour chaque individu qui vient avec un fardeau physique, mental, ou spirituel. Voilà ma vie **. »

---

*   Extrait de A. SMITH, *Les Cosmonautes de l'Inconscient*, R. Laffont.
** *E. CAYCE*, op. cit.

3

DIVERS TÉMOIGNAGES

Les spirites

Souvent aperçus dans nos parages, les disparus avec lesquels nous avons des liens ne sont pas seulement spectateurs de nos marches et démarches, ils parlent aussi, ils veulent converser.

Du moins l'assure-t-on.

La plupart d'entre nous n'étant pas réceptifs, le dialogue tente de se nouer par le canal d'intermédiaires. Telle est la définition du « médium », individu de sensibilité développée, dont les certitudes spiritualistes ouvrent largement le champ des éventualités. Parfois la transmission désirée se manifeste par le truchement d'objets, tables, tablettes, horloges ; soit encore par bruits, ou déplacements de vases, papiers, etc. ; soit par pulsions fortes telles que l'écriture automatique, ou messages télépathiques s'imposant à l'esprit, toute autre pensée étant éclipsée.

Depuis les temps mémoriaux jusqu'à notre époque, toujours il a été fait état de communication avec les morts. Et certaines ethnies africaines *, par exemple, respectent encore les rites de ces relations dans un pays en plein essor comme le Brésil.

----

* 112.

Toutes les civilisations qui n'ont pas déifié l'outil-machine au détriment de l'esprit ont eu des pratiques assurant et maintenant des échanges entre ici et au-delà.

Qu'ils soient parés du titre de sorcier, devin, chaman, prêtre, alchimiste, cabbaliste, initié, visionnaire ou illuminé, les médiums n'ont cessé d'être parmi nous. Et de transmettre des « nouvelles ».

Par le moyen de deux systèmes, si j'ose ainsi schématiser : l'un comporte un médium étranger, récepteur du message entre l'entité émettrice et l'individu destinataire, ce qui fait trois participants ; l'autre se réduit à deux participants, la personne défunte se faisant directement entendre de l'individu destinataire, qui lui-même réunit les conditions nécessaires à la bonne écoute, et lui est souvent lié affectivement.

Du second, d'excellents témoignages récents ont été accumulés, dont les lettres de Pierre Monnier * — tué en 1915 pendant la Grande Guerre — à sa mère ; les messages reçus de son fils Roland mort à 19 ans, par Marcelle de Jouvenel ; ceux recueillis par Belline ** de son fils Michel. Paul Misraki *** raconte comment son ami Julien eut étrangement des conversations renouvelées avec des habitants de l'au-delà, qui n'étaient pourtant pas de ses proches, sortes d'entretiens « gratuits » dont quelques éléments ont été vérifiés. Par des moyens moins nets que ne l'est l'écriture dictée, le Révérend Pike ****, évêque protestant, avait eu, lui aussi, des signes de son fils mort accidentellement.

Les ouvrages de Belline, Paul Misraki, Jean Prieur ***** — il y en a eu d'autres — sont des « classiques » de l'espèce.

Les auteurs ou les protagonistes dont ils racontent le cheminement, accomplissent avec bonne foi un parcours parfois douloureux en ses hésitations. Le message dont ils se trouvent la cible les inquiète, et les émeut : comment ne pas

---

* 71.
** 5.
*** 68.
**** 85.
***** 87.

douter, mais aussi comment ne pas accueillir cet insolite qui les sollicite avec insistance ?

Car le non-terrestre demande contacts avec les terrestres, c'est ce qui découle de l'examen de ces récits. Même dans le cas de parents pleurant leur enfant, ce n'est pas sans difficulté que ceux-ci admettent l'appel supranormal : ils craignent que leurs sentiments ne créent illusion, et qu'en fait ils ne soient conduits par leur peine à s'écouter eux-mêmes. Le premier temps est donc généralement celui du recul, de l'appréhension, voire de l'effroi ; le second temps celui d'une prudence méfiante. Ensuite, la répétition du phénomène, et quelques marques de reconnaissance confortent le récepteur, qui s'engage plus à fond, et demande des « preuves ». Sur des souvenirs communs ou des détails concrets vérifiables (telle l'adresse d'un hôtel où a logé le trépassé autrefois sans que cela soit su), vient le temps où, persuadés que l'interlocuteur — ou les interlocuteurs — sont bien des visiteurs de l'autre monde, le destinataire et son entourage osent interroger sur des thèmes plus généraux : vie après la mort, Dieu, la réincarnation, le péché, la pénitence, la prédestination, la marche du monde, etc.

Pourquoi, lisant cela, ne suis-je pas transporté d'enthousiasme et d'espérance, alors que j'ai le cœur en deuil d'une sœur aimée, de parents ?

Parce que ces dires ne sont, pour moi, pas convaincants.

Pour y « croire », je devrais accepter de me fier aveuglément à Mme Monnier, Mme de Jouvenel, M. Belline... Or je ne les connais pas moi-même ; si j'imagine volontiers qu'ils soient sincères, rien n'étaye ce préjugé favorable.

Je résume : la communication est possible. N'est-elle ni amplifiée, ni interprétée, est-elle exacte ?

Pour les auteurs et les personnes que j'ai brièvement cités oui. Car, comme dans le cas des lectures d'Edgar Cayce, il y a eu vérification personnelle d'après les recoupements multipliés des individus concernés.

Mais je prétends que quelqu'un qui ne serait pas déjà préorienté en faveur de la survie, ne trouve rien là de solide pour établir une certitude.

Car la teneur du message ne peut satisfaire que ceux qui en sont l'objet : la mère, le père, la famille, les relations retrouvant les expressions caractéristiques du disparu, ses modes de pensée, certaines de ses habitudes, se défont de leur scepticisme. D'autre part, à s'engager avec précaution dans ces entretiens avec des « esprits », l'on y acquiert doucement quelque aisance ; et sans doute alors gagne-t-on l'évidence que les mots viennent bien d'ailleurs, et non du tréfonds de soi-même. Cette expérience réitérée affermit les points de clarté : la méfiance s'amenuise jusqu'à disparaître. Car l'on a peu à peu appris à s'accorder confiance en cette confrontation avec les échos d'une autre dimension, confiance en soi, confiance en elle. En alerte, la sensibilité du sujet l'incite à l'élimination progressive des sensations de falsification. Se sentant vigilant il s'autorise à pousser plus loin l'aventure. Il est au cœur de l'affaire, elle est SA vérité.

Comment serait-ce la mienne ?

Certes on peut aisément « croire » tant qu'il s'agit d'une thèse qui-ne-mord-pas-dans-la-chair à laquelle se rallier : la culture du soja, un parti politique, une dixième planète... C'est facile : pourquoi oui, pourquoi non, avantages comparés, références prises auprès d'autorités compétentes, quelques réflexions, le choix se dégage. « Croire » sur on-dit est possible tandis que le climat est à l'indifférence relative. « Croire » est irréalisable lorsque le cœur est crucialement impliqué, lorsque l'être en la totalité de ses forces impétueuses exige la vérité, le Savoir.

Je ne cherche pas à croire que ma sœur peut éventuellement devenir un esprit frappeur. Je veux comprendre si elle vit, et comment.

Il n'est cependant pas possible de nier l'intérêt de ces expériences très personnelles. Il faut s'y arrêter, ne serait-ce qu'un instant. Les objections, souvent injurieuses, formulées contre elles ; la mise en cause du pouvoir de discrimination, de la lucidité des destinataires, même des témoignages, sont balayées par le fait éclatant d'une analogie avec les informations générales globalement transmises par les clairvoyants.

Premiers apports : les intuitifs

En faveur de l'authenticité du phénomène de communication avec l'au-delà, notons sa répétition, son universalité.

D'autre part, la majorité des gens ne cherche aucunement à être abusée, contrairement à ce que prétendent ces matérialistes qui seraient les seuls à démêler le vrai du faux, et l'irréel du réel. Mmes Monnier et de Jouvenel ont reçu, et relaté, des informations qu'elles-mêmes ne détenaient pas, qu'elles ne pouvaient connaître par voie « normale ». Elles ne désiraient pas inventer un roman-fleuve avec, comme héros, l'ombre — artificielle — d'une ombre ; elles n'étaient pas femmes à chevaucher des chimères. Elles ne peuvent être suspectées de détermination d'affabulation. Il s'est sûrement passé quelque chose.

Y a-t-il des échanges avec un fils, un ami, des parents, des « morts » ? Vraisemblablement.

Les voyants percevant dans nos proximités des êtres invisibles qui s'intéressent à nous, il est dans la logique de leur présence que ceux-ci cherchent avec nous des bavardages. Des moments de rencontre animée, d'affection continuée, de confiance, de compréhension, d'expression cordiale ou intellectuelle. Et comme nous ne sommes pas préparés — nous intelligents occidentaux de la France cartésienne — à de tels contacts, ils font ce qu'ils peuvent, ils font de leur mieux, ils se manifestent à la misère du pot...

Si gauches que soient les échanges, ils sont considérables pour les intimes qui les « reconnaissent » et pour les quelques personnes à cela prédisposées. Mais même en ne les contestant pas, il demeure impossible de fonder sur leur réalité une certitude communicable.

Car une variable joue pour « l'intermédiariste » un rôle décisif qui introduit, et souligne, la notion de relatif : celle du langage.

Si dans les grands traits — encore faut-il savoir décrypter — Pierre Monnier, Roland de Jouvenel, Paqui et les autres se rejoignent, dans le détail les messages s'avèrent disparates, mais surtout désagréablement « flous » pour l'observateur impartial. Ils sont souvent pontifiants et prétentieux, abrupts, moralisateurs, volontairement mystérieux, obscurs : « Tu as

douté... nous ne t'en dirons pas plus, cherche toi-même...
nous ne pouvons rien te dire... prie davantage... bientôt...
bientôt. » Propos qui semblent être des obstacles expressément et malignement dressés pour qui s'épuise à percevoir, à
authentifier, à suivre. Le langage est naturellement le reflet
culturel et philosophique de « l'entité », de son degré personnel de compréhension, car cette entité traduit avec ses mots
habituels de jadis ce qu'elle vit et aperçoit aujourd'hui dans
son nouveau monde. Un être de lumière très rayonnant est
identifié en Christ ; une forme féminine de grand éclat, pour
un catholique marial, sera immanquablement appelée Vierge
Marie, ou reconnue en quelque sainte envers laquelle il
nourrissait sur terre une dévotion particulière.

Il est inéluctable qu'un parent ou un ami — ayant
d'évidence les mêmes références sémantiques et culturelles
que le disparu — prenne au pied de la lettre les communications plus ou moins hermétiques qu'il reçoit. De surcroît, il a
tendance à perdre tout sens critique, car il est victime de sa
révérence excessive, frileuse, envers la mort, et envers ce
qu'il nommera une manifestation du divin, alors qu'il s'agit
d'un niveau du normal auquel simplement il n'est pas
accoutumé.

« Nombreux sont ceux * qui, communiquant avec le premier
« esprit » venu, s'attendent à recevoir de lui des révélations
transcendantes et lui posent des questions sur l'avenir, sur l'Univers
ou sur Dieu, comme si le fait d'avoir quitté la terre lui permettait
d'avoir des vues savantes sur toutes choses, de discourir sur
n'importe quel sujet. Or ce n'est pas le cas ; les défunts eux-mêmes
protestent énergiquement contre pareille idée **. Leur nouveau
mode de vie n'est que la continuation de l'ancien, et tout être
humain, lorsqu'il « naît » à l'Autre Monde, n'est rien de plus que la
somme de ses propres pensées. Rien d'étonnant, en conséquence, si
le niveau moyen des messages reçus d'outre-tombe ne dépasse pas
celui d'une conversation avec « l'homme de la rue » ; dans l'Au-delà

---

* P. MISRAKI, *op. cit.*, p. 40.
** Note de Georges : « Pas tous, hélas ! »

tout comme ici, on peut tomber sur des gens intelligents, mais aussi sur d'autres qui le sont moins (...). L'homme qui vient de mourir se retrouve tel qu'il était ici-bas, son histoire continue. Par la suite, il se pourra qu'une évolution spirituelle plus ou moins longue selon les individus lui permette d'acquérir progressivement un savoir nouveau, au fur et à mesure de sa « montée » vers des « plans » plus élevés. C'est du moins ce qui ressort très clairement des témoignages qui nous parviennent de là-haut... »

C'est aussi ce qu'assure notre amie anglaise Joan Grant-Kelsey, d'après son expérience de plusieurs vies et intermèdes-vies.

Que retiendrai-je finalement de ces dialogues très privés entre quelqu'un d'au-delà et un interlocuteur privilégié :

— Ils s'imposent comme incontestables dans une société qui, pourtant, ne les facilite pas.

— La conviction sans réserve des bénéficiaires de ces contacts, ainsi que celle des tiers capables de vérifier les « signes de reconnaissance ».

— La caution des clairvoyants qui n'ont cessé d'affirmer la possibilité de tels comportements, eux-mêmes servant quelquefois aussi d'interprètes.

Mais l'objection demeure d'un éventuel phénomène de type télépathique :

a. Avec un être terrestre ayant intensément aimé le défunt et entretenant affectivement et mentalement autour de son souvenir une « vie » très luxuriante ;
b. Avec notre propre subconscient qui réfléchirait à notre conscience habituelle cette image parlante de celui ou celle qui, en nous, ne meurt pas ;
c. Avec l'inconscient collectif.

La théorie de « l'inconscient collectif », née des analyses de Freud, a été largement développée par C. G. Jung (1875-1961), médecin, écrivain, philosophe. La voici, telle qu'il l'expose :

76

« ... Tout ce que je connais *, mais à quoi je ne pense pas à un moment donné, tout ce dont j'ai eu conscience une fois mais à quoi je ne pense pas à un moment donné, tout ce dont j'ai eu conscience une fois mais que j'ai oublié, tout ce qui a été perçu par mes sens mais que je n'ai pas enregistré dans mon esprit conscient, tout ce que, involontairement et sans y prêter attention (c'est-à-dire inconsciemment), je ressens, pense, me rappelle, désire et fais, tout le futur qui se prépare en moi, qui ne deviendra conscient que plus tard, tout cela est le contenu de l'inconscient.

(...)

« A ces contenus viennent s'ajouter les représentations ou impressions pénibles plus ou moins intentionnellement refoulées. J'appelle « inconscient personnel » l'ensemble de tous ces contenus. Mais, au-delà, nous rencontrons aussi dans l'inconscient des propriétés qui n'ont pas été acquises individuellement ; elles ont été héritées, ainsi que les instincts, ainsi les impulsions pour exécuter des actions commandées par une nécessité, mais non par une motivation consciente... (C'est dans cette couche « plus profonde » de la psyché que nous rencontrons aussi les archétypes.) Les instincts et les archétypes constituent ensemble « l'inconscient collectif ». Je l'appelle collectif parce que, au contraire de l'inconscient personnel, il n'est pas le fait de contenus individuels plus ou moins uniques, ne se reproduisant pas, mais de contenus qui sont universels et qui apparaissent régulièrement.

(...)

« Les contenus de l'inconscient personnel font partie intégrante de la personnalité individuelle et pourraient donc tout aussi bien être conscients. Ceux de l'inconscient collectif constituent comme une *condition ou une base de la psyché en soi,* condition omniprésente, immuable, identique à elle-même en tout lieu.

(...)

« Plus les « couches » sont profondes et obscures, plus elles perdent leur originalité individuelle. Plus elles sont profondes, c'est-à-dire, plus elles se rapprochent des systèmes fonctionnels autonomes, plus elles deviennent collectives et finissent par s'universaliser et par s'éteindre dans la matérialité du corps, c'est-à-dire dans les corps chimiques. Le carbone du corps humain est simplement

---

* C. G. JUNG, *Ma Vie,* Glossaire 456-457.

carbone ; au plus profond d'elle-même, la psyché n'est plus qu'univers. »

Sans doute est-il présomptueux de remettre en question une définition formulée péremptoirement par l'un de nos penseurs contemporains renommés. Mais un chercheur n'est ni un élève ni un disciple. Il pérégrine en méditant sur des systèmes divers de pensée, sur des déclarations souvent contradictoires de savants professeurs.

Les opinions de Jung, poussées à leur extrême, se révèlent, à la vérité, fort contestables.

L'inconscient collectif implique une forme de survie, chaque être contribuant à la constitution du stock d'informations par ses actes et ses idées propres, quelque part conservés, « enregistrés » disait Edgar Cayce. Concevoir cette information « survivant » à la mort, c'est accepter une pérennité d'esprit, de mémoire, donc de conscience. Pourquoi cette vision métaphysique exclut-elle rigoureusement de cet inconscient — conscient dans une dimension différente, « universelle »... — l'individu qui a construit, harmonisé, centralisé de son souffle, d'une âme, sa vie, une vie donnée ? Pourquoi s'obstiner à noyer l'âme personnalisée, jiva selon l'Advaïta Vedanta, dans la marmite cosmique où bouillonnent des myriades d'informations-émotions, d'informations-pensées ?

C'est là spéculation de psychiatre. Je ne suis pas friand des explications par inconscient collectif, parce que j'y découvre deux « mauvais fonctionnements », trois faiblesses :

1. D'abord si l'expression en existe, la matière en est d'une rare pauvreté. Les renseignements recueillis sont dérisoires, et les justifications misérables.

2. La matière est très rarement distribuée ; si le branchement s'effectuait au hasard d'une pêche heureuse dans le grand réservoir, nous aurions de temps à autre des fonctionnements sur canaux historiques, ou ésotériques, sur la constitution du savoir ancestral et des archétypes, et bénéficierions d'étonnantes révélations. Or les « tuyaux » sont seulement individuels. S'il existait comme stigmatisé

par Jung, l'inconscient collectif dépasserait les relations d'un vivant et de son « cher disparu » ; il offrirait à chacun un contact avec l'ensemble de l'héritage humain. Et tel historien qui consacre toute sa force et tout son savoir à l'étude d'un pays, d'un homme, d'une époque, d'un événement, devrait pouvoir, en se concentrant, obtenir prise directe sur les éléments dont il traite, et dont, par définition, la trace serait stockée dans l'inconscient collectif. La communication est bien bancale...

3.   La matière serait donc sélectionnée : la personnalité est « tuée », éteinte, dissoute dans les corps chimiques, MAIS le stock-bagage d'une information personnelle /les « esprits » s'occupent de leurs petites histoires/ subsiste : comment, pourquoi ? Quelle est l'information purement, uniquement mentale, qui a une vie propre sans enracinement ?

Si l'inconscient collectif reste à mes yeux peu convaincant, rien ne me permet, en revanche, de réfuter pour le moment les objection « a » et « b », la télépathie, ou la réactualisation de souvenirs. Reste le domaine de la communication par intermédiaire.

Le système de communication comportant trois acteurs, émetteur, médium, destinataire, a connu une mode florissante au commencement du XIXe siècle, due à la renommée de deux très jeunes filles, les sœurs Fox, qui passaient pour savoir interpréter des coups frappés à intervalles réguliers comme messages des esprits. Elles habitaient la région de New York ; mais bientôt l'alphabet conventionnel adopté pour le dialogue avec les entités fut pratiqué de l'Amérique entière, de l'Angleterre, de l'Europe.

Le « Spiritisme » pour lequel les meilleurs milieux éprouvèrent un engouement sans bornes, atteint son apogée à partir de 1848. Il intéressa non seulement les plaisantins, les amateurs, et les vieilles dames qui aimaient à frissonner avec leurs « absents » mais aussi des chercheurs, des médecins, des neurologues (William James), d'éminents professeurs (Charles Richet, Prix Nobel), des écrivains (Victor Hugo), d'illustres chimistes (William Crookes), des physiciens (Barrett).

Allan Kardec (né Hippolyte Rivail, à Lyon en 1804), se livra sur ces phénomènes spirites à des observations expérimentales, et fonda en 1858, la « Société Parisienne des Etudes Spirites ». Il rédigea de nombreux ouvrages, articles et procès-verbaux d'expériences et des traités philosophiques. Il contribua à promouvoir le spiritisme comme une doctrine, mais « science positive basée sur l'étude expérimentale des phénomènes psychiques et les enseignements des esprits élevés * ».

« Les preuves tangibles que donne le spiritisme de l'existence de l'âme et de la vie future tendent à la destruction des idées matérialistes. Un des principes les plus féconds de cette doctrine, et qui découle du précédent, est celui de la pluralité des existences déjà entrevue par une foule de philosophes anciens et modernes **. »

De la thèse spirite sont issues : à Londres en 1882, la « Société de Recherches Psychiques », dont le but est « l'examen de la nature et de l'étendue de l'influence qu'un esprit peut exercer sur un autre en dehors de tout mode de perception généralement reconnu » ; et en 1884 la « Société américaine de Recherches Psychiques », fondée par William James. L'un des correspondants français en était le Dr Pierre Janet.

Les Associations de Recherches Psychiques anglaises et américaines, l'Institut Métapsychique International (Paris 1919) ont accumulé une multitude de témoignages sur les entretiens avec les esprits ; plusieurs sont troublants. Des personnalités scientifiques et sommités médicales les ont

---

* 114. Tome 2. Extrait Dr Geley, p. 127.
** 114. *Op. cit.*, p. 16.

examinés. Certains ont participé à des expérimentations qui les ont personnellement convaincus. Des détails leur ont été donnés, si précis et si secrets, qu'ils en ont acquis certitude absolue de la survie. Ils ont estimé que la voix qui se faisait entendre était bien réelle puisqu'elle savait évoquer par le menu des épisodes qu'eux seuls connaissaient. Bouleversés par cette connivence de souvenirs qu'eux-mêmes — en conscience quotidienne — ne se rappelaient pas, ils ont alors « CRU » à la véracité d'un contact avec celui ou celle qu'ils avaient aimé, qu'ils aimaient.

Quel que soit le mode de médiumnité, par objets, par incorporation — auditive, intuitive, visuelle, vocale —, là encore, la ratification d'une communication par une seule personne intimement « ralliée », n'est pas transmissible : elle ne lève pas nos hésitations, elle ne nous procure pas toute sécurité. Il faudrait pouvoir investir dans celui qui raconte, ou qui rend compte, une incommensurable confiance puisqu'il est la « clef » unique « authentificatrice ». Certes, lui-même peut être considéré, cru, honnête et dépourvu de l'envie de broder des fantaisies ou des phantasmes sur le thème. Mais, en bonne logique, ces messages interprétés peuvent aussi se trouver « sincèrement » faux.

Il ne faut donc pas les retenir comme démonstrations de survie, mais comme des voix signalant un ailleurs vivant, comme des indices.

En avril 1869, Camille Flammarion prononçait à Paris l'allocution funèbre d'Allan Kardec.

Pénétré des principes et des méthodes de la science exacte, Flammarion réunit en cinquante ans de travail, au-delà de la doctrine spirite, des faits extraordinaires, qu'il considéra comme des preuves de la vie après la mort.

4

CAMILLE FLAMMARION

1842 — 1925

Astronome, directeur de l'Observatoire de Juvisy, créateur de la Société Astronomique de France, Camille Flammarion prit tôt position dans l'affrontement entre spiritualistes et matérialistes que regaillardissait l'apparition récente du courant positiviste d'Auguste Comte (1798-1857).

Celui-ci postulait que l'homme ne peut rien percevoir hormis les phénomènes très apparents assortis de leurs relations et interactions, l'absolu lui étant inconnaissable. Inconnaissable d'ailleurs pour une raison majeure : selon Comte, ni l'absolu ni les familles de considérations qui s'y rattachent, n'existent réellement.

Tenu pour l'un des parangons des comportements avisés et pragmatiques dans la spéculation philosophique, Auguste Comte se décréta sur la fin de sa vie grand-prêtre d'une « Société de l'Humanité », ayant pour patronne « sainte Clotilde », c'est-à-dire une morte, Clotilde de Vaux qu'il avait aimée...

C'est dire le peu de bon sens dont il a témoigné.

Mais les grands mouvements de pensée du XVIIIe siècle avaient été : scepticisme, empirisme, athéisme, toute-puissance de l'expérience. Et Comte se trouvait heureusement placé dans la lignée de ceux qui jugeaient la Genèse enterrée par Darwin, et Dieu démythifié par Diderot. Son positivisme gagna de chauds partisans, même si ceux-ci — Taine, Littré, Renan, Charcot, Henri Poincaré — l'ont « approfondi » en l'adoptant.

Ainsi que je le notais en établissant la liste des « correspondants » que j'aurais à consulter pour mon dossier survie, il semble que l'on naisse divinophile ou divinophobe, théiste ou athée. Camille Flammarion s'est trouvé d'inclination spiritualiste. Il fut, de surcroît, spirite, selon la « Synthèse Spirite » exposée par le Dr Geley * ancien directeur de l'Institut métapsychique international :

1. Nous ne pouvons dans l'état actuel de nos connaissances admettre le matérialisme ni le spiritualisme purs. Tout nous porte à croire qu'il n'y a pas de matière sans intelligence, ni d'intelligence sans matière. Dans la molécule minérale, végétale ou animale, dans la plante, dans l'animal, dans l'homme, dans l'esprit désincarné, même très élevé, dans l'univers considéré en bloc, dans tout ce qui est, en un mot, matière et intelligence sont unies en proportions diverses.

2. Tout l'univers, totalité et parties, est soumis à une évolution progressive continue. Il y a évolution pour le principe matériel. Il y a évolution pour le principe psychique. Cette double évolution est connexe. L'une ne peut se faire sans l'autre. A la base de l'évolution, l'âme est un simple élément de vie, une intelligence en puissance. C'est la force diffuse qui associe et maintient les molécules minérales dans une forme définie. Au sommet de l'évolution l'âme est un principe vivant, conscient et libre, n'ayant gardé de son association à la matière que le minimum organique nécessaire à la conservation de son individualité.

3. Dans le cours de son évolution progressive, l'âme passe dans des organismes de plus en plus perfectionnés. Elle subit donc une immense série d'incarnations et de désincarnations. La mémoire des états précédents sommeille plus ou moins pendant chaque incarnation, pour reparaître après la mort, d'autant plus étendue que l'être est plus avancé.

4. L'âme, en effet, garde intacte son individualité, grâce à son union indissoluble avec un organisme fluidique, appelé corps

---

* 114. *op. cit.*, tome II, p. 27.

psychique, corps astral ou « périsprit » qui évolue avec elle. Le périsprit est le principe intermédiaire entre la matière et l'esprit. C'est la force nécessaire dont le but est triple : maintenir indestructible et intacte l'individualité ; servir de substratum au corps pendant l'incarnation ; être le moyen d'union de l'âme et du corps pour la transmission réciproque des sensations et des ordres de la volonté.

La mort est l'abandon, par l'âme et son périsprit, du corps comme d'un vêtement hors d'usage.

La naissance est la prise de possession d'un organisme neuf, pour la progression continue de l'être.

L'histoire naturelle de l'être vivant doit donc comprendre :

A. les causes et conséquences de l'évolution dans le sens organique et le sens psychique ;
B. les phases d'incarnation ;
C. les phases de désincarnation. »

Le mot « âme » est un terme ambigü, étroitement évocateur pour nous d'un contexte chrétien, et de l'imagerie catholique, les âmes du purgatoire et les âmes du paradis attendant auprès du Père la résurrection des corps, en ce « jour » du Jugement que précédera une Apocalypse. Que nous nous en apercevions ou non, notre notion d'âme est entachée d'anthropomorphisme pieux, dû à notre éducation dans un pays dont la vie sociale est encore marquée par l'église romaine : Ascension, Pentecôte, Toussaint...

Dans ces conditions parler de « l'âme » avec un expérimentaliste de l'école de Claude Bernard, avec un athéiste de l'école d'Auguste Comte, crée des réactions très vives : ils se croient entraînés de parti pris en terrain religieux. Le Dr Geley utilisant lui aussi le mot avec sa résonance spiritualiste (de 1930), j'ai éprouvé le besoin de redéfinir ce sujet de débats sans fin. Car pour quelques-uns, se reconnaître une âme c'est reconnaître les limbes et le purgatoire, l'éternité et donc pire encore pour eux, un « Dieu ».

Mais voici quelques distinctions rassurantes effectuées selon analyse et non selon foi :

84

« On peut * dépasser la simple expérience du Moi : on parvient alors à la notion d'un principe distinct de la matière (et en particulier de la matière organique) qu'on appelle l'*âme.* (...)

« AME (au sens magico-religieux) : réalité personnelle, pas nécessairement immatérielle, distincte du corps auquel elle donne son pouvoir de vie et d'expression ; c'est en ce sens qu'on parle de *l'immortalité de l'âme.* (...)

« AME (au sens philosophique) : la réalité personnelle non matérielle, distincte du corps, principe de ma pensée (la « chose pensante », *res cogitans*). C'est le sens utilisé par Descartes quand il écrit que l'âme est plus aisée à connaître que le corps.

« AME : En fait de nombreux penseurs ont mêlé les deux sens précédents : Platon (dans le *Phédon,* la *République,* etc.) utilise le terme « Psyche » de la sorte, sauf quand il parle dans le *Timée* de l'Ame du Monde avec le sens d'un principe général, intelligible, de l'univers. (...)

« L'emploi du mot « âme » pour exprimer le mental, la conscience psychologique est un vestige des habitudes aristotéliciennes ; il est préférable de dire : le « psychisme », sans supposer quoi que ce soit de sa nature organique ou non. »

Contrairement à ceux qui affirment — *sans preuve* — qu'une vie de mammifère supérieur s'en tient à des cellules programmées génétiquement, recevant tout de même une « dynamisation » du cerveau dont dépend l'intelligence — à plus gros volume cervical = plus fortes aptitudes mentales... ainsi l'éléphant, le dauphin, l'homme, à quelques exceptions près — Camille Flammarion a mis sa science au service de la prescience d'un principe psychique qui ne serait prisonnier ni d'un corps ni d'enchaînements physiologiques élémentaires.

Certains philosophes ont fait des perceptions élémentaires l'alpha et l'oméga, au moment où l' « Europe des lumières » a réagi contre les superstitions, les affirmations abusives, les savoirs hermétiques, les pouvoirs occultes. Ils ont été suivis car il est confortable de concevoir le monde simplement d'après ce que l'on voit, le temps découpé en veille-sommeil et en saisons, la vie en ses attributs d'expérience : Georges

---

* Bordas Encyclopédie, tome III. 122.2, *L'Ame et l'Esprit.*

mange, Thomas voyage, Z est président de la République. S'en tenant à cela, on a cru supprimer tous les problèmes posés par l'existence. Non, on n'y a pas réussi. Le « pourquoi » s'introduira quelque jour en nous, comme un ver, dans notre quiétude pourtant résolue.

Quiconque se cramponnant aux « données d'expérience » doit finalement en admettre qui suscitent des questions difficiles. Du moins s'il est loyal avec lui-même. S'il est raisonneur, il est conduit bientôt aux interrogations existentielles. Il y a dans l'homme et son univers un « souffle » que rien jamais n'a éteint : ni la bêtise, ni la paresse, ni l'argent, ni la haine. Ni la faim. Ni le temps.

Ni la mort, si l'on suit l'extraordinaire travail accompli par Camille Flammarion, selon une rigoureuse méthode d'observations expérimentales. Il exprime ainsi sa démarche * :

« *La méthode scientifique expérimentale, seule valable pour la recherche de la vérité, a des exigences auxquelles nous ne pouvons ni ne devons nous soustraire.* Le grave problème en vue dans cet essai est le plus complexe de tous les problèmes, et tient à la constitution générale de l'univers comme à celle de l'être humain, microcosme dans le grand tout. » (...)

« Lorsque les premières éditions de mon livre *La Pluralité des Mondes habités* ont été publiées (1862-1864), un certain nombre de lecteurs parurent attendre la suite apparente naturelle : La Pluralité des existences de l'âme. Si le premier problème a été jugé résolu par la suite de mes travaux (*Astronomie populaire, La Planète Mars, Uranie, Lumen, Stella, Rêves étoilés, Forces Naturelles Inconnues* (1869)), le second ne l'est pas encore, et la survivance de l'âme, soit dans l'espace, soit sur les autres mondes, soit par des réincarnations terrestres, pose toujours devant nous le plus formidable des points d'interrogation. L'esprit n'est-il pas supérieur à la matière ? Quelle est notre véritable nature ? Quelle est notre destinée future ? (...)

« Tout meurt-il en nous ? S'il reste quelque chose, que devient cet élément impondérable, invisible, insaisissable, mais conscient, qui constituerait notre personnalité durable ? Survivra-t-il longtemps ? Survivra-t-il toujours ? Etre ou n'être pas ? Telle est la grande,

---

* 25 a et b.

l'éternelle question posée par les philosophes, les penseurs, les chercheurs de tous les temps et de toutes les croyances. La mort est-elle une fin ou une transformation ? Existe-t-il des preuves, des témoignages de la survivance de l'être humain après la destruction de l'organisme vivant ? Jusqu'à ce jour, le sujet est resté en dehors du cadre des observations scientifiques. *Est-il permis de l'aborder par les principes de la méthode expérimentale à laquelle l'humanité doit tous les progrès réalisés par la Science ?* La tentative est-elle logique ? (...) Ne peut-on essayer, chercher, si certains faits correctement et scrupuleusement observés, sont susceptibles d'être analysés scientifiquement et acceptés comme réels par la critique la plus sévère ? Nous ne voulons plus de phrases, plus de métaphysique. Des faits ! Des faits ! »

(...)

« *S'imaginer que le problème est insondable, que nous ne pouvons rien savoir, que c'est perdre notre temps que de chercher à y voir clair, c'est là une excuse dictée par une paresse inconséquente et par une crainte injustifiée*.* »

(...)

« Nous ne devons plus raisonner aujourd'hui comme au temps de Pascal ; le système géocentrique et anthropocentrique n'existe plus. (...) Mais enfin, nous existons, nous pensons, et depuis que les hommes pensent, ils se sont posé les mêmes questions auxquelles les religions les plus diverses ont prétendu répondre, sans qu'aucune d'elles y ait réussi, d'ailleurs François Bacon (...) avait, en posant les fondements de la Méthode scientifique expérimentale, prévu la victoire progressive de l'observation et de l'expérience, le triomphe du fait judicieusement constaté sur les idées théoriques, pour tous les domaines des études humaines, tous, sauf un, celui des « choses divines », du « surnaturel », qu'il abandonne à l'Autorité religieuse et à la Foi. C'était là une erreur (encore actuellement partagée par un certain nombre de savants). Il n'y a aucune raison valable pour ne pas tout étudier, tout soumettre au contrôle de l'analyse positive, et l'on ne saura jamais que ce que l'on aura appris. Si la théologie s'est trompée en prétendant que ces études lui étaient réservées, la science s'est également trompée en les dédaignant comme indignes d'elle ou étrangères à sa mission.

Le problème de l'immortalité de l'âme n'a pas encore reçu de

---

* Souligné par Georges.

solution positive de la science moderne ; mais il n'a pas reçu non plus, comme on le prétend parfois de solution négative. »

(...)

« *On a affirmé ce que l'on ignorait ; on a imposé silence aux chercheurs.* C'est ce qui a le plus retardé le progrès des sciences psychiques. Sans contredit cette étude n'est pas indispensable à la vie pratique. En général, les hommes sont stupides. Il n'y en a pas un sur cent qui pense. Ils vivent sur la terre sans savoir où ils sont, et sans avoir même la curiosité de se le demander. »

(...)

« *L'ignorance universelle est le résultat du pauvre individualisme humain qui se suffit à lui-même.* Vivre par l'esprit n'est un besoin pour personne, ou à peu près. Les penseurs sont l'exception. »

(...)

« L'habitant de la Terre est encore tellement inintelligent et tellement animal que, jusqu'à présent, partout, c'est la Force brutale qui a fondé le Droit, et qui le maintient ; que le premier ministère de chaque nation est le ministère de la guerre ; et que les neuf dixièmes des ressources financières des peuples sont consacrées à des tueries périodiques internationales.

Et la Mort continue de régir en souveraine les destinées de l'humanité. »

(...)

« Qu'est-ce que la pensée ? Qu'est-ce que l'âme ? Le surnaturel n'existe pas, et l'âme, si elle existe individuellement, est aussi naturelle que le corps. On arrive enfin à admettre l'unité de force et l'unité de substance. C'est le titre que j'ai donné, en 1865, à la notice scientifique publiée dans l'Annuaire du Cosmos pour 1866. On était alors singulièrement aveugle ; mais les progrès de la science n'ont fait que confirmer graduellement cette idée des alchimistes anciens. La structure de l'atome, composé de tourbillons électriques, nous montre même, aujourd'hui, que la matière s'évanouit dans la notion moderne de l'énergie. Les atomes sont des centres de forces. »

(...)

« *Affirmons-le : l'univers est un dynamisme.* Une force invisible et pensante régit mondes et atomes. La matière obéit. Le matérialisme est une doctrine erronée, incomplète et insuffisante, qui n'explique rien à notre entière satisfaction. *N'admettre que la matière, douée de* propriétés, *est une hypothèse qui ne résiste pas à l'analyse.* « Les positivistes » sont dans l'erreur, il existe des preuves « positives » que l'hypothèse de la matière dominant et régissant tout, par ses propriétés, est à côté de la vérité. Ils n'ont pas deviné le dynamisme intelligent qui anime les êtres, et même les choses. »

(...)

« Toute la physiologie psychique officielle est erronée, contraire à la réalité. Il y a dans l'être humain autre chose que des molécules chimiques douées de propriétés : il y a un élément non matériel, un principe spirituel. »

(...)

« La croyance à l'âme a été établie jusqu'à présent sur des dissertations métaphysiques, et sur de prétendues révélations divines non prouvées. *La religion, la foi, le sentiment, le désir, la crainte, ne sont pas des preuves.* »

(...)

« Le sens des mots « âme » et « esprit » doit être changé, discuté, examiné. Il y a des distinctions fondamentales à établir. Les propriétés de l'organisme vivant et les éléments psychiques diffèrent essentiellement. »

(...)

« Ce qui est vrai, irrécusable, c'est que nous savons que nous pensons, et que nous ignorons la vraie réalité, l'essence des choses et du monde extérieur, dont nos perceptions ne nous communiquent que l'apparence. L'illusion est la base peu solide de nos idées, de nos sensations, de nos sentiments, de nos croyances. »

(...)

« Ainsi par exemple, nous ne sentons rien des mouvements formidables de la planète sur laquelle nous avons les pieds. Elle paraît stable, immobile, avec des dimensions fixes : haut, bas, gauche, droite, etc. Or elle court dans l'espace, et nous emporte à la vitesse de 107 000 kilomètres à l'heure, dans son cours annuel autour du Soleil, qui lui-même se déplace à travers l'immensité, de telle sorte que la trajectoire de la Terre n'est pas une courbe fermée mais une spire toujours ouverte, et que notre globe errant n'est pas passé deux fois par le même chemin depuis qu'il existe. »

(...)

« Il y a autour de nous des vibrations, des mouvements éthérés ou aériens, des forces ; des choses invisibles, que nous ne percevons pas. C'est là une affirmation d'ordre absolument scientifique et incontestablement rationnelle.

Il peut exister autour de nous, non seulement des choses, mais encore des êtres invisibles, intangibles avec lesquels nos sens ne nous mettent pas en relation. Je ne dis pas qu'il en existe, mais je dis qu'*il peut en exister*, et que cette affirmation est le corollaire absolument scientifique et rationnel des constatations qui précèdent.

« Les apparences ne nous révèlent pas la réalité. *Il n'y a qu'une réalité directement appréciée par nous, c'est notre pensée.* Et ce qu'il y a de plus irrécusablement réel dans l'homme, c'est l'ESPRIT. »

Sur les diverses manifestations de cet esprit, Camille Flammarion a rassemblé des milliers de témoignages :

A. Récits de phénomènes paranormaux établissant l'indépendance d'un principe spirituel par rapport à la matière (télépathie, psychocinèse, précognition, bilocation, expérience hors du corps) ;

B. Récits de phénomènes liés aux mourants (messages parlés à des amis, à des parents ; parfums, objets déplacés, montres arrêtées, miroirs brisés ; télépathie, apparitions) ;

C. Récits de manifestations et apparitions de * :

● morts revenus à la suite de serments, promesses, engagements, déclarations antérieures ;

● morts revenus pour affaires personnelles ;

● morts se manifestant ou apparaissant de une à vingt-quatre heures après le décès ;

● morts se manifestant ou apparaissant de un jour à une semaine après le décès ;

● morts se manifestant ou apparaissant d'une semaine à un mois après le décès ;

● morts se manifestant ou apparaissant de un mois à une année après le décès ;

---

* 25 a. *op. cit.*, p. 307-308.

● morts se manifestant ou apparaissant la deuxième, troisième, quatrième année après le décès ;
● morts se manifestant ou apparaissant au-delà de la quatrième année après le décès.

De toutes les régions du monde, des lettres ont signalé de tels faits. Quatre mille huit cents « comptes rendus » ont été sélectionnés après enquête de 1899 à 1920, sur les manifestations de trépassés. Le savant a demandé des attestations, des procès-verbaux, des ratifications médicales et familiales. Il a éliminé ce qui ne lui semblait pas conforme à la vérité, appliquant — dit-il — à son tri les qualités nécessaires aux disciplines de l'astronomie, science mathématique rigoureuse, et de la physique.

Les ouvrages de Camille Flammarion valent d'être lus de bout en bout. Les correspondants s'en tiennent aux circonstances qu'ils détaillent, sans se livrer à des interprétations. A travers ces messages multipliés, et vérifiés, quelque chose s'impose : la mort ne « dort » pas.

Comment récuser l'afflux de ces interventions post mortelles venant de partout ? Déjà * en 1746, Dom Calvet éprouvait le besoin de publier un livre : *Dissertations sur les apparitions des anges, des démons, et des esprits et sur les revenants.* Mais on ne peut lui consentir le crédit que nous accordons à C. Flammarion car celui-ci a voulu traiter le sujet par « la constatation et la discussion des faits. La science psychique nouvelle réclame la même argumentation que les sciences naturelles lors de la réforme proposée par Lamarck (...) : « sauf les faits, tout n'est qu'opinion ». « C'est par l'étude comparative seule que nous pourrons arriver à résoudre le problème. »

En dépit de cette rigueur, l'opposition ne désarme pas. (...) « Il n'est pas douteux que l'esprit scientifique officiel, ainsi

---

* 25 a. *Op. cit.*, p. 44, 88-89.

que l'opinion mondaine, est opposé à ces recherches : je l'ai constaté toutes les fois que j'ai appelé l'attention sur ces problèmes, en diverses revues de France et à l'étranger *... »

Quant à moi, Georges, bouleversé, je trouve enfin, dans la compilation de cinq mille documents racontant la venue des morts, avec leurs émotions, leurs requêtes, leurs objets et vêtements familiers, la révélation des atmosphères et détails de leur décès, leurs préoccupations, je trouve l'espoir : ne vivent-ils pas ?... allant et venant dans le Faisceau de la Vie, dans l'invisible monde aperçu par Er de Pamphylie, évoqué par Socrate, son « conseil », et tant d'autres.

Car ** « tous ceux qui examinent loyalement et complètement ces témoignages sentent dans leur conscience qu'aucun de nous n'a le droit de se croire autorisé à les récuser et à considérer les narrateurs comme imposteurs, fous ou hallucinés. Il faut bien avouer franchement qu'il y a là un ordre de choses encore inconnues aux investigations scientifiques ».

Voici des extraits de quatre lettres. Mais celui que la mort et la vie « interrogent » devrait toutes les lire.

« Dans la matinée du vendredi 1ᵉʳ mars 1901, la belle-mère de ma femme de chambre mourut d'un cancer à l'hôpital. Je n'avais jamais vu la vieille femme, n'avais jamais entendu prononcer son nom de baptême : ma femme de chambre, en parlant d'elle, l'appelait toujours « ma belle-mère ».

« L'enterrement eut lieu le lendemain samedi, dans l'après-midi. Vers 6 heures du soir, ce même samedi, je lisais dans ma chambre, et j'étais pour ainsi dire seule dans la maison, car mon mari était sorti et les domestiques étaient tous dans le sous-sol, deux étages plus bas. Pendant plus d'une demi-heure, j'entendis à plusieurs reprises, des coups très forts, tantôt un seul, tantôt plusieurs, se succédant rapidement, et divers bruits d'objets traînés dans la

---

* 25 a. *Op. cit.*, p. 95.
** 25 a. *Op. cit.*, p. 24.

chambre même, si bien que je levais à chaque instant la tête, m'attendant chaque fois à voir quelqu'un. (...) Un peu après 9 heures et demie je vis tout à coup une forme vague, à quelque distance, de l'autre côté du salon. J'attirai immédiatement sur elle l'attention de mon mari et de mon amie, mais ils ne virent rien. (...)

« La forme paraissait être celle d'une vieille femme, aux yeux très brillants et perçants, au nez assez pointu, aux cheveux gris, plus foncés sur le front. Tout d'abord sa robe semblait être noire, mais bientôt je m'aperçus qu'elle devenait bleu foncé.
(...)

« Je m'adressai à la forme, mais sans pouvoir entendre sa réponse, ce qui parut l'irriter. Enfin, mon amie suggéra que ce pouvait être Mme M., la belle-mère de la femme de chambre. Elle fit vivement « oui » de la tête. Je pus alors distinguer quelques sons, et enfin je compris le mot « Clémence ».
(...)

« En la questionnant, je compris qu'elle portait deux noms ; puis, qu'elle venait nous demander quelque chose, qu'elle ne savait pas qu'elle fût morte, bien qu'elle reconnut avoir assisté à son propre enterrement l'après-midi même.
(...)

« Elle me fit comprendre en s'indiquant du doigt, par gestes répétés, qu'elle voulait une robe prune pour elle-même. Nous essayâmes de lui expliquer son nouvel état, mais en vain. Je voulus m'approcher d'elle, mais la forme devint vague et sembla vibrer violemment. Enfin, elle disparut peu à peu de ma vue.
(...)

« Le soir, en montant me coucher, je commençai à parler à ma femme de chambre de sa belle-mère. Elle me dit qu'elle portait deux prénoms, dont Clémence, qu'on l'avait bien ensevelie, que les sœurs de l'hôpital lui avaient mis une robe bleu foncé. Il me fallut longtemps pour découvrir au milieu d'une masse de détails de toute sorte, que la vieille femme avait soixante-douze ans, que ses cheveux étaient gris, mais qu'elle avait l'habitude de les teindre sur le devant de la tête, avec des cosmétiques ; qu'elle avait les yeux brillants,... que ses vêtements étaient tous très vieux... excepté deux robes, l'une noire, l'autre prune, toutes deux presque neuves, auxquelles la vieille femme tenait beaucoup, surtout à la dernière.

Premiers apports : les intuitifs

Le lendemain matin mon mari questionna soigneusement Julie à ce sujet, lui donnant pour raison de l'intérêt qu'il prenait à ces détails aussi minutieux que, comme docteur, il désirait savoir comment les choses se passaient à l'hôpital. Il la fit ainsi parler jusqu'à ce qu'elle lui eût répété tout ce qu'elle m'avait raconté. »

DORA BLACKWELL.

TÉMOINS : Miss A. BIRD ; M. P. D. WISE ; Lady BLACKWELL ; Dr. A. BLACKWELL. *Revue des Etudes Psychiques de Vesme,* juillet 1902.

« Tout en reconnaissant la prudente réserve qui nous commande de faire la part des illusions, des autosuggestions, des hallucinations, ne semble-t-il pas à tout lecteur impartial que la réalité de l'apparition se présente ici comme certaine. L'observatrice est une sensitive. Mais pourquoi ces détails vulgaires ? Pourquoi une morte tient-elle à sa robe ?

« Nous invoquons naturellement les idées personnelles des personnes qui racontent ces histoires ; mais la narratrice ne savait rien. Alors ?... La morte se croyait toujours vivante. Evidemment, il serait plus simple de tout nier. Mais le pouvons-nous ? Le devons-nous ? Et puis n'avons-nous pas d'autres observations analogues ? »

Après la Mort. 143-146.

L'observation que voici a été extraite des *Proceedings* de la Société anglaise des Recherches Psychiques (Vol. XI.), et étudiée par Bozzano comme relation d'une auto-prémonition de mort en la personne d'un enfant de deux ans et sept mois auquel apparaissait son petit frère, mort à huit mois. La mère a rendu compte de ces apparitions dans les termes suivants (*Annales des Sciences psychiques,* 1912) :

« En 1883, j'étais la mère heureuse de deux enfants beaux et vigoureux. L'aîné avait deux ans et sept mois ; l'autre était un petit ange de huit mois : je le perdis le 6 août 1883, et restai avec le petit Ray, qui jouissait alors d'une parfaite santé. Néanmoins, du jour où s'éteignit son petit frère, il avait pris l'habitude de me dire plusieurs fois par jour : « Maman, le petit frère appelle Ray. » Souvent, il interrompait ses jeux pour courir à ma rencontre, en criant sa phrase habituelle : « Maman, le petit frère appelle toujours Ray. » Et dans la nuit il m'éveillait pour répéter encore la même phrase : « Maman, le petit frère appelle vraiment Ray ; il veut l'avoir avec lui ; mais tu pleures ! Pourquoi ? Tu ne dois pas pleurer quand Ray s'en ira avec le petit frère, parce que le petit frère le désire. » Un jour que je veillais au nettoyage du salon, il vint à moi en courant, de la salle à manger, où se trouvait la petite chaise ayant appartenu à son frère mort, et je ne l'avais jamais vu aussi excité ; il saisit un pan de ma robe, et il me tira vers la salle en criant : « Maman, maman, viens vite voir le petit frère assis sur sa chaise. » Au moment où il ouvrait la porte pour me le montrer, il s'écria : « Oh ! maman, il fallait venir plus vite... Il n'y est plus ! Si tu avais vu comme il a souri à Ray, quand Ray est passé près de lui ! Ray va s'en aller avec lui ; mais tu ne dois pas pleurer maman. »

« Peu de temps après, notre petit enfant tomba gravement malade ; nos soins et nos larmes n'eurent aucun effet : le 13 octobre 1883, deux mois et sept jours après la mort de son frère, lui aussi mourait. Il avait une intelligence de beaucoup supérieure à son âge. »

(En lisant ces récits, j'avoue ne pas comprendre que l'on s'en moque et qu'on les traite d'inventions *.)

« La dernière fois que je fus visiter en sa compagnie la tombe de mon petit enfant — c'est-à-dire peu de temps avant qu'il tombât malade — nous nous assîmes tous deux à côté d'elle, et je pensai : « Oh ! si je pouvais prendre mon bébé dans mes bras et le voir une seule minute ! Que je serais heureuse ! » Simultanément Ray s'écria : « Oh maman, prenons le petit frère dans les bras pour une seule minute ; alors nous serons contents. » Comme nous nous apprêtions à partir, il arrangea de sa petite main plusieurs mottes de terre sur la tombe, observant : « Bientôt Ray dormira ici, près de son petit frère ; mais tu ne dois pas pleurer, maman. »

« Il dort à présent au point qu'il avait désigné ». Le père de l'enfant écrivit de son côté au Dr. Hodgson : « Je confirme que ma femme me raconta l'incident (de la vision sur la chaise) le jour même où il se produisit, lorsque je rentrai pour le déjeuner.

J'ai été moi-même présent bien des fois lorsque l'enfant annonçait à sa maman que le petit frère l'appelait à lui avec insistance. »

Signé W. H.
Après la Mort. 148-149-150

---

* Cette remarque entre parenthèses est de C. FLAMMARION.

Premiers apports : les intuitifs

Le récit est de Mme Clerke, de Londres ; il a été publié dans les *Phantasms of the Living.*

« Au mois d'août 1864, vers 3 ou 4 heures de l'après-midi, j'étais assise sous la véranda de notre maison aux Barbades ; je lisais. Ma négresse promenait au jardin, dans sa petite voiture, ma petite fille âgée de 18 mois environ. Je me levai au bout de quelque temps pour rentrer à la maison, n'ayant rien remarqué du tout, lorsque ma négresse me dit : « Madame, qui était ce monsieur qui vient de causer avec vous ? — Personne ne m'a parlé, dis-je. — Oh si madame, un monsieur très pâle, très grand ; il a beaucoup parlé et vous avez été impolie envers lui car vous ne lui avez jamais répondu. » Je répétai qu'il n'y avait eu personne et je me sentis de mauvaise humeur contre cette femme. Elle me supplia de noter la date, car elle était sûre d'avoir vu quelqu'un. Je le fis et, quelques jours plus tard, j'appris la mort de mon frère, à Tabago. Ce qui est étrange c'est que je ne l'aie pas vu et qu'elle, une étrangère pour lui, l'ait vu, tandis qu'il paraissait anxieux d'être remarqué de moi. »

En réponse à diverses questions, Mme Clerke écrit :

1. « Le jour de la mort et le jour de l'apparition ont coïncidé ; j'avais noté la date : c'était le 3 août. »
2. « La description « très grand très pâle » était exacte. »
3. « Elle ne savait pas mon frère malade. La négresse ne l'avait jamais vu. Celle-ci était à mon service depuis 18 mois environ. L'observation a été absolument spontanée. »

Le Colonel Clerke, mari de Mme Clerke, a déclaré qu'il se souvient très bien de l'incident à propos de son beau-frère, M. John Beresford, qui mourut à Tabago, et de l'affirmation de la nourrice d'avoir vu, au moment de la mort, un monsieur dont le signalement répondait à celui de M. Beresford, s'appuyer sur le fauteuil de Mme Clerke, sous la véranda. »

La Mort et son Mystère. 422-423.

Extraits du chapitre 11 d'*Après la Mort* :
Les manifestations de morts dans les expériences de spiritisme.
Les preuves d'identité :

(...)

« Devant nous, le lieutenant Maucorgé fit à son ancien compagnon, l'aspirant Jacquot, le récit de l'embuscade où il fut blessé et Ravan avec lui. Tous deux furent rôtis et mangés par leurs agresseurs anthropophages ; les tirailleurs furent massacrés, et personne ne sut jamais comment les choses s'étaient passées. Les chefs indigènes coupables ne purent être découverts, et l'oubli se fit sur ce sombre drame de la brousse africaine.

« Le lieutenant donna à notre camarade les noms des chefs, traîtres et rebelles ; il indiqua où l'on pourrait retrouver son revolver, celui de Ravan, et son chronomètre.

« Nous vécûmes, ce soir de février 1904, des heures que nous n'oublierons jamais. — Son récit fait, l'entité s'en alla. »
(...)
« Puis nous nous séparâmes.
(...)
« Quelques années plus tard, à Saigon, je vis un de mes trois amis et nous conversâmes du passé. J'appris que sur les indications données par le lieutenant Jacquot au ministère de la Guerre, on avait retrouvé les armes, le chronomètre du lieutenant Maucorgé, et les armes du sergent Ravan, entre les mains des chefs noirs qui avaient préparé le guet-apens où périt une partie de la garnison de Kammara. »

Après la Mort. 267-268.

Une émotion indescriptible s'empara de moi à la lecture de ces récits se succédant, se renforçant les uns des autres, s'authentifiant et authentifiés. Avais-je trouvé ce que je cherchais ? Je fus tenté d'acquiescer et de m'arrêter là. Mais il me fut indispensable d'écarter mes sentiments pour retrouver la rigueur de mon parcours « logique » : l'enthousiasme s'affaiblit après ses premiers élans, et je voulais une certitude.

Quelles objections, quelles critiques fait-on à l'encontre du « matériel » constituant le vaste fichier de Camille Flamma-rion :

1. non-conformité aux croyances héritées : « le trouble est jeté parmi les âmes. Laissez-les donc dormir sur l'oreiller de la foi » (sic) ;

2. « manifestations du démon » (sic) ;

97

Premiers apports : les intuitifs

3. interventions = imaginations ;
4. manifestations provoquées par suggestion (donc ne démontrant rien en fait de survie) ;
5. hallucinations diverses ;
6. phénomènes télépathiques.

Objection 1 :

Je ne retiens pas le crime de « non-conformité » ni celui de lèse-foi, car il est avéré que les chercheurs non conservateurs ont sorti l'Homme des cavernes pour l'emmener à la lune, ce qui aurait été irréalisable si tout le monde avait continué d'attendre passivement le feu donné par la foudre. N'est-ce pas une chance qu'un horrible révolutionnaire irrespectueux ait voulu lui-même provoquer l'étincelle ? A nous prosterner niaisement sur les rivages du « Dieu océan », en l'adorant comme une puissance inconciliable à ne pas offenser de nos barcasses, où en serions-nous ?

Objection 2 :

Tout au long des documents réunis, le diable et le soufre n'apparaissent pas, mais seulement, des cas mal explicables matériellement, se produisant dans des familles ayant des comportements sociaux sains et cohérents, dénués de tendances hystériques ou mystiques. Le style des missives, les commentaires des compléments d'enquêtes en sont garants.

Objection 3 :

Imagination de la part de qui ?
a. Ni de la part de Flammarion et des Sociétés de Recherches Psychiques parfois citées : les textes sont à la disposition du sceptique, la plupart comportant noms et adresses de références ; « l'ennemi héréditaire » matérialiste rétorquera qu'il est mal commode en 1980 de prendre langue avec des témoins de 1902. Mais comment supposer un vaste complot intercontinental de mystification ? Plutôt qu'un esprit critique, cela dénonce une tendance maladive

à la manie de persécution. Il est d'autre part indéniable que ce type de phénomènes continue actuellement de se produire.

b. Ni de la part des divers rédacteurs et de leurs cautions : dans les documents retenus par C. Flammarion, personne ne soutient de théorie. Des faits, qui surprennent, sont rapportés sans plus.

Objection 4 :

Où y a-t-il place pour une suggestion dans la visite rendue à Mme Blackwell par la belle-mère de la femme de chambre ? Où est la suggestion quand Mme Clerke ne ressent pas la présence de son frère ? Comment s'exercerait-elle lorsque Ray qui a deux ans assure à sa mère — elle en pleure — le désir de son petit frère mort qu'il le rejoigne ? Où joue la suggestion dans l'entretien de quatre jeunes gens préparant Saint-Maixent qui reçoivent indications de l'endroit où se trouvent les armes de camarades disparus dans un guet-apens à Kammara en Afrique Occidentale ? Précisions grâce auxquelles le ministère de la Guerre peut les retrouver, et punir les rebelles ?... Suggestion de qui ? S'il y en a une, effectivement, d'écouter, d'entendre... elle ne peut venir que du « mort », les vivants se montrant indifférents (Mme Blackwell), ou résolument contre (la mère de Ray) ou totalement ignorants (les camarades du lieutenant Maucorgé, Mme Clerke).

Objection 5 :

Ces « hallucinations » correspondent à des *réalités* attestées non par une seule personne, mais généralement par une famille, le médecin de famille, et des « étrangers ». La servante de Mme Clerke a VU quelqu'un qu'elle ne connaissait pas, elle l'a décrit, ainsi que sa tentative d'entrer en conversation avec Mme Clerke ; elle a été choquée de l'incompréhensible impolitesse de cette dame. Or « l'hallucination » n'est autre qu'une réalité : John Beresford frère de Mme Clerke : mais il est « mort »... Le décès est naturellement « certifié » par toutes les formalités d'usage. Les

manifestations des défunts citées par C. Flammarion, sont
étudiées par lui dans le contexte du temps : moment du décès,
ou période écoulée après le décès. Déjà l'apparition d'un
agonisant annonçant qu'il meurt — tandis que cela se passe
effectivement, authentifié par ailleurs — est autre chose
qu'une fantasmagorie des sens. Si la manifestation se produit
plusieurs mois ou années après les obsèques, assortie de
précisions concrètes telles que « les armes du sergent Ravan
sont entre les mains de tel chef rebelle », il ne s'agit plus
d'une aberration due à la fatigue ou aux désordres psychosomatiques du sujet, mais de l'irruption dans la trame quotidienne occupée d'autre chose, d'un *fait exact*. Si exact qu'au
Brésil des asiles et des cliniques fonctionnent avec succès en
utilisant des données spirites, guérissant des malades depuis
1900.

Objection 6 :

Lien télépathique avec « qui » ?
— pour Mme Blackwell avec la femme de chambre ? Mais
celle-ci ignore que sa belle-mère aurait voulu être vêtue de
la robe prune. Et comment interpréter l'étonnement de la
vieille dame *qui ne sait pas qu'elle est morte,* ceci se passant
le soir de la mise en terre ? L'inconscient collectif ne saurait
être une explication satisfaisante dans une affaire aussi
« petite », privée. Etonnante en ses aspects dépouillés de
toute attitude « classique » : souci vestimentaire qui nous
paraît déplacé, errance d'une personne qui ne comprend
rien à ce qui lui arrive, bien qu'elle affirme avoir vu se
dérouler son cérémonial funèbre. Avec quel vivant peut-il
s'établir une communication télépathique aussi « stupide » ?
— en ce qui concerne le massacre d'une garnison en
Afrique Occidentale, avec quel vivant le branchement
télépathique s'effectuerait-il : avec les chefs noirs auteurs
du guet-apens ? Et ils seraient aussi capables, tant qu'on y
est, d'indiquer les noms des Français occis, et les conversations précédant la tuerie ? Il n'y a eu aucun survivant.

Est-il vraiment nécessaire de poursuivre le débat cas par cas ?

Les témoignagnes rassemblés et méthodologiquement vérifiés il y a cinquante ans par C. Flammarion valorisent l'apport de ceux que j'appelle « intuitifs », c'est-à-dire donnés spontanément par des êtres sensibles doués de perceptions plus développées que la moyenne, hors contrôle « laboratoire », hors contrôle « réunion scientifique ».

Quelles sont les conclusions d'un homme de science, d'une intelligence exigeante, probe, précise ? Je cède encore la plume à Camille Flammarion, n'est-il pas singulièrement qualifié, lui qui n'a cessé de vouloir étudier des données réelles :

(...)

« Ces faits, dûment constatés, prouvent que la mort n'existe pas, qu'elle n'est qu'une évolution, que l'être humain survit à cette heure suprême, laquelle n'est pas du tout l'heure dernière. »

(...)

« D'après l'ensemble des faits observés, si concordants, si nombreux, si précis, il me semble que je suis autorisé à présenter les propositions suivantes comme établies sur des bases irrécusables :

1. Les êtres humains décédés, ce que l'on appelle des morts, existent encore après la dissolution de l'organisme matériel ;

2. Ils existent en substances invisibles, intangibles, que nos yeux ne perçoivent pas, que nos mains ne peuvent toucher, que nos sens ne peuvent apprécier dans les conditions normales habituelles ;

3. En général, ils ne se manifestent pas. Leur mode d'existence est tout différent du nôtre. Ils agissent parfois sur notre esprit, et, en certaines circonstances, peuvent prouver leur survivance ;

4. En agissant sur notre esprit et par là sur notre cerveau, ils sont vus et perçus par nous sous des formes sensibles : nous les

voyons tels que nous les avons connus, avec leurs vêtements, leurs allures, leurs exercices, leur personnalité. C'est notre œil intérieur qui les voit. C'est une perception d'âme à âme ;

5.   Ce ne sont pas là des hallucinations, des visions imaginaires. Ce sont des réalités. L'être invisible devient visible ;

6.   Ils peuvent aussi se manifester sous des formes objectives ;

7.   Dans un grand nombre de cas, les apparitions de défunts ne sont pas intentionnelles. Le mort n'agit pas expressément sur le spectateur. Il semble qu'il continue vaguement certaines habitudes, qu'il erre dans les lieux où il a vécu ou non loin du sépulcre ; mais n'oublions pas que ce sont là des appréciations humaines de notre part, et que la distance ne compte pas pour les esprits. De l'âme émanent des ondes éthérées qui, en touchant le percipient, se transforment en images pour le cerveau récepteur vibrant syntoniquement ;

8.   Les apparitions et manifestations sont relativement fréquentes dans les heures qui suivent immédiatement le décès ; leur nombre diminue à mesure que l'on s'en éloigne, et s'atténue de jour en jour ;

9.   Les âmes séparées des corps conservent longtemps leur mentalité terrestre. Chez les catholiques, des demandes de prières sont souvent exprimées. C'est là un fait d'observation qu'il serait important d'analyser au point de vue de la psychologie humaine et transcendantale. »

(...)

« Le principe désormais établi est la certitude de l'existence d'une entité persistante, d'un dynamisme continuant la personnalité.

Il n'y a pas rupture entre cette vie et l'autre. Il y a continuité. La personnalité demeure. Différence d'état considérable, toutefois. Biens matériels n'existant plus, souffrances physiques, infirmités supprimées. En général, incompréhension par le défunt de son état nouveau. Sommeil, rêve. Incohérences. Parfois facultés accrues. »

(...)

« *Conjointement avec le monde matériel, il existe un monde psychique dont la réalité est aussi certaine que celle du monde visible. Les deux mondes s'interpénètrent.* »

PLAIDOYERS

Contre — Pour

Mes recherches m'occupent tellement que le sujet m'en vient aux lèvres au hasard de mes rencontres. Les réactions de mes interlocuteurs sont amusantes. Au premier abord, c'est l'étonnement. Ensuite, l'intérêt. Mais, si je montre qu'au lieu d'en rêver, j'étudie la question, la position se durcit : ou bien l'on est pour la vie après la mort, et l'on explique que... la Tante Irma fait tourner les tables, au mieux l'on s'élève aux références messianiques, théosophiques, orientalistes, etc. ; ou bien l'on s'agite en récusant religions, philosophies, parapsychologie et leurs billevesées ; seul compte le réel...

Dans les deux cas, ce réel n'est guère pris en compte, croyants et incroyants préférant affirmer qu'étudier. J'ai relevé plusieurs fois, au cours de ma documentation, des exemples de comportements comme celui du Dr Wasserman. Confronté aux clichés radiographiques d'Edgar Cayce, montrant pour une jambe cassée trois fémurs *, il met Edgar Cayce à la porte de son hôpital : « Non, je ne veux pas de diagnostic psychique. S'il était correct, je serais obligé de croire à quelque chose qui ne peut être vrai ! Dans un domaine différent, celui des objets non identifiés **, un plongeur auquel

---

* 67. 7-10.
** Ch. BERLITZ, *Sans trace le Triangle des Bermudes*, tome 2, p. 128.

personne ne demande une interprétation, prononce cette phrase symptomatique : « Je l'ai vu mais je n'y crois pas ». Ainsi réagit le Dr House dont l'épouse Carrie, proche des Cayce, est censée avoir une tumeur ; elle demande une « lecture » : occlusion intestinale, et grossesse. Diverses raisons avaient laissé présumer que Carrie House ne pouvait pas enfanter. L'occlusion est guérie — première confirmation — puis un petit garçon naît — deuxième confirmation. Que dit le mari ? : « Ne me demandez pas de croire ce que je ne peux pas croire, je n'ai jamais cru à votre truc, mais vous aviez raison. »

Les individus proclament qu'il leur faut des faits pour se convaincre. Mais lorsque les faits sont là, ils ne veulent pas y « croire ». Cette tournure d'esprit ne les protège ni des intempérances de la secte « Guyana » ni du mirage — onéreux — de conservation du corps par congélation, « car on pense que le jour viendra où la science sera capable de ramener quelqu'un à la vie, en le dotant d'une santé et d'une vigueur bien supérieure à ce qu'il avait pu connaître avant sa mort » *.

Là sans embarras, on « croit »... on investit même largement... Et sur quoi ? Sur une fragile éventualité. Sur rien.

Etranges paradoxes que nous sommes. Nous faisons le contraire de ce que nous disons. Les faits nous sont indifférents, *sauf* s'ils apportent des justifications à nos prédispositions. Peut-être les vrais chercheurs philosophiques sont-ils si rares parce que nés sans présomptions, sans passion prédéterminée, indécis encore... De quelles questions passées sont-ils chargés... Leur quête prend-elle sa force dans les vies antérieures affirmées par Er de Pamphylie... Cayce... les spirites, Flammarion ?

C'est pour ces chercheurs-là, mes compagnons fraternels, que j'esquisse un verdict sur l'apport des « intuitifs ».

---

* Robert C. W. ETTINGER, *The Prospect of Immortality.*

Plaidoyer contre

Mais...

1. Les témoignages précédemment évoqués sont dénués de valeur, car ils sont tendancieux, ils cherchent à illustrer ce rêve immortel de l'homme éphémère : l'éternité. Naturellement, celle-ci n'existe pas. Tout autour de nous démontre qu'elle n'existe pas.

2. L'espèce humaine véhicule des mythes : Paradis, Chute, la Vierge mère, le Dieu Lumière, grandes idées générales symboliques ; et quelques bons vieux idéaux de principe pour crépuscules printaniers : la paix, la vérité, la connaissance, l'amour. Eprouver des aspirations ne signifie pas qu'elles soient plausibles. On aspire, mais la vie c'est autre chose. Les réalités et les complexes de la condition humaine — relative et précaire — agressent les archétypes qui sommeillent en nous. Avec un certain succès.

3. Tout autant que les récits de Platon, les avis de Socrate et autres personnalités augustes, les rapports réunis par M. Flammarion, et autres individus impressionnables, sont sujets à caution : ils n'ont pas été recueillis « scientifiquement ».

4. Ces phénomènes ne sont pas reproductibles en laboratoire ; ils ne sont que manifestation soudaine, isolée du déséquilibre d'individus nerveux, ou refoulés.

5. « Techniquement » parlant, la communication avec les esprits est invérifiable, l'alternative étant celle-ci : ou bien personne ne peut confirmer les dires du médium ; ou bien quelqu'un est en mesure de les ratifier mais alors il représente une source d'informations par canal télépathique avec ce médium *.

6. Le déploiement d'une perception extra-sensorielle hors des normes d'un espace-temps classique explique

---

* Argument rationaliste, *Handbook of Parapsychology*, chap. « Discarnate Survival ».

maintenant la plupart des « anomalies », elle se suffit à elle-même. Elle n'implique rien en faveur de la survie.

7.   Dans l'état actuel de nos connaissances... « dans * ce domaine aussi, on ne peut qu'accumuler des témoignages sans parvenir à la moindre explication ».

(...)

« Je vous dirai simplement que, malgré les millions de manifestations troublantes et inexplicables qui incitent à y croire, et avant que la science ne soit capable d'en donner une preuve formelle, la réponse à cette question est une affaire de foi et de choix personnel. »

Plaidoyer pour

1.   Comment notre cervelle, familière de ce qui finit, aurait-elle été capable d'élaborer la notion d'Infini si celui-ci était irréel ? Nous éprouvons de la difficulté à concevoir un univers à six, neuf, douze dimensions, mais même un enfant SAIT que le Temps tel que nous le pratiquons socialement n'est pas le « vrai » temps ; il a conscience de sa pérennité, tout comme certains des mourants assistés par l'équipe du Dr Kübler Ross. Comment saurions-nous quelque chose qui n'existe pas : plus forte qu'un rêve inconsistant anéanti par l'état de veille, nous avons en nous la connaissance d'une éternité. Nous l'avons depuis toujours et voici que la physique quantique nous projette dans un Temps sans fin.

2.   Il est sympathique d'entendre parler d'archétypes ancestraux vivotant grâce à la mémoire génétique et à l'inconscient collectif : donc nos grands anciens ont été sensibles à ces impalpables valeurs, une paix, la pureté, la justice, une harmonie inaltérable, un amour échappant aux

---

* G. BRETON et L. PAUWELS, *Nouvelles Histoires magiques*, chap. « Les manifestations de Jean Quélavoine ».

feux des vices et des bassesses... Mais eux d'où les tenaient-ils donc ?... Si les mythes étaient des spéculations creuses, est-ce que nous ne les aurions pas oubliés quelque part au tournant des dévastations géologiques et humaines, des grandes épidémies, des famines, pour survivre uniquement par le fer, la cruauté, la rapine, l'égoïsme ? Si tenaces, en chacun de nous à son degré, ne sont-ils pas la Vie, notre Vie, le souffle d'une « âme » ?

3. Le mot preuve est défini ainsi : « Ce qui démontre, établit la vérité d'une chose — marque, témoignage ». Socrate et mille autres, et ceux que j'ai évoqués brièvement ont porté témoignage. Faut-il récuser Socrate et considérer Er de Pamphylie comme un simplet, parce que le laboratoire de Duke Université et l'Institut Stanford ne fonctionnaient pas ? Est-ce parce qu'Auguste Comte n'a pas recueilli de la bouche de Mme Clerke le récit de l'apparition de son frère, que le compte rendu en est falsifié, négligeable ? Quel orgueil pervers que de porter sur tant d'êtres, au demeurant surpris de leur propre expérience et la décrivant modestement à Camille Flammarion, l'accusation générale d'escroqueries écrites pour abuser un astronome français ! Qu'une déposition porte la coloration de son auteur c'est vrai. Mais la multiplicité des éléments qui se corroborent réduit au détail le coefficient d'inexactitude. Mais en fait, le néant a-t-il été démontré ? Non.

4. Les intuitifs contemporains refuseraient-ils de « témoigner » dans des conditions « scientifiques » : détecteurs de mensonges, cage de Faraday, etc. ? Assurément pas. Beaucoup acceptent de se soumettre à des examens. Ils se comportent journellement comme la moyenne des individus « *normaux* ». Et il n'est pas assez dit combien certains d'entre eux proposent même d'être « testés », y compris dans leurs relations avec les « fantômes ». Mais la belle époque des expérimentations ouvertes et enthousiastes de Myers, Rochas, Geley est révolue. Les « scientifiques » de 1980 préfèrent généralement s'occuper à des travaux « raisonnables » sur la psychocinèse et la

télépathie. *Tous* les phénomènes peuvent se dérouler en laboratoire, certains réclamant à l'évidence un temps d'expectative, sauf les apparitions spontanées des défunts, par définition inattendues.

5. Les apparitions des morts, et les informations présentes ou futures qu'ils donnent sont vérifiables, rigoureusement, nombreuses étant celles qui échappent à l'argument télépathique. J'ai déjà indiqué que « l'inconscient collectif » répondait trop « irrégulièrement » pour être inclus dans un système précis d'explication ; il n'est d'ailleurs évoqué que dans les cas gênants, où seule la survie serait la clef de l'étrangeté.

6. L'âme et la perception extra-sensorielle ne peuvent-elles cohabiter ? En vertu de quoi s'exclueraient-elles ? Cette perception supérieure ne révèle-t-elle pas, elle aussi, un autre espace et un autre temps ? Là-bas, se meuvent des « esprits » qui ont, quelquefois encore, besoin de nous voir et de nous parler. Et que nous nous en apercevions.

7. Il y a une explication à ces intrusions de l'étrange dans nos vies, à ces savoirs possédés par quelques-uns, à ces dons facilitant des contacts avec l'invisible. Il y a une explication, mais on recule et on tergiverse, personne n'ose la donner car elle est simple : un autre monde.

Il paraît qu'aucune explication « scientifique » n'existe. Qu'est-ce que pourrait bien être une « explication scientifique », une « preuve formelle » ? De quelle bouche doit-elle tomber : académicienne, physicienne, mathématicienne... ministérielle, ce serait solennel, serait-ce plus convaincant ? Les sceptiques ne la précisent pas ; ils demandent des témoignages, des démonstrations, des raisonnements qui, d'après leurs propres postulats terrestres de référence, doivent répondre d'une dimension différente de l'espace et du temps. Mais ils n'acceptent de surcroît que les données satisfaisant à leur opinion prédécidée. Ils RECUSENT DES FAITS. Les rationalistes prétendent : « ce n'est pas possible ». Ce faisant, ils montrent qu'ils sont irrationnels.

« Je ne m'oppose pas au Scientifique, mais à l'Insuffisant *. »

Je dis que de la multiplicité des témoignages se dégagera une évidence. Au lieu de ne pas croire, ou croire, ne pourrait-on enfin RAISONNER ?

Voici ce qu'écrivait *en 1922* Camille Flammarion **, après cinquante ans d'observations objectives sans interprétation, s'en tenant aux faits :

« Quels que soient les compléments qui pourront être ajoutés aux observations précédentes, nous possédons désormais *la certitude scientifique* de l'âme au-delà du dernier soupir terrestre. L'AME EST INDEPENDANTE DE L'ORGANISME MATERIEL ET CONTINUE DE VIVRE APRES LA MORT. »

---

* 28.
** 25 a. p. 306.

II

Différents signes

EN PARAPSYCHOLOGIE
EN MÉDECINE

1

UNE AUTRE VISION
DE LA VIE

Ainsi le monde est-il moins simple qu'il n'y paraît.

Et si la fantaisie nous prend de le regarder attentivement, nous irons de surprise en stupeur : nous sommes environnés par l'inexplicable, par une inimaginable richesse dont nous sommes à peine avertis, dont nous ne connaissons pratiquement rien.

L'Institut des Sciences Psychologiques de Moscou * travaille sur les communications existant entre la conscience des végétaux et la nôtre. Des expériences identiques sont faites en Tchécoslovaquie, et même en France, mais surtout aux Etats-Unis. Les études de Cleve Backster, Directeur de l'Ecole de Détection de Mensonges de New York, reprises par plusieurs départements scientifiques américains, établissent que les végétaux perçoivent nos différents états émotifs auxquels *ils réagissent.*

« Au cours de mes propres recherches **, je me suis aperçu que les plantes avaient la capacité non seulement de répondre à une autre vie proche, mais de se souvenir des conditions associées à cette

---

* 110 b.
** 2 a, b. — 107. TOMPKINS-BIRD.

réponse. Il m'est arrivé assez souvent, dans divers laboratoires et avec un matériel différent, de créer une version botanique d'un ancien jeu de société nommé « le meurtre ». Six sujets sont choisis au hasard et instruits des règles du jeu. Ils tirent au sort, et celui qui reçoit la carte marquée devient le coupable, mais garde son identité secrète. Deux plantes en pot d'une espèce quelconque, mais appartenant à la même famille, sont placées dans une pièce, et chacun des six sujets passe dix minutes seul avec elles. Durant ce laps de temps, le coupable agresse l'une des plantes d'une manière qu'il décide. A la fin de l'expérience, le forfait a donc été accompli, et l'une des plantes gît, blessée, peut-être piétinée, hors de son pot. Mais il y a un témoin. La plante survivante est reliée à un électro-encéphalographe ou à un appareil enregistreur, et chacun des six sujets défile devant elle. Cinq d'entre eux ne provoqueront aucune réaction de la plante, malgré le fait que certains aient pu pénétrer dans la pièce après l'exécution du crime. Par contre, quand la plante sera confrontée avec le coupable elle produira sur la bande enregistreuse une réponse différente et parfaitement mesurable. Il est tout à fait possible que l'appareil ou la combinaison de la plante et de l'appareil, répondent à un signal électrique produit par la connaissance qu'a le coupable de sa faute.

(...)

Au cours de ce test qui se passait en Floride, un cyclamen en pot accusa deux des six suspects. Je rappelai les deux sujets pour les interroger. L'un était bien le coupable, mais l'autre avait passé une heure à tondre sa pelouse dans la matinée. Il était entré dans la pièce sans éprouver le moindre sentiment de culpabilité, mais, manifestement, pour la plante, il avait « du sang sur les mains ». Cette expérience ne réussit pas à tous les coups, mais elle est assez souvent concluante pour me convaincre que non seulement les plantes réagissent à la matière vivante qui les environne, mais qu'elles peuvent également établir une distinction entre des organismes particuliers et créer une association durable entre un signal et un individu donnés. Jusqu'à présent, les observations ne sont pas assez probantes pour pouvoir être utilisées comme des preuves devant un tribunal, mais avec un équipement plus sophistiqué, si incroyable que cela paraisse, il ne serait pas impossible que l'on puisse considérer un jour les plantes présentes sur les lieux d'un crime comme témoins essentiels.

(...)

« ... Ce qui veut dire que les êtres vivants sont impliqués dans un dialogue ouvert avec l'univers, un libre-échange d'information et d'influence unissant toute vie en un seul et vaste organisme, lui-même partie d'une structure dynamique plus vaste encore. La conclusion inéluctable est qu'une similitude fondamentale de structure et de fonction constitue un lien qui unit toutes les formes de vie, et que l'homme, en dépit de tous ses caractères particuliers, est partie intégrante de cet ensemble. »

« ... Sept mille scientifiques * réclamèrent des rééditions de l'article de Backster qui rendait compte de ces résultats. Et ce succès permit à l'explorateur de ce nouvel univers d'obtenir les moyens nécessaires à aller plus loin. Il put alors utiliser des appareils plus perfectionnés, des encéphalographes, des cardiographes, les premiers dix fois plus sensibles que les seconds. »

(...)

« ... Les travaux du savant anglais D. Lawden **, du mathématicien et philosophe Stéphane Lupasco, du chimiste Robert Tournaire, du physicien P. Dirac, du Dr Roger Godel, des physiciens Robert Oppenheimer, Jean Charon, David Bohm, et tout récemment, les révélations des « Gnostiques de Princeton » mettent en évidence certaines capacités de mémoire, d'intelligence, et de conscience, non seulement dans la matière vivante, organisée, mais aussi au cœur même des matières non organisées. Des expériences ont été faites sur des métaux et divers alliages de métaux, témoignant de la présence d'une certaine mémoire, en dépit des fontes et refontes de ceux-ci. L'alliage métallique nitinol, formé de nickel et de titane, a été expérimenté dans les laboratoires de Batelle aux U.S.A. en révélant des capacités surprenantes de mémoire. Des propriétés semblables ont été également révélées après irradiation de certaines matières plastiques.

(...)

« Des spécialistes de physique nucléaire, tels Alfred Herrman (Belgique), et D. Lawden (Angleterre), furent critiqués en 1964 lorsqu'ils émettaient l'hypothèse d'un psychisme de l'électron d'une part, et d'autre part, celle de l'intelligence et de la conscience des particules aux niveaux nucléaires et intra-nucléaires. Cette position est actuellement dépassée par les conclusions des savants de réputation mondiale faisant partie des Gnostiques de Princeton. »

---

* P. TOMPKINS, *Match* n° 1285.
** 114. R. LINSSEN, tome I, p. 124.

Différents signes

D'autres études prospectent le monde animal. Elles mettent en lumière — particulièrement celles de Vitus B. Dröscher * — des comportements insoupçonnés, par exemple la prédominance de l'instinct de sympathie sur tous les autres :

« ... Dans la colonie des mouettes tridactyles, on a observé de nombreux couples chez lesquels le mâle ou la femelle étaient malades, séniles ou stériles. On aurait pu supposer que le conjoint puissant encore irait chercher ailleurs la satisfaction de ses besoins. Mais cela n'arriva jamais...

(...)

« Nous avons observé le même comportement chez les oiseaux monogames tels que les bouvreuils, les perruches de Bourke et les alstrids grenadins. Ces exemples soulignent une nouvelle fois que le véritable élément qui cimente le couple se trouve dans la sympathie éprouvée envers le partenaire, et non dans la sexualité.

(...)

« L'etroplus maculatus qui vit dans les eaux du sud de l'Inde et de Ceylan a absolument besoin, pour mener une vie conjugale pacifique d'un souffre-douleur qu'il rosse de temps en temps devant sa femelle (ou par lequel il se fait rosser). S'il ne trouve aucun partenaire sur lequel passer son envie de se bagarrer, il finit tôt ou tard par s'en prendre à sa femme, sans la moindre raison apparente, ce qui est fatal à la ponte.

(...)

« Il est intéressant de noter comment des « cichlidae » mâles qui, dans les combats qu'ils livrent avec leurs voisins, se font toujours rosser, se défoulent après plusieurs défaites cuisantes : ils se lancent jusqu'à épuisement dans des travaux « domestiques » consistant à préparer des frayères en série, qui sont beaucoup plus nombreuses et plus profondes qu'il n'est normalement nécessaire.

(...)

« Pour les hommes, tous les fous de Bassan se ressemblent... Mais les femelles qui arrivent savent reconnaître, de très loin, parmi les milliers d'oiseaux dont les cris font un vacarme étourdissant, le mâle avec lequel elles ont convolé l'année précédente. Ces oiseaux

---

* V. B. Droscher, *Ils se déchirent et ils s'aiment.*

ont de bonnes raisons de préférer la monogamie pendant les quelque vingt années de leur existence... le mâle est encore si agressif contre tout ce qui se rapproche de son nid, qu'il se précipite sur sa femelle et se met à la couvrir de coups de bec... La femelle ne connaît qu'une seule méthode de réponse à ce traitement : encaisser tous les coups sans réagir, s'asseoir en surmontant sa douleur, et elle subit sans riposter, et sans se défendre, pendant plusieurs minutes et avec une patience admirable, la souffrance infligée.

(...)

« Ce comportement est intéressant sur plusieurs points. Plus le fou de Bassan mâle se montre querelleur, et plus la femelle se comporte de façon pacifique. Mais de plus, elle s'y entend à la perfection pour calmer l'agressivité de son mari et la transformer en amour.

(...)

« La femelle de Bassan n'est pas, comme on pourrait le croire, un être chétif, ou de caractère soumis. Elle est aussi grosse et aussi agressive que le mâle, et défend le nid aussi férocement que lui.

(...)

« Il n'y a que chez les très vieux couples de fous de Bassan que la femelle n'est plus battue plusieurs fois par jour. Les deux partenaires se contentent, lorsque l'un d'eux rentre au nid, de secouer le bec de droite à gauche sans se toucher. Ils ne se livrent donc plus qu'un combat symbolique et transforment ainsi la douloureuse querelle en un comportement typique de salutation. »

Cela suppose évidemment une mémoire, la perception des habitudes familières, une intelligence d'adaptation jusqu'ici contestées. Mais plus l'on progresse dans l'observation de l'intimité des êtres que nous disons inférieurs, et moins ce terme apparaît correct. Nous connaissons si mal les « règnes » divers de la vie, fût-ce superficiellement... Qui sait qu'existent 30 000 variétés d'araignées... 200 familles de vers luisants... 42 espèces répertoriées de requins... quelquefois assemblés en fiançailles, parfois en monogamies, certains menant des veuvages fidèles... éprouvant des affections désintéressées, des exigences et des dévouements, des aptitudes inattendues.

En ce qui concerne l'homme, nous serions logiquement en

situation privilégiée pour investiguer ses ressources, élucider les motivations de ses moindres agissements, le bien comprendre, dénombrer exactement les « cordes du violon », caractériser ses vibrations. Mais assez paradoxalement, nous sommes encore peu savants de nous-mêmes. Et, à la fin de ce XXe siècle satisfait en ses épanouissements technologiques, nous pérégrinons avec une prudence effarouchée dans l'analyse des données disparates, « surprenantes », nommées paranormales. La parapsychologie, en voie de développement lent depuis cent ans, est entachée de suspicion, davantage en fonction de l'objet de ses études, qu'en raison de ses errances tâtonnantes. Sans doute beaucoup d'entre nous se voudraient-ils dépourvus — comme Edgar Cayce — des excentricités de talents qui ne sont pas reconnus normaux dans la France de 1980 : son intelligentsia se déclare « cartésienne » pour quatre-vingts pour cent de ses représentants — mais Descartes jamais n'a nié l'âme, ni les divers aspects de la conscience ; il les a seulement perçus en opposition, en dualité avec la matière. Cette thèse ne représente qu'un moment de la réflexion philosophique universelle. Les physiciens quantiques et les métaphysiciens affirment maintenant que ce dualisme n'est qu'apparence, qu'essentiellement le cosmos n'est que conscience. « Eddington le dit en quelques mots : le matériau de l'univers est mental *. »

Quant à ce mental, nous nous cantonnons en des notions étroitement limitées. Chaque fois que se manifeste sa puissance, nous réagissons en nous étonnant avec persévérance. « Les religions présupposaient l'existence de pouvoirs dont la psychologie a maintenant fait la preuve. ** » Ce que nous nous obstinons à définir paranormal — plus que normal — a longtemps, c'est vrai, constitué l'apanage des faiseurs de miracles : prophètes, messies, sorciers et prêtres thaumaturges, saints, sages. Nos ancêtres voyaient en cela l'acquis de la vertu, ils en étaient émerveillés. Mais nous, désabusés du

---

* A. Koestler, *Les Racines du Hasard.*
** J. B. Rhine, *Extra Sensory Perception.*

surnaturel, ignorants du naturel, nous restons sur nos défensives, tandis que quantité de comportements traduisent, et renouvellent, des facultés extraordinaires.

Est-ce que notre « ordinaire » ne serait pas situé terriblement bas, trop bas ?

« L'Homme a une nature supérieure qui est aussi instinctive que sa nature inférieure. * » Mais nous minimisons la vie, et nous-mêmes qu'elle anime. Nous voulons l'enfermer dans la dimension du mètre étalon exposé en vitrine à la manufacture de Sèvres. Et nous sommes aussi ahuris devant la justesse en précognition que devant la réaction des plantes frémissant lorsque des crevettes sont mises à mort, les appareils de laboratoire en témoignent.

« Non, s'insurgent les amateurs de simplicités élémentaires, non, tout cela est faux, préinventé, fabriqué. Que l'on écarte de notre chemin de telles « folies ». Le monde est sans mystère, ne le compliquons pas, les plantes ne « pleurent » pas les crevettes mourantes et les pierres ne « parlent » pas... Il y a la nuit, et puis le jour, seulement les visibles enchaînements nocturnes et diurnes... des actes, des idées, quelques rêves, quelques larmes, des triomphes, des échecs... à peine autre chose. »

A peine autre chose ? Il fallait s'en assurer. Je m'en suis volontairement tenu à l'étude de quelques-unes de ces anomalies incontestables dont font montre une cohorte d'individus parmi mes « frères de race ».

Il y a discrimination dans les phénomènes d'anormalité, ai-je tout de suite remarqué. Ainsi le « génie » mathématique est-il admis ainsi que le « génie » artistique. Les surdoués inspirent une considération envieuse, mais nul ne leur fait procès d'imagination ou d'irrationalité.

Pourquoi tant d'hostilité vis-à-vis d'aptitudes livrant du monde quelques autres aspects de sa multiple splendeur ? Est-ce parce qu'elles élargissent les champs de la conscience-vie, qu'elles sont sans merci combattues par certains, certains qui

---

* A. Maslow, *Motivation and Personality*.

ne *veulent* donc vivre que soixante, quatre-vingt-dix-neuf ans, sans plus, sans passé, sans avenir ?

Devrait-on n'utiliser la conscience que comme un gros instrument télescopique tourné selon le goût du moment vers l'armement, les affaires, le profit, le pétrole, les phénomènes sismiques, les vacances prochaines, la profession future — aisée — du petit... ? Pourquoi ressentir les sensibilités subtiles comme problèmes ennemis, insolubles ? La conscience des choses pourrait-elle ne pas être subtile ?

Indocile à nos médiocrités, elle échappe sans cesse à nos parcimonies, elle se manifeste à des degrés, intensités, niveaux, en des jaillissements divers. Elle est extraordinaire. Ainsi...

A. *Inspirations artistiques.*

Augustin Lesage était mineur, lorsqu'une voix intérieure lui enjoignit d'acquérir pinceaux et tubes de couleur. Il était si éloigné de ce type d'activité, qu'il crut d'abord être appelé à la peinture en bâtiment... Sans formation, sans apprentissage, sa main suivant sans hésitation la directive supranormale, il réalisa un grand nombre de toiles, étonnantes par leur complexité foisonnante de composition et de coloris. En 1938, il peignit une scène de moisson dont l'exacte réplique fut découverte quelques semaines plus tard, en « première » archéologique, dans une tombe de la Vallée des Reines, en Egypte. Il fut aisément prouvé qu'Augustin Lesage n'avait pu s'introduire dans la chambre mortuaire non encore dégagée au moment où il travaillait à sa toile. Il n'avait pu voir auparavant nulle part les particularités peintes déjà quatre millénaires plus tôt... Il en fut profondément troublé, et ne sut trouver aucune clef ouvrant la voie d'une explication. Il y en avait pourtant.

Celui qui se trouve ainsi doté d'un pouvoir original en est souvent incommodé au point qu'il se réfugie dans la prière — comme Edgar Cayce dans la Bible — n'espérant qu'en la révélation divine le sens et le but enfin dévoilés du « don ». Une attitude moins révérentielle, moins idolâtre — le terme est fort, je sais — du surnaturel, permettrait d'apprécier plus exactement la situation vécue et d'en percer quelques secrets.

Si Augustin Lesage (mort en 1954), s'était instruit des sciences innées en l'homme, des études « psychiques » alors très en cours, au lieu de construire une coquille autour de la perle de son talent, sans doute se serait-il réalisé dans cet appel à un autre lui-même. Il n'a que courageusement subi. Plus ou moins tranquillement subi. Ainsi E. Cayce, et tant d'autres, qui se font prisonniers de l'habileté hors de la moyenne. Comme les goélands * décrits par Richard Bach, ils se CROIENT liés par la coutume et leur destin au ras du sol ; ils ne se CROIENT PAS faits pour voler dans l'espace, et transcender les turbulences océanes. Quelle tristesse !

A la fin de sa vie, Augustin Lesage assurait se rappeler certaines de ses vies antérieures.

Plus maîtresse de ses perceptions extra-sensorielles, Rose-mary Brown ** — ayant en cela des points communs avec quelques grands voyants — a été visitée par des trépassés dès sa prime enfance. Elle les voit et leur parle. Ils l'assistent de leurs conseils, et l'aident à sortir de situations difficiles. Ce sont d'illustres « esprits » :

« Aujourd'hui (1971), Liszt est l'organisateur et le directeur d'un groupe de compositeurs célèbres qui me rendent visite et qui me donnent leurs nouvelles compositions. Ce groupe, à l'heure actuelle, comprend douze personnes : Liszt, Chopin, Schubert, Beethoven, Bach, Brahms, Schumann, Debussy, Grieg, Berlioz, Rachmaninov et Monteverdi. D'autres, tels qu'Albert Schweitzer, m'apparurent brièvement et me donnèrent quelques pages de musique, mais ne sont pas revenus jusqu'à présent. Mozart par exemple, n'est venu en tout que trois fois. Aujourd'hui, après six ans de travail, j'ai dans mes tiroirs environ quatre cents œuvres musicales : des mélodies, des pièces pour piano, des quatuors à cordes encore inachevés, le début d'un opéra, ainsi que des esquisses de concertos et de symphonies.

---

* R. BACH, *Jonathan Livingstone le Goéland*.
** R. BROWN, *En communication avec l'Au-Delà*, éd. J'ai Lu A 293.

Différents signes

« Le travail dont je viens de parler a été considérable. Je n'ai reçu qu'une éducation musicale très limitée, ce qui signifie que je ne connaissais pratiquement rien de la technique de la composition et de l'orchestration. Et, durant tout ce temps, il m'a fallu garder le contact avec ces êtres d'un autre monde — le monde des esprits — qui, parfois, ne viennent pas à vous de façon aussi claire, aussi nette qu'on le voudrait. Cependant, une grande partie de cette musique est maintenant transcrite. A présent, le public peut l'écouter, car, en mai 1970, un peu plus de six ans après que Liszt entra de nouveau en communication avec moi, Philips a sorti un disque rassemblant les œuvres de sept différents compositeurs ayant écrit cette musique venue d'un autre monde.

(...)

« Liszt et les autres n'ont pas fait tous ces efforts pour me donner leur musique par simple vanité. La communication n'est pas toujours facile pour eux : un but précis commande ce travail. Nul mieux que Sir Donald Tovey ne me semble plus qualifié pour en dégager les raisons profondes. Sir Donald Tovey est un musicien et compositeur de grand talent qui mourut en 1940 ; il fait également partie de mes visiteurs.

(...)

« Sir Donald, qui était un écrivain très estimé, de son vivant, présenta de la façon la plus claire possible les intentions qui avaient présidé à cette musique astrale. Il me dicta ce qui suit : « En entendant ce disque, vous pouvez vous demander si la musique que vous écoutez est le produit du talent de Rosemary Brown ou si, en réalité, elle émane vraiment de compositeurs défunts qui continuent de créer de la musique dans un autre monde.

(...) « Je remarque que ceux qui dénigrent cette musique, ne le font pas en général, selon certains critères précis, mais par scepticisme. De nombreuses hypothèses ont été avancées pour expliquer la naissance de cette musique, mais la possibilité que des compositeurs du passé soient encore en vie, sur un plan d'existence différent, et désireux de communiquer, ne doit pas être rejetée de façon trop catégorique. Même les plus incrédules quant aux perceptions extra-sensorielles ne peuvent prouver de façon concluante qu'il n'existe pas d'autre vie après la mort physique.

(...)

« ... L'humanité entre maintenant dans un âge d'émancipation croissante par rapport à ses limitations passées.

(...)

« Le plus grand problème de l'homme est toujours lui-même et son attitude à l'égard de ses semblables. Pour se comprendre en profondeur, il devrait prendre conscience du fait qu'il n'est pas uniquement une forme temporaire condamnée à vieillir et à mourir. Il est une âme immortelle, âme qui habite dans un corps immortel *, doté d'un esprit qui est indépendant du cerveau physique.

« En communiquant par la musique et la parole, un groupe organisé de musiciens qui ont quitté votre monde cherche à établir un précédent pour l'humanité. C'est dire que la mort physique n'est qu'une transition d'un état de conscience à un autre, au sein duquel chacun conserve sa propre individualité.

« La compréhension de ce fait devrait pousser l'homme à une plus grande perception de sa propre nature et des possibles activités supra-terrestres. La prise de conscience que l'incarnation dans notre monde n'est qu'un stade dans la vie éternelle de l'homme, devrait engendrer des attitudes prospectives beaucoup plus clairvoyantes que celles qui sont fréquemment appliquées à l'heure actuelle et entraîner une conception beaucoup plus juste de toutes ces questions. Nous ne transmettons pas de la musique à Rosemary Brown simplement dans le but d'offrir un éventuel plaisir d'écoute. Nous espérons que les implications de ce phénomène stimuleront l'intérêt sensible et sensitif de chacun et inciteront bon nombre d'individus intelligents et impartiaux à prendre en considération et à étudier les régions inconnues de l'esprit et de la psyché de l'homme.

« Quand l'homme aura exploré les profondeurs mystérieuses, encore voilées de sa conscience, il sera alors en mesure de s'élever à des hauteurs de pensée correspondantes. »

(...)

« Mes paroles et la musique — écrit Mrs. Brown — sont constamment analysées. Cette musique a subi d'innombrables tests. Je me suis portée volontaire pour des tests musicaux, des tests d'intelligence, des tests psychologiques, des tests psychiques — volontaires — pour tous les genres imaginables de tests, même ceux qui sont apparemment sans aucun rapport avec le problème concerné.

« Le Pr Tenhaeff, l'éminent professeur de parapsychologie de

---

* Corps astral, ou « double », ou corps-énergie, mais il ne s'agit pas, évidemment, de l'enveloppe physique (note de Georges).

l'université d'Utrecht, et ses collègues, m'ont reconnue tout à fait normale, après m'avoir fait subir une quantité considérable de tests.

« Un musicien qui souhaitait écarter une explication psychique, suggéra que j'avais, en réalité, reçu une formation musicale supérieure mais que, souffrant d'amnésie, je ne me souvenais pas d'avoir reçu cette formation.

« Mon médecin de famille fut en mesure de prouver qu'il s'agissait là d'une parfaite absurdité : la plupart des faits concernant mon existence peuvent — et ont été — aisément et complètement vérifiés, et ce, d'autant plus facilement que j'ai vécu toute ma vie au même endroit, dans la même maison. Mes amis, mes voisins, mes parents et les diverses autorités locales peuvent confirmer tous ces détails. »

Le témoignage de Mrs. Brown est de réelle valeur : sa démarche est claire, ouverte, sans prétention ni revendication. Elle expose sans s'en plaindre les complications connues de par ses différences avec son entourage, et comment elle s'est adaptée à son « don » puis aux transmissions musicales dictées par ses visiteurs. Les descriptions qu'elle donne des « morts » — il me devient impossible d'employer le mot — coïncident en indications de comportement, simplicité de langage, présence et matérialité, vêtements, difficultés momentanées de contact, avec les récits que j'ai précédemment mentionnés.

Et avec d'innombrables comptes rendus que je n'ai pas cités, sauf en bibliographie, car ma tentative n'est pas de dresser une nomenclature, ni de compiler. Sur l'éventualité du néant après une vie, elle ambitionne d'aboutir à une constatation de fait, se dégageant logiquement des documents d'étude. Si tous les témoignages, et tous les auteurs ayant apporté sur ce thème une contribution favorable ou défavorable au cours des six mille dernières années, n'ont pas trouvé place en ce dossier-survie, cela ne signifie pas que l'approche en est fantaisiste ou légère.

Il ne me suffit pas, en effet, de juxtaposer des extraits choisis d'après mon inclination personnelle, je conduis une argumentation. Devrait-elle s'exercer chaque fois sur chaque cas ? Je n'en vois pas l'apport, l'effort étant à la synthèse, les plaidoiries d'accusation et de défense ne pouvant qu'être répétitives par famille « d'anomalies ».

Celle de Mrs. Brown, tellement testée, vaut d'être acceptée comme un « signe », parmi d'autres, d'une réalité demandant à être reconsidérée. Des inspirations du même type se sont aussi fait jour dans le domaine littéraire. « En 1927, une tempête * souleva l'Amérique, provoquée par la publication des travaux du Dr Walter Franklin Prince, chargé de recherches à la Société américaine de Recherches Psychiques de Boston. L'ouvrage s'appelait *The Case of Patience Worth*, et rapportait les facultés mystérieuses d'une

« certaine Mrs. John H. Curran. Celle-ci était l'auteur de très nombreux romans qu'elle avait écrits ou qui lui avaient été dictés lorsqu'elle était en transe. La vie de cette femme peu cultivée et de condition fort modeste ne laissait nullement supposer d'aussi invraisemblables facultés. Elle était née en 1883, à Mount City, et avait quitté l'école à l'âge de quatorze ans, avec des connaissances très réduites aussi bien en histoire que dans les autres domaines. (...)

« Sortie de sa vie quotidienne, elle ne connaissait rien, ne voyageait jamais et ne lisait pratiquement pas. Elle aurait aimé être chanteuse, mais cela resta au stade de la velléité. Ainsi jusqu'à l'âge de trente ans, aucun événement ne marqua sa vie.

(...)

« Elle s'était mariée, s'appelait maintenant Mrs. John Curran, et vivait à Saint Louis (Missouri). En 1913, une de ses amies lui montra une planche de « Oui-ja » sur laquelle on écrit les lettres de l'alphabet et les chiffres de 0 à 9, et dont on se sert pour l'écriture automatique.

(...)

« Le 8 juillet de la même année, simplement par ennui,

(...)

« Mrs. Curran reposa son doigt sur la planchette... Il lui sembla que quelque chose « transpirait » du « oui-ja » et essayait de se faire comprendre.

---

* 50.

Différents signes

(...)

« A peine « Patience Worth » s'était-elle fait connaître qu'une foule de renseignements et d'explications suivirent.

« Au début, Mrs. Curran hésita, croyant s'être trompée, car elle ne comprenait rien. Cela n'était pas étonnant puisque les messages étaient, comme le déclarèrent ultérieurement les spécialistes, formulés dans un « anglais vieillot et concis, extrêmement différent de celui que l'on parlait aux Etats-Unis. « Patience » expliqua elle-même la raison de son langage démodé. Lorsqu'on lui demanda qui elle était et d'où elle venait, elle parla de sa vie antérieure, racontant qu'elle avait vécu en 1649 (mais il se peut qu'il se soit agi de 1694) dans une ferme du Dorsetshire en Angleterre. Puis elle était partie pour l'Amérique et avait été tuée par un Indien. Elle se souvenait encore de la maison de son père et du cadre qui l'entourait. Quelques-uns de ces détails que l'on vérifia sur place, se révélèrent exacts... « Patience » se révéla incroyablement créatrice, dictant inlassablement.

(...)

« Le premier roman, *The sorry Tale* se passait à l'époque du Christ.

(...)

« Le chapitre de cinq mille mots sur la crucifixion, dicté en une seule soirée, est une interprétation étonnamment vivante et de grande qualité. « C'est la plus belle description de la vie et de l'époque du Christ qui ait été écrite depuis les Apôtres », dit le Dr Usher, professeur d'histoire à l'université Washington de Saint Louis, dans le Montana.

« Après le *Sorry Tale*, parurent *Telka*, récit sous forme de poèmes semblables à ceux du Moyen Age anglais, « exceptionnels, dirent les spécialistes pour leur pureté d'expression », et enfin *Hope True-blood*, une histoire qui se déroule au XIXe siècle.

(...)

« Dans *Telka*, on ne trouve pas un seul mot qui ait été en usage après le milieu du XVIIe siècle. D'où Mrs. Curran, qui ne parlait que l'américain usuel, connaissait-elle donc cette langue anglaise ancienne ? Les questions s'ajoutaient les unes aux autres.

(...)

« Ou bien, dit le Dr Prince, nous devons changer radicalement notre conception de ce que nous appelons l'inconscient, de manière à désigner également sous ce terme les facultés dont nous n'avions jusqu'à présent pas connaissance, ou bien nous devons accepter qu'une « influence » quelconque qui ne résulte pas du subconscient de Mrs. Curran, s'exerce néanmoins à travers celui-ci. Et F.C.S. Schiller, qui fit une critique du livre de Prince, ajouta que le cas de « Patience Worth » le renforçait dans sa conviction que la psychologie traditionnelle était aussi loin d'avoir exploré les profondeurs de l'âme humaine que la philosophie. »

Ces phénomènes se produisent plus fréquemment que, souvent mal informés, nous ne le pensons. Miss Cummins, vers 1925, en Irlande, sur dictée de sept scribes « esprits », donna elle aussi des « reconstitutions » (*Saint Paul à Athènes, Les Chroniques de Cléophas,* etc.) qu'historiens et théologiens passèrent au crible.

« Ils déclarèrent* que non seulement ils y avaient trouvé l'explication d'un certain nombre de choses restées jusqu'alors obscures, mais que, de plus, les descriptions données faisaient preuve d'une grande connaissance de la vie des Apôtres. Par exemple, on désignait dans la chronique de Cléophas, le chef d'une communauté juive d'Antioche sous le nom d' « Arcohen ». Ce terme est exactement celui de l'époque, alors qu'auparavant le titre exact était « ethnarque ». Or cela seul un spécialiste le sait ! »

B. Mémoire lointaine.

En 1937, un vif succès accueillit la parution de *Winged Pharaoh,* dont l'auteur, une jeune femme anglaise de trente ans, Joan Grant, expliquait qu'il s'agissait du récit de l'une de ses vies antérieures, retrouvée grâce à une capacité de mémoire qu'elle appelait « far memory » : mémoire lointaine.

Cette fois la continuité ne s'exprimait pas en la rencontre avec des « esprits » survivant à la mort, mais en des retrouvailles avec soi-même, avec son propre esprit ayant éprouvé plusieurs naissances, plusieurs vies, plusieurs morts.

---

* *Op. cit.*

Ces réminiscences personnelles, Pythagore — surnommé « Mnésarchidès », celui qui se souvient de ses origines — en avait eues, comme Empédocle ce médecin et homme politique grec, et Apollonius de Tyane, et l'Empereur Julien, et Léonard de Vinci, et Franklin, et Goethe, et Shelley, et Dickens, Wagner, Kierkegaard, Flaubert, Rilke, Edgar Cayce, le général Patton...

Souvenirs donc assez répandus, très souvent spontanés. Ils sont étroitement liés à des comportements strictement individuels et à des réactions affectives. Ils surgissent parfois inopinément au cours de processus de détente, et de relaxation (comme le training autogène), et pendant une recherche de méditation. Ils s'expriment aussi durant des états de conscience volontairement modifiés (sophronisation, hypnose, concentration, drogue), ou se modifiant d'eux-mêmes : rêves, fièvre, émotions fortes, réactions à musique, paysage, personnes. Généralement confondus avec des images subconscientes littéraires, cinématographiques, en tout cas « exotiques » parce que très réalistes dans les détails de costume et de site appartenant à un autre temps, ils témoignent d'une vie qui ne finirait pas.

Ils sont à tort considérés comme paranormaux. Des observations dont ils ont été l'objet — sur lesquelles je reviendrai — il éclate qu'ils sont constamment à la frontière de notre conscience quotidienne. Nous ressentons faussement celle-ci comme invariable en qualité, en intensité, en quantité, puisque nous ne relevons vraiment la concernant que trois stades : veille, sommeil, rêve.

Nos souvenirs antérieurs imprègnent pourtant nos attitudes journalières, car ils composent notre expérience, notre sagesse acquise, et nous nous comportons — ainsi que le soulignait Edgar Cayce en ses diagnostics psychiques — en fonction d'un long passé, très lointain dans le temps, très riche en ses formes d'existence. Qu'y a-t-il d'insolite à en retrouver la mémoire, puisque nous en portons les suites, le bagage bon et mauvais, et parfois les maladies ?

Bien que controversée, cette capacité est incontestable dans de nombreux cas, après qu'ait été écartée l'éventualité cryptomnésique, cet autre aspect de la mémoire — mémoire actuelle — qui permet l'enregistrement instantané de tout ce que nous percevons (serait-ce insignifiant comme le nombre exact de marches dans l'escalier de nos amis, la page d'un journal traînant à l'abandon sur laquelle nous nous arrêtons quelques secondes), et le conserve dans nos fichiers supranormaux... en cas de nécessité.

La « mémoire lointaine » est rarement étudiée. Elle ne l'a pas été en laboratoire, en dépit des offres de Joan Grant, et ces dernières années d'expérimentateurs comme Thomas Orville.

En fait, les médecins la connaissent. Certains médecins. Grâce à elle, ils guérissent des maladies mentales et physiologiques. Mais elle n'est pas enseignée dans les universités. Ils n'en parlent pas, ils y ont recours.

C. Visions - Voyance - Clairvoyance - Précognition - Prémonition - Prophétie.

Ces sensibilités que l'on désire cerner, circonscrire, et donc séparer les unes des autres, en espérant ainsi les mieux comprendre, se complètent habituellement. Un sensitif qui perçoit le monde invisible, aura de surcroît des informations « paranormales » concernant tout autant le passé, que le présent, et le futur. Il sera saisi de visions et savoirs soudains, comme Pie V sachant brusquement le jour même de la bataille, 7 octobre 1571, sans messager « normal », la victoire de Lépante, à mille kilomètres de distance, tandis qu'il examinait les comptes de son trésorier ; et le Suédois Emmanuel von Swedenborg, racontant à l'instant même où il se déployait, l'incendie de Stockholm en 1756, alors que le savant se trouvait à cinq cents kilomètres de la ville, sans possibilité de communication. Swedenborg jouissait d'une renommée scientifique européenne, et, dit-on, beaucoup furent bouleversés par le fait que le « défenseur de la science fût un voyant * ».

---

* *Op. cit.*

Différents signes

Le dualisme soutenu par Descartes avait gagné la voie royale, il n'y avait plus compatibilité entre la science qui s'occupait à découvrir les lois du monde « matériel », du monde des cinq sens, et les phénomènes dépassant ces cinq sens. Kant fit une enquête sur la vision de Swedenborg ; il en tira argument contre un « rationalisme vulgaire », et vulgairement excessif : « La Philosophie, écrit-il, qui dans son autosatisfaction, se pose des questions inutiles, est souvent dans le plus grand embarras devant des faits dont elle ne peut se permettre de douter, ou auxquels au contraire, elle ne peut se permettre de croire... »

Chez de nombreux clairvoyants, leur aptitude s'accompagne de facultés sœurs. Wolf Messing par exemple, né le 10 septembre 1899 près de Varsovie, est à la fois voyant, télépathe, lecteur de pensées et prophète précis. Mis à l'épreuve par Einstein, Freud, Gandhi, Staline... il fut également sollicité par des quémandeurs anonymes, journalistes, enquêteurs, policiers demandant de l'aide, curieux, familles en quête de personnes disparues.

« Ma faculté de voir dans le futur * peut sembler contredire la conception matérialiste du monde, mais cependant la précognition ne comporte absolument rien d'insaisissable ou de surnaturel.

(...)

« A côté de la méthode scientifique et logique, d'acquérir la connaissance, il existe aussi une connaissance directe, qui est la précognition. C'est seulement parce que nous ne possédons que des idées confuses sur la signification du temps et des relations temps-espace, et de ses rapports avec le passé, le présent et le futur, que cette connaissance nous semble actuellement inexplicable.

« Comment le futur apparaît-il à Messing ? : « Par un effet de volonté, dit-il, je vois soudain le résultat final d'un événement quelconque apparaître en flash devant mes yeux. Le mécanisme de la connaissance directe court-circuite la cause logique et l'effet en chaîne, et il révèle directement au voyant la seule étape finale et définitive de la chaîne qui détermine un événement.

---

* 82.

(...)

« Naturellement, le libre arbitre existe, continue Messing. Mais il y a de grands axes. Le futur se compose des suites du passé et du présent. On trouve des réseaux réguliers de connexions entre eux. Le mécanisme de ces connexions est encore loin d'être élucidé par beaucoup de gens, mais pour ma part, je sais clairement qu'il en existe un. »

Le cas Messing n'est pas rare. Bien au contraire. Quelques-uns de ces surdoués se soumettent aux conditions de laboratoire, pour que les observateurs en apprennent davantage sur ces « connexions ». Ainsi le Hollandais Croiset. Ingo Swann * travaille en collaboration vivante et suivie avec le Stanford Institute. Sa voyance la meilleure est celle des sites ; quelle que soit leur distance, il les décrit parfaitement. Il perçoit non seulement le panorama, mais aussi les caractéristiques du moment : le vent qui y souffle, les gens qui s'y promènent à la seconde exacte où lui sont transmis soit le nom, soit la longitude et la latitude du lieu.

De même qu'un violon Stradivarius possède une vibration propre, dissemblable d'un autre Stradivarius, les clairvoyances, précognitions — et prophéties-prédictions qui en découlent — s'exercent en fonction de la sensibilité particulière à un individu donné. L'un distinguera aisément les défunts ; l'autre des emplacements géographiques ; tel saisira le futur, et tel mieux le présent ; tel des faits concrets, tel autre l'ensemble d'un psychisme, ou d'une physiologie. Enfin certains « voient » incidemment, par hasard ; tandis que d'autres sensitifs distingueront continûment, nettement. Quelques personnes n'ont de précognition qu'au cours de rêve prémonitoire (Abraham Lincoln avait su sa mort en rêve).

De cette floraison foisonnante d'une perception extrasensorielle ainsi démontrée, que retenir ?

Ses victoires, ses succès à travers la diversité de ses expressions, à travers ses défaites aussi... Souvent mal compris et âprement mis en cause, les sensitifs se montrent

_____

* 105.

quelquefois gauches face à leur propre expérience, qui, de
surcroît, les dépasse. Cela renforce l'atmosphère d'incertitude
qui ne cesse de les entourer. Il leur arrive de se tromper, les
meilleurs d'entre eux s'égarant parfois dans des
« connexions » non claires, obstruées par la fatigue peut-être,
ou par le jeu d'émotions et préoccupations privées envahissan-
tes. Alors, comme si l'erreur tant attendue s'était enfin
produite pour la grande délivrance et la justification des
critiques rationalistes (ces faits parce que paranormaux sont
pour eux récusables), elle est mise en vedette avec éclat.
Toutes disproportions gardées avec les apports précédemment
vérifiés, reconnus exacts...

Visions, perceptions dépassant celles des sens, franchissant le monde délimité par eux pour atteindre un temps qui
n'est pas celui dont nous sommes — socialement — familiers,
et un espace parallèle à la terre que nous foulons, aux
systèmes solaires dénombrés. Ce sont des signes qu'ailleurs
existe. Freud évoque les visions, en appelant ce type
d'expérience : « sentiment océanique * ».

La possibilité de voir une île aux antipodes et de savoir les
occupations des habitants à la minute où ceux-ci les accomplissent (vérifications du Stanford Institute) ; la capacité de
discerner les circonstances (et leurs conséquences) passées
d'un être, en même temps que l'esquisse de son devenir ;
l'aptitude à lire les pensées et les mémoires profondes, les
problèmes non résolus, les maux cachés dévastant un corps et
un esprit, ces facultés situent notre existence dans un univers
qui n'est pas « matériel » comme on nous le raconte. Des faits
répétés en témoignent qui, à moins de résolution partisane, ne
peuvent être niés.

Quant aux ruptures de phase, la bévue, la maldonne, il
m'est venu aux oreilles que les ordinateurs et les technocrates
n'en sont pas préservés.

---

* G. RATTRAY TAYLOR, *Repenser la Vie.*

D. Don de guérison - Pouvoir maléfique.

Bien des prophètes ont été artisans de guérisons spectaculaires, que leurs apôtres et disciples ont proclamé miracles. Certainement les malades ainsi rétablis apparaissaient incurables. Certainement les fidèles étaient inconditionnels, prêts au merveilleux, le sollicitant de leur confiance sans réserve, de leurs rêves.

Un miracle est un événement qui survient à l'envers de toute logique, de toute logique quotidienne. Hors des contextes qui le rendraient compréhensible. La définition peut s'appliquer aux catégories multiples de guérisons « psychiques ».

Les forces qui se manifestent ainsi en certains lieux consacrés, sacrés, ainsi qu'à travers des personnages disposant de plus ou moins grande audience, sont d'intensité variable. Même mesurées, elles sont indices d'énergies auxquelles nous sommes aveugles, mais agissantes : en nous, autour de nous, infiniment plus que notre inconscience ne nous le laisse supposer.

Chacun d'entre nous en est dépositaire pour quelques aunes, ou plus ; atténuées, elles sont encore efficaces : qui n'a pas un ami capable d'effacer une névralgie, une migraine ? Les « guérisseurs » en ont reconnu les signes intérieurs et ont appris à en user.

Par des êtres de volonté maléfique, ce pouvoir est tourné en puissance de destruction, parfois même en arme de meurtre.

La force — c'était l'expression d'Edgar Cayce auquel je fais ici allusion pour faciliter le rapprochement — la « force » préserve de la dégradation physique (résurrection de Lazare, guérison du paralytique) ; ou bien elle tue en la provoquant (anathèmes de Jacques de Molay et de Giordano Bruno à leurs juges, sorcellerie noire).

Des procédés photographiques spéciaux (Kirlian et dérivés) ont permis de constater qu'une énergie se transmet du guérisseur à son patient. Et l'on sait que nous émanons des « rayonnements » plus ou moins positifs, car nous sommes possesseurs de champs personnels électromagnétiques, au sein d'un capital de forces diverses. Il est dit que de la main levée pour bénir, ou pour maudire, part un courant qui, si nous étions très fortement concentrés, aurait l'efficacité du laser.

Des recherches sont faites à l'Est et à l'Ouest pour définir cette force, force de conscience, force de vie, force de « nature inconnue », mais reconnue en ses manifestations.

Une analogie pour préciser : l'électricité est un phénomène dont les attributs sont « homologués », mais dont l'essence ne se rattache à rien — jusqu'à présent — de nos systèmes. Aussi dit-on de la même façon qu'elle ne nous est pas « connue ». Elle est donc utilisée sans que l'on sache d'où elle surgit, où elle disparaît. Nous l'entrevoyons. Elle nous échappe. Pourtant elle EST.

E.   Radiesthésie.

Elle reconquiert droit de cité parmi les « normalités ». Pendant des siècles, elle a été pratiquée par les sourciers sans aucun « problème », comme un acte naturel, certains jouissant en somme de la sensibilité musicale, d'autres de la fibre géologique, ou du sens « explorateur » ou « missionnaire ». Puis elle a été confinée dans le « trouble » domaine psi — comme le stigmatisent ses adversaires —, sans doute parce que ses servants ont essayé de se donner quelque importance en adoptant des allures maniérées.

Utilisée avec succès en prospection pétrolière, minière et sub-marine, elle représente avec la télépathie, celle des facultés dites paranormales qui effraie le moins. Elle aussi est très largement répandue.

« Les nombreuses expériences réalisées minutieusement par les Soviétiques * semblent toutes tendre vers une conclusion à laquelle de nombreux chercheurs occidentaux s'étaient également ralliés : il

---

* 82. *Op. cit.*

existe des champs de force dont la nature est encore inconnue. Les organismes vivants, plantes, animaux et êtres vivants, sont sensibles à ces champs de force qui se créent à partir de gisements de minerais ou de cours d'eau souterrains, déclare le Pr Ogilvy (Président du département de Géologie de l'université de Moscou). (...) Les Russes pensent qu'un champ de force de nature encore inconnue entoure l'eau, les minerais, et peut-être d'autres substances. Certains individus sont capables de détecter ces champs de force.

(...)

« L'électrocardiogramme semble indiquer que sourciers et non-sourciers font preuve, au niveau inconscient, de la même réaction face aux matériaux radiesthésiques. »

La faculté radiesthésique n'infirme ni ne confirme bien entendu la survie. Mais elle est un signe des forces à travers lesquelles nous passons et repassons sans en avoir la moindre idée. Pourtant, elles se manifestent tangiblement. Que cela nous mette en alerte : sans doute d'autres influences jouent-elles sur nous, importantes, réelles, alors que notre société occidentale s'imagine tout contrôler d'elle-même, à peine imprégnée de pollutions balladeuses, de radioactivité légère, et d'infimes interférences astrales.

Avec amusement, je note que les nocivités nucléaires sont discutées aussi passionnellement que les interventions des esprits, avec un identique manque d'égard pour les observations, les témoignages, les comptes rendus. Des gens se déclarent contre, des gens se déclarent pour, savent-ils pourquoi ? Ils s'affrontent. Ils ne s'écoutent pas.

F.   Expérience hors du corps - Extériorisation - Dédoublement - Bilocation - Matérialisation.

Les apparitions de vivants, en des lieux éloignés, tandis qu'ils continuent d'être vus dans leur cadre habituel, jalonnent les biographies des saints et celles des « grandes âmes » de toutes les traditions spiritualistes.

Considérées comme témoins déterminants pour la thèse de

la survie, elles ont fait ces dernières années l'objet d'observations rigoureuses. Sept cents cas ont été étudiés par une même équipe. Et plusieurs savants se sont attachés à l'étude des « expériences hors du corps » (O.O.B.E. : en anglais, « out of the body experience »), particulièrement le Dr Robert Crookall, géologue britannique, le Dr Charles Tart, psychologue expérimental, le Dr Hornell Hart, le Dr Karlis Osis. Actuellement, des travaux expérimentaux se poursuivent dans le cadre du Stanford Institute, de la Psychical Research Foundation, et à Utrecht et Fribourg, universités où place est donnée à une chaire de parapsychologie ; ainsi que dans les pays de l'Est.

Les experts voués à cette étude ont établi qu'il ne s'agissait aucunement de symptômes hallucinatoires. Et ils ont déterminé des codes de classification, selon les caractéristiques dominantes de ces voyages hors du corps. Se produisant spontanément ou volontairement, ceux-ci débutent par la sensation d'abandon du corps physique s'effectuant par la tête, un lien, une « corde d'argent » demeurant avec le conglomérat de chair et de sang, et l'impression d'un choc, d'un déclic (sic) marquant l'instant de la réintégration.

De la liste des cas répertoriés, se dégage le sentiment que cette étrangeté est, elle aussi, étonnamment courante. Un nombre insoupçonné d'individus l'ont vécue, la vivent sous le coup d'une émotion, ou d'une pensée très forte. Mais l'un des exemples le plus remarquable remonte à octobre 1863. Embarqué sur le vapeur « City of Limerick » pour rejoindre les Etats-Unis, Mr. Wilmot, industriel, partageait sa cabine avec un passager nommé William Tait ; ils n'avaient entretenu aucune relation auparavant. La nuit du 13 octobre, en pleine mer, Mr. Wilmot rêve — c'est le terme qu'il emploie mais celui-ci ne correspond pas à la notion de songe — il rêve que sa femme, en chemise de nuit, vient l'embrasser sur le front. Le lendemain matin, son compagnon de voyage lui fait grise mine, et laissant éclater son indignation, reproche à Mr. Wilmot d'avoir reçu une femme pendant la nuit. Car, éveillé, il a VU une personne — dont la description est bien celle de l'épouse — embrasser l'occupant du lit voisin. Il ne s'agit donc pas là d'irréalité ou de contact télépathique, mais d'une matérialisation nette au point qu'un tiers est persuadé de l'intrusion d'une femme faisant comme eux la traversée. Le 23 octobre, le navire entre au port de New York, et Mrs. Wilmot, venue accueillir son mari, lui demande tout aussitôt s'il a bien reçu sa visite. Angoissée par l'annonce de tempêtes sur l'Atlantique et du naufrage d'un autre bateau parti comme le « City of Limerick » de Liverpool, elle s'est couchée le 13 très préoccupée du sort de son mari. Cette nuit-là, elle ressent « l'impression » de franchir l'océan, de trouver le bâtiment, de le parcourir jusqu'à la cabine ; elle hésite à y entrer car l'homme dans l'autre couchette la dévisage sans aménité, mais elle décide d'y pénétrer néanmoins pour embrasser son mari. Interrogée plus tard par les représentants de la Société Américaine pour la Recherche Psychique, elle dépeint les lieux minutieusement et sans erreur.

Rencontre extraordinaire, ayant eu un spectateur étranger sans aucune implication affective, et donc sans réceptivité particulière à Mr. et Mrs. Wilmot. Quelques commentateurs actuels trouvent dans le recul du temps écoulé — 116 ans — une bonne occasion de ne pas « se prononcer » (sic) sur le fait. Sans doute considèrent-ils les analyses des représentants de l'A.S.P.R. de l'époque, comme naïfs exercices de style d'enfants de chœur.

Quoi qu'il en soit, le témoignage de Mr. Tait, compagnon qui se trouvait éveillé, est capital : Mrs. Wilmot — qu'il ne connaissait pas — s'est matérialisée devant lui, elle est entrée, l'a regardé, s'est penchée sur Mr. Wilmot, elle est sortie. Elle ne lui est pas apparue transparente, évanescente, spectrale, mais NORMALE. La bilocation, ou dédoublement, ou expérience hors du corps est là parfaite. Les commentateurs gênés se retranchent derrière l'état « onirique » pour situer cette affaire entre l'irréel et le réel en ce qui concerne Mr. et Mrs. Wilmot. Encore que les états de rêve ne soient rien que des états différents de conscience — le rêve est étudié plus sainement depuis dix ans qu'il ne le fut auparavant, non plus comme illusion mais aspect autre de la réalité —, Mr. Tait, lui, ne s'y trouvait pas.

Différents signes

« Qu'il ait vu *, et plus tard décrit, la femme de Wilmot, laisse supposer que le second corps dont nous avons postulé plus haut l'existence pourrait conserver une forme typique et reconnaissable lorsqu'il se sépare de sa contrepartie physique. »

Beaucoup d'expériences hors du corps se réalisent sans matérialisation visible, ce qui rend tout contrôle difficile. Il pourrait en effet s'agir d'une qualité de la perception sensorielle, franchissant les seuils géographiques et appréhendant une circonstance, un événement dans une autre ville ou un autre continent — ainsi les diagnostics psychiques d'Edgar Cayce et les voyances « in situ » d'Ingo Swann — sans qu'aucun des corps (astral, éthérique, énergie, etc.), doublant l'enveloppe physique ne se déplace en fait. Une ubiquité de la pensée sans déplacement de l'individu à aucun niveau que ce soit, une « abolition d'espace » en somme. Pour en revenir à Edgar Cayce, il n'a jamais prétendu à des sorties hors du corps, mais plutôt à un degré d'intériorisation où n'existent ni l'espace ni le temps. Ingo Swann est capable d'une telle perception, mais aussi de déplacement d'une matérialité plus éthérée de lui-même, alors que son corps charnel demeure à l'endroit de départ.

Ces talents se chevauchent par instants, aussi les observateurs restent-ils perplexes. A juste raison. Mais dernièrement, le D\ Robert Morris, de la Psychical Research Foundation a travaillé de façon nouvellement intéressante avec un jeune étudiant de Duke University, Blue Harary. Celui-ci installé dans un laboratoire à plusieurs kilomètres de la zone-cible précise les moments où il l'atteint, car il ne réussit pas de dédoublement matérialisé. Il n'y est donc pas reconnu à l'œil nu. Mais son chat, en attente là-bas, cesse de miauler en concordance avec la présence indiquée par Harary, et des détecteurs semblent prouver qu'il se trouve bien à l'endroit-cible.

De nombreuses anecdotes vérifiées de bilocation spontanée — présence d'une personne au même moment constatée en

---

* 110 b.

deux, voire trois et quatre points distants largement les uns des autres — témoignent de l'évasion du corps physique, avec une « forme » de matière évidemment différente mais apparaissant familière à ceux qui la rencontrent. Parfois, les « voyageurs » n'en sont pas eux-mêmes conscients, et l'apprennent par recoupements. Cela arrive assez souvent dans les derniers jours avant la mort physique, lors d'accidents, durant des comas, pendant des opérations. De remarquables comptes rendus faisant valablement état de perceptions obtenues par expériences hors du corps au moment de la mort, ont été publiés par le Dr Karlis Osis dans son ouvrage *Deathbed observations by physicians and nurses,* en 1961 *. Camille Flammarion a noté les « apparitions » de mourants, et les sensations éprouvées par certains d'entre eux en se voyant flotter au-dessus de leur corps étendu, bien avant que des éléments analogues ne soient rassemblés par le Dr Moody. Malheureusement, dans un second volume prometteur de *Lumières nouvelles sur la Vie après la Vie,* celui-ci infirme lui-même le travail qu'il a accompli en expliquant de façon surprenante que, de ces récits qu'il a présentés, il ne faut rien retirer comme lumière sur l'après-vie, car après tout, ces témoignages n'ont pas de signification suffisante pour justifier une conclusion.

Attitude combien contradictoire : « je publie, je titre affirmativement, mais je ne m'engage pas car la prudence scientifique…, etc. » et refrain connu : « dans l'état actuel de nos connaissances, etc. ». Attitude ambiguë agréable à ces beaux esprits friands de recettes et ménageant les amitiés rationalistes ; déconcertante et désagréable à ceux qui cherchent à démêler le concluant du dubitatif.

Il est clair que les voyages hors du corps sans manifestation matérialisée ne convaincront pas de la dissociation d'avec la

---

* Dès 1915, des témoignages de ce type apparaissaient dans les publications des Revues Spirites belge, française, italienne, anglaise, américaine, souvent recueillis et publiés par des médecins — cf. Revues Spirites et R. Montandon, *La Mort cette Inconnue.*

partie charnelle tant que les appareils enregistreurs n'auront pas suppléé la faible vue des hommes. Et l'objection du merveilleux exercice d'une perception extra-sensorielle conserve donc bonne place.

Mais le dédoublement, ou don d'ubiquité (reconnu par l'Eglise qui l'a souvent constaté) REVELE QUE NOUS POUVONS VIVRE, ENTENDRE, VOIR, PARLER, DEPLACER DES OBJETS, OUVRIR DES PORTES, etc. ...*SANS* notre vieil ami le corps élémentairement physique.

Ainsi a-t-on aperçu une année à la Chambre des Communes, le député O'Connor assis à sa place habituelle. Or, il se trouvait en Irlande à ce moment-là au chevet d'un parent. Ce fut confirmé par plusieurs personnes... Rapporté par la Société de Recherches Psychiques de Londres * : un anglais occupé par ses affaires à Birmingham rentre chaque soir chez lui ; un certain jour, sa femme le voit ouvrir la porte de leur jardin, chargé de rouleaux de papier ; elle l'entend frapper à la porte principale ; la servante également qui se précipite pour ouvrir, car elle a reconnu le nombre de coups et la manière du maître de maison. Ces coups avaient une réalité objective, pourtant l'homme qui venait de les frapper n'arriva chez lui que plus tard... il portait effectivement des rouleaux.

« Comme tous les phénomènes ** » peu connus, le dédoublement de l'être humain aura besoin d'être observé encore bien des fois avant d'être admis par la généralité des physiologistes et des philosophes », écrivait déjà en 1909, Gabriel Delanne dans son énorme livre traitant des *Apparitions matérialisées des vivants et des morts*.

« En face d'une action physique exercée par le fantôme, il ne viendra à l'idée de personne de suspecter sa réalité. Alors, nous sommes en face d'un phénomène qui dépasse considérablement tout ce que l'on savait jusqu'alors sur la nature et les pouvoirs de l'être humain », écrit Delanne, auteur notamment de *L'âme est immortelle, démonstration expérimentale*, en 1899.

---

* 38.
** *Ibid.*

Le dédoublement en ses meilleures « réalisations » démontre-t-il la survie ?

Oui.

Il y invite.

Parce qu'il manifeste une existence tangible, agissante en dehors de l'enveloppe physique. Indépendante absolument d'elle.

Parce que des milliers de personnes, se déplaçant ainsi, avec leurs habitudes strictement personnelles, leurs caractéristiques propres de langage, de préoccupations, de sentiments et d'intérêts, l'effectuent aussi bien avant la mort, au moment de la mort, après la mort.

Des témoignages recueillis depuis longtemps, il apparaît sans contestation — sauf de mauvaise foi — que l'individu vivant ou supra-vivant intervient sans son corps comme réalité dans la réalité CAR IL DEPLACE NOS OBJETS.

Pourquoi ne pas s'arrêter là.

Pour laisser parler la multiplicité des signes, des témoignages, des travaux.

G. Pyrobasie.

Captivante, et mal étudiée, la capacité de marcher sur des braises enflammées — sans que le vêtement du sujet soit roussi, le vêtement étant donc lui-même protégé — nous montre combien nous sommes ignorants des équilibres, des « épreuves de forces » qui nous sont possibles.

« Tout aussi * invraisemblables qu'ils puissent paraître, il faut encore ajouter au nombre des phénomènes paranormaux, les cas de résistance au feu, d'invulnérabilité et d'insensibilité du corps humain. L'apparition de ces phénomènes n'est pas non plus liée à une religion, ou à des peuples particuliers. Dans l'Ancien Testament, on parle déjà de la faculté de traverser les flammes et les braises. »

Jésus-Christ a su marcher sur les eaux.

* 50.

H. Psychométrie.

« C'est le professeur américain Joseph Rhodes-Buchanan * qui découvrit la psychométrie. Il fit ses premières recherches en 1842, puis le professeur William Denton (...) continua ses travaux. Travaillant à l'institut de médecine de Covington (Kentucky), Buchanan avait remarqué qu'un de ses malades (...) caressant pendant quelque temps la tête de quelqu'un, était capable de donner des renseignements d'une précision importante sur le caractère de la personne en question.

(...)

« Buchanan observa au cours des expériences suivantes qu'Inman avait les mêmes facultés si on lui présentait une lettre, fût-elle de quelques lignes.

(...)

« Il appela « psychométrie » la « faculté d'appréhender mentalement, d'enregistrer ou d'évaluer des choses qui sont du domaine de l'intelligence humaine », un sensitif touchant un objet, et traduisant en mots la connaissance emmagasinée dans cet objet. En fait, il s'agit d'une communication télépathique établie avec une chose apparemment inanimée.

« Denton, qui était géologue, fut tenté d'entreprendre des expériences de psychométrie en prenant pour point de départ des échantillons de roches. Les résultats obtenus le renforcèrent dans sa conviction que ces phénomènes existaient vraiment. Il donna un jour à Mme Denton Cridge (sa sœur) un morceau de lave du Kilawa, le plus grand volcan toujours en activité de l'île Hawaii, et voici ce qu'elle lui dit (précautions avaient été prises naturellement pour qu'elle ne sache rien de la pierre) : « je vois de grands bateaux voguant sur l'océan. Il doit s'agir d'une île, car le pays est entouré d'eau. Détournant mon regard des bateaux, je découvre quelque chose d'épouvantable. Il me semble voir bouillonner au fond de ce pays une mer de feu ».

(...)

« Puis il lui donna un morceau de calcaire portant sur sa couche extérieure des éraflures datant de l'ère glaciaire : « j'ai l'impression

_____

* 50.

de me trouver sous une effroyable masse d'eau. Je suis tellement au fond que je n'arrive pas à reconnaître quoi que ce soit et pourtant il me semble que je pourrais regarder vers le haut à des lieues de là où je me trouve. JE * me promène et JE sens au-dessus et autour de moi quelque chose. Ce doit être de la glace. C'est cela, JE suis prise dans la glace... ».

« Denton remarque dans son ouvrage paru en 1863, *Les Secrets de la Nature* : « Depuis la première seconde où la terre a été créée, la nature a tout photographié... »

« BUCHANAN (*Manual of Psychometry — The Dawn of the New Civilisation*) : « De même que la géologie nous a permis de faire des recherches sur l'évolution du globe terrestre, de même la psychométrie va nous permettre d'en faire sur l'histoire de l'humanité. Les géologues avaient des minéraux, les psychologues ont maintenant des « esprits fossilisés ». Nous venons de découvrir le télescope de l'esprit. »

(...)

« Une pierre ponce provenant du lac Texcoco suggéra à la Senora Maria Reyes de Z., traitée par le Dr Pagenstecher au Mexique, une très longue description. Elle commença par raconter que cette pierre venait d'une éruption volcanique. Puis elle décrivit les différentes sortes de poissons que l'on trouvait dans ce lac et qui avaient nagé à proximité de la pierre. Elle conclut en déclarant entendre le tic-tac d'une horloge. Or elle avait raison, car pendant les trois semaines précédant l'expérience, on avait laissé la pierre entre les parois d'une horloge. »

L'enthousiasme suscité par les résultats ne fit pourtant pas école. Après avoir été étudié par E. Bozzano vers 1927, le « télescope de l'esprit » n'a pas les honneurs de recherches poussées ni d'expérimentations suivies. Celles-ci sont excessivement axées sur les différenciations entre la perception extrasensorielle et la télépathie, amusements luxueux de spécialistes qui ne désirent pas prospecter beaucoup hors des grandes routes classiques.

C'est dommage. Dans les objets qui nous entourent sommeillent des connaissances, des secrets... Ils nous seraient

---

* Note de Georges : Remarquer que la pierre dit « je ».

précieux. Que de trouvailles possibles chez les antiquaires ! Celles d'un autre monde, qui n'est pas mort, qui ne meurt pas, riche de multiples messages.

Ils sont là, peut-être ne sont-ils pas perdus. Peut-être que demain quelqu'un les déchiffrera et les révélera.

I.   *Psychocinèse — Télékinésie.*

Deux mots pour ceci : la force de la pensée est capable de modifier l'emplacement et la texture d'objets.

Cette faculté est, avec la télépathie, très privilégiée : toutes deux sont ardemment — presque exclusivement — choisies comme thème de travail, depuis quarante ans, par les scientifiques.

Avicenne déjà (980-1037), prince des médecins à la grande époque de l'Islam, avait pour elle une prédilection. D'accord avec les philosophes de son temps, Alfarabi, Algazel, il était certain d'une action à distance réalisable par la pensée, car pour ces hommes de l'Orient l'esprit dominait la matière. Avicenne estimait que les miracles — comme tels, surnaturels — n'existaient pas.

L'étude de la psychocinèse n'engage pas de débats philosophiques, elle démontre seulement que les hommes utilisent insuffisamment leur force de pensée, « croyant » plus instinctivement à la force empirique de frappe, à la force du bras, du muscle, de la machine.

Est-ce la raison pour laquelle, en laboratoire, on ne cesse de l'analyser ? Certainement. Si elle remet en question le monde mental, elle ne met pas en cause la destinée. C'est une faculté « reposante », métaphysiquement parlant.

Les grandes puissances y consacrent des budgets importants, avec l'espoir de déboucher sur de bons procédés de guerre psychologique : commander par la pensée la destruction d'un missile, ou un changement de structure de matière conduisant au « ramollissement », à la dégradation des chairs, des métaux, des alliages... Quelle séduisante perspective !

Entre autres, le Français Jean-Pierre Girard accomplit un cycle d'expériences avec des ingénieurs-pionniers, explorant possibilités de fonctionnement et possibilités d'efficacité, ainsi que les garanties de régularité.

Des archives par tonnes affirment la puissance de l'esprit sur l'objet, sur les formes de la matière. Conditions de laboratoire, tests, machines à jeter les dés au hasard, sujets exceptionnellement doués pour la psychocinèse, tous témoignent d'une matière obéissant à l'esprit. « L'univers n'est que conscience », c'est aussi le résultat des réflexions des physiciens de l'an 2000. Ainsi les découvertes — et certitudes — de la physique-anecdotique (jet de dés, lévitation d'allumettes, torsion de métal) et celles de la haute physique (quantique) se corroborent-elles harmonieusement.

Quel est l'apport de la psychocinèse en faveur ou en défaveur de la survie de l'être après la mort ?

Simplement ceci : l'homme est plus esprit-force qu'il ne l'imagine. Il est pourvu de richesses qu'il ne sait ni découvrir vraiment ni donc exploiter.

Sans autres données de raisonnement, rien ne permettrait de certifier que cet esprit remarquable serait en mesure de poursuivre son évolution après la séparation physique. Le chercheur serait en droit de le « croire », mais il ne le saurait pas.

J. Télépathie — Télégnosie.

Evénement paranormal que nous considérons le plus normal, la transmission de pensée a été éprouvée par chacun d'entre nous, quelque jour, sans malaise.

La communication est établie, Lyall Watson et cent autres savants le proclament, avec toutes les formes de vie : avec le minéral qui peut exprimer son savoir (psychométrie, études sur le psychisme de la matière) ; avec le végétal qui ressent la mort menaçante et départage ses amis de ses ennemis (études sur la perception des plantes) ; avec l'animal qui comprend — s'il le veut bien — nos suggestions mentales (expériences

145

télépathiques et études sur le comportement) ; avec nos proches vivants et défunts ; avec les forces dont nous sommes environnés.

« En 1959*, un Tchèque, le Dr Stepan Figar, découvrit qu'une intense activité cérébrale chez un individu provoquait à distance une légère modification de la pression sanguine chez une autre personne au repos. Il mesura ce phénomène au moyen d'un pléthysmographe, dispositif qui fait partie de la construction des détecteurs de mensonges. Le parapsychologue américain Douglas Dean a réalisé des centaines de tests soigneusement contrôlés qui révèlent l'influence de la télépathie sur la pression sanguine.

(...)

« Des scientifiques américains pensent qu'ils ont observé la transmission télépathique de maladies et de symptômes physiologiques. Ainsi le plus éminent d'entre eux, le Dr Berthold Schwarz, neurologue du New Jersey, psychiatre et écrivain, a réuni plus de 500 cas de télépathie intervenus entre parents et enfants. Suivant les mots du Dr Schwarz, nombre de ces cas montraient « une possibilité de transmission et de réaction télésomatique ».

(...)

« On trouve d'intéressants cas d'hypnose par télépathie parmi les nombreuses expériences que le Dr Vassiliev réalisa avec tant de difficultés, mais qu'il ne put rendre publiques sous le règne de Staline. »

(...)

En 1937, le Pr Vassiliev venait de trouver la preuve irréfutable que les ondes électromagnétiques, du moins celles connues par les savants, ne servaient pas à propager les phénomènes de télépathie. Celle-ci se trouvait « renvoyée » au paranormal.

Tous nous sommes télépathes, comme le Monsieur Jourdain de Molière faisait de la prose en ne le sachant pas. « Aucune force ne semble capable d'entraver cette communication, dit Cleve Backster, pas même les écrans de plomb. » Ni la

---

* 82.

distance : des liaisons télépathiques ont fonctionné de façon satisfaisante durant certains vols Apollo. Le capitaine Edgar Mitchell, entre autres, en a donné compte rendu. Des projets de guidage par l'esprit de vaisseaux cosmiques sont sérieusement à l'étude.

« L'espionnage télépathique », s'il était au point, serait assurément un procédé défensif de quelque intérêt. L'échange télépathique de nouvelles est plus rapide que nos moyens techniques actuels. Mais la difficulté est de trouver des sujets régulièrement capables dans la précision d'émission et de réception. Des investissements financiers considérables sont engagés dans la détection d'une méthode de formation et d'application, méthodes qui seraient sans « bavures », par les ministères de la Guerre de plusieurs pays développés.

Les sensitifs étant par définition sensibles, émission et réception sont donc très vulnérables au brouillage : conséquence de fatigues, tensions, soucis, émotions. Peut-être pourtant des armes télépathiques sont-elles quelque part déjà en place. Certaines attentions portées aux comportements et aux possibilités ne le sont pas par affection pure de notre race ni désir sincère de pourvoir aux fragilités des hommes, mais bien par volonté d'en tirer profit et puissance.

La télégnosie est le nom donné au savoir acquis par transmission de pensée.

Les adversaires de la thèse survie trouvent argument dans la télégnosie de l'inconscient collectif, pour écarter la moindre possibilité de pérennité personnelle. Les mêmes objectent aux études concernant la réincarnation que les réminiscences s'expliquent toujours par télépathie avec un vivant. Sans avoir véritablement examiné ces travaux, ils y sont hostiles, et concluent hâtivement d'après leurs opinions préconçues.

Il serait sot de méconnaître l'apport d'une communication réelle avec une « conscience cosmique », et avec l'acquis d'une mémoire génétique. Il serait imbécile de s'en tenir là.

Et d'échafauder des murailles, de se tapir dans une étroite citadelle, de refuser la communication télépathique avec les « esprits », avec notre esprit préexistant à cette vie-ci, avec les « esprits-consciences » des espèces différentes qui, eux, sont ouverts sur nous.

Y a-t-il à proprement parler dans la télépathie quelque élément faisant pencher la balance « néant-vie éternelle » ?

A mon sens, non. Elle est outil d'information, que nous savons à peine faire fonctionner. Elle est signe de non-existence des limites de l'espace géographique.

Si l'on réfléchit aux conséquences de ses implications, deux constatations simples émergent avec évidence :

— l'homme n'est aucunement prisonnier pour s'exprimer, pour se faire entendre, de sa localisation physique, donc il ne dépend pas en fait de son corps ;

— non seulement la pensée, nos pensées sont force, mais aussi instantanéité.

2

UN AUTRE TEMPS
UN AUTRE ESPACE

Ainsi le temps dans lequel s'inscrit la vie physique d'un être n'est-il pas le Temps dans sa réalité, mais une suite de jalons en forme de poteaux indicateurs créés à notre échelle la plus sensorielle : ici le panneau « naissance », mais les médecins sont confrontés à une conscience et à une mémoire fœtales ; ici le panneau « information », mais pour l'échange de connaissances il n'est pas nécessairement besoin de lire, parler ou écrire ; là le panneau « action », mais la force de la pensée peut détruire ou construire, transformer sans que bouge un cil ; là encore signalisation « amour-haine », pourtant des apparitions visitent des individus sur un moment de la pensée et non sur de grandes passions du cœur ; enfin la mention « mort », mais voici que beaucoup se promènent indépendamment du sac à viscères appelé corps...

L'astrophysicien russe Nikolaï Kozyrev conçoit le temps comme une énergie, un certain champ de certaines forces.

« On a donc choisi * le mot « champ » pour désigner l'éther dématérialisé.

---

* A. KOESTLER, *Les Racines du Hasard.*

Différents signes

(...)

« Le contenu de l'expérience consciente n'a pas de dimensions spatio-temporelles ; à cet égard, il ressemble aux « non-choses » de la physique qui, elles aussi, défient toute définition en termes d'espace, de temps et de substance.

(...)

« Mais le contenu insubstantiel de la conscience est d'une manière ou d'une autre relié au cerveau qui est substantiel.

(...)

« Les champs insubstantiels du physicien sont de même liés aux aspects substantiels des particules matérielles.

(...)

« Dans le cosmos d'Einstein comme dans le microcosme infra-atomique les aspects non substantiels dominent ; dans l'un et l'autre la matière se dissout en énergie, *et l'énergie en de mouvantes configurations de quelque chose d'inconnu* *. »

« Le parapsychologue grec ** A. Tanagras a formulé une théorie selon laquelle l'accomplissement des prophéties serait directement lié au champ de forces émis par le subconscient à l'adresse de certains êtres humains, ou de certains objets. Ainsi la précognition serait liée à la psychokinésie. D'après Tanagras, les désirs inconscients font refluer vers nous sous forme de différents événements cette énergie « Psi » tout comme l'aimant attire les particules de métal. L'énergie que Kozyrev appelle « temps » est peut-être celle dont parle Tanagras, et que, selon lui, nous utilisons pour forger notre destinée.

« Un des plus grands chercheurs occidentaux s'est lui aussi penché sur le problème du temps comme énergie. L'éminent physicien américain Carles A. Muses écrivait (...) que le temps bien qu'il soit une donnée subjective, possède des caractéristiques qu'il est possible d'évaluer quantitativement. « Nous définirons un jour le temps comme l'ultime structure causale de la création d'énergie ». Il pense que l'énergie produite par le temps se présente comme une sorte de vibration ou d'oscillation. »

---

* Souligné par Georges.
** 82.

Et le Pr Robert Tournaire écrit * :

« On n'avancera pas utilement dans l'étude de la conscience et moins encore dans celle de l'évolution des espèces, aussi longtemps que l'on s'accrochera bourgeoisement à un espace même riemanien et un temps linéaire traditionnel.

(...)

« Je veux parler de la pluralité des plans de conscience. Je dirai qu'il en existe au moins deux fondamentaux : le plan de conscience relative s'appliquant au domaine qui nous est familier, à la multiplicité de ce qui entoure notre monde quotidiennement. Ensuite, le plan de conscience absolue, grâce auquel nous essayons, au prix de quelles batailles, d'appréhender un absolu, un réel en soi, une réalité ultime à rechercher bien au-delà des limites de l'infra-électronique ou des hypergalaxies. »

Nous sommes familiers d'un temps et d'un espace quotidiens, *MAIS AUSSI* d'un espace-temps qui ne connaît rien des limites auxquelles nous nous heurtons.

Mais au fait, rétorquera-t-on, comment s'y heurter s'il n'y en a point ? Si l'on s'y sent prisonnier, c'est parce qu'elles sont là ? Non, elles n'existent pas, ces étroitesses, *A MOINS* que nous ne leur donnions *NOUS-MEMES,* par nos ignorances entretenues, passives, choisies, une valeur qu'elles n'ont objectivement pas, *A MOINS* que *NOUS-MEMES* ne les érigions en absolu alors qu'elles sont relatives.

Nous persévérons à concevoir le Tout d'après l'observation de quelques-uns de ses attributs-accessoires.

MALGRE LES SIGNES, NOUS NOUS VOULONS MORTELS.

Sans doute est-ce la volonté de la paresse qui veille en nous, que de nier les responsabilités de notre passé, et celles de notre avenir. Sans doute est-il plus facile — quoi qu'on

---

* 114. Tome I : Avant-Propos. Pr TOURNAIRE, de l'Ecole Nationale Supérieure de Chimie, Membre du Cercle de Physique Théorique, Membre du Groupement de l'Energie Nucléaire.

revendique comme Droits de l'Homme — de subir que de décider, de rugir ou braire que d'assumer un destin.

Mais alors pourquoi dire que nous voudrions vivre toujours ? Pourquoi l'hypocrisie d'une recherche que l'on s'obstine à ne pas conclure tandis que tout crie à l'éternité ? Car nous avons constaté que nous ne sommes pas enfermés dans un corps, et que ses frontières sont journellement — immédiatement — franchies. Pourquoi les débats philosophiques creux, et le mensonger désir hautement publié du « meilleur des mondes » ?

Il est là : le meilleur du savoir, et des choix, des expériences valables et les capacités fantastiques. Le meilleur des mondes, celui où nous pouvons être en paix, et invulnérables, ce meilleur monde est là, invisible. Les signes en sont myriades. Signes d'une dimension oubliée à laquelle nous sommes constamment reliés. Elle est l'essentiel de notre réalité.

Mais « la société * n'accepte le paranormal que dans la mesure où il ne viole pas les limites sensorielles que nous considérons comme absolues. La science, quant à elle, ne l'accepte que dans la mesure où les lois fondamentales qui gouvernent ces phénomènes ne restent pas non identifiées. Le succès avec lequel la science moderne a organisé et expliqué la plupart des phénomènes observables (normaux), nous a accoutumés à considérer l'inexpliqué comme non existant ».

Des quelques données déjà réunies, la notion de temps et d'espace se transforme radicalement pour se rapprocher d'une vision plus large des champs de forces que nous sommes et que nous dépassons, de l'usage que nous sommes aptes à en faire, de la vie, d'une vie.

N'en avons-nous qu'une — en quel temps — pour tout jouer, tout gagner ou tout perdre ?

---

* 105.

3

UNE AUTRE EXISTENCE... ?

A cette question, la réponse de Socrate est affirmative.
Celle d'Er de Pamphylie, d'après son expérience, est d'une
certitude éclatante. Celle aussi des spiritualistes déjà évoqués
et de bien d'autres depuis des millénaires. Pourtant les
chercheurs occidentaux de 1980 que nous sommes n'en
retenons guère. Nous ne retirons rien des fortes convictions de
nos prédécesseurs, ni même des travaux pénétrés de l'esprit
scientifique moderne, par exemple les observations de Camille
Flammarion et leurs conclusions.

Ainsi faisons-nous dans bien des domaines : les résultats de
prélèvements signifiant des pollutions atmosphériques, terrestres et marines sont tenus pour nuls. Sont volontairement
ignorés de même de multiples comportements des hommes,
parce qu'ils gênent. Que cela soit dit nettement : les études
parapsychologiques ne sont pas « martyres » plus que d'autres. Toute connaissance est récusée dès lors qu'elle aborde
des thèmes qui demandent — sur éléments nouveaux —
rupture avec le cours cahotant des choses, et ajustements
difficultueux à une réalité inaccoutumée. Si elle porte
problèmes, qu'elle soit en quarantaine !

De multiples « faits » sont repoussés comme pestiférés,
niés sous prétexte d'être produits par une propagande subver-

sive : certaines famines, notamment, créées par des hommes contre des hommes. J'ai voulu ce rapprochement pour qu'il soit clairement établi que plusieurs catégories de vérités sont frappées d'infamie, « damnées » dirait Charles Fort. Quelques conceptions de la vie humaine en des aspects purement concrets sont combattues aussi frénétiquement que les conceptions de la survie.

L'évidence des faits est exigée, objecte-t-on. Pourtant il ne suffit pas à un fait d'être un fait pour obtenir place dans nos catalogues de références. Les grilles de censure éliminent ce qui n'est pas conforme aux affirmations dominantes.

Or une civilisation, une société, évoluent sans cesse. Conservatrices au point de s'accrocher maniaquement à des théories vieillies, elles se rendent malades, puis infirmes, et s'atrophient. Rejeter des aspects de la réalité, c'est refuser la vie.

Effectivement, une partie d'entre nous n'accepte la vie que du bout des dents, ne voulant qu'y mordre et non point la comprendre.

Les autres prospectent, parfois progressent, et cela souvent pour le profit de ceux qui souffrent. Les « actifs » vont de l'avant, innovent et percent des secrets, non pour seulement satisfaire leur vanité personnelle mais pour aider à tous moyens de santé et d'équilibre meilleurs.

Et c'est ainsi que des malades se trouvèrent bien du procédé thérapeutique appelé « magnétisme animal » par celui qui s'imaginait l'avoir découvert, le Dr Franz Anton Mesmer (1734-1815). Le principe en était l'utilisation d'une « force inconnue », un pouvoir de suggestion auquel répondait le patient de telle sorte que le mal disparaissait, pour autant qu'il fût psychosomatique naturellement. La technique n'était pas si nouvelle que le supposait le Dr Mesmer, car déjà au ve siècle avant J.-C., son collègue grec, le Dr Empédocle s'en servait couramment comme tous les médecins de son temps, et les Chaldéens, les Egyptiens l'avaient employé avant eux. Des centaines de pratiques utiles s'oublièrent à la chute de l'Empire romain, perdues dans le bouleversement d'une époque en mutation. Au XVIIIe siècle la chose fut prise pour un prodige, et devint une mode, la bonne société européenne courant à la « mesmérisation » pour tous malaises inquiétants, secondaires ou imaginaires.

Après le grand succès vint la défaveur, quelques échecs et la Révolution française conduisant à d'autres quêtes passionnées. Deux disciples de Mesmer poursuivirent cependant l'expérience : Deleuze et Puységur obtinrent par passes magnétiques un état quelque peu désarçonnant pour eux, qu'ils nommèrent « somnambulisme » parce qu'ils manquaient d'imagination, mais aussi parce qu'ils notaient particulièrement l'apparence endormie de leurs sujets. Ensuite, le terme « somnambule clairvoyance » fut adopté, les investigateurs convenant qu'il ne s'agissait pas vraiment d'un sommeil. En 1837, le mesmérisme-magnétisme était appliqué dans un service hospitalier de Londres. En 1841, le chirurgien anglais Dr James Braid baptisa « hypnotisme » l'ensemble des phénomènes produisant le « sommeil magnétique » et se manifestant à travers lui. Il reconnaissait que l'état « magnétique » était provoqué par suggestion.

Là s'introduisait sans qu'on y prît garde un malentendu dont l'ombre persistante est fortement préjudiciable au procédé. Le mot « suggestion » laisse penser que l'influence de l'hypnotiseur est absolue sur l'hypnotisé, le premier imposant sa volonté au second sans défense parce qu'en condition de vulnérabilité totale. L'hypnotiseur en état de veille donc en pleine possession de ses moyens, est considéré comme capable d'asservir le sujet jusqu'à lui faire commettre n'importe quoi, au moins jusqu'à susciter des récits entièrement inventés pour lui complaire, au gré de ses phantasmes personnels ou de ses opinions.

Cette version fut accréditée dès 1842 par les membres de la Société Royale de Médecine et de Chirurgie de Londres : après avoir hypnotisé un malade, le Dr R. S. Ward l'ampute « à vif » d'une jambe ; l'opéré assure n'avoir rien senti. Mais sur rapport adressé à leur docte assemblée, ces hommes de — petite — science refusent la possibilité d'une telle intervention : leur confrère n'est qu'un escroc. Ou bien il ment abominablement et son patient avec lui, ou bien ce dernier est

« suggestionné » au point de ne plus savoir la folie de ce qu'il raconte.

« Le corps médical * britannique refuse obstinément de reconnaître, bien qu'il en ait eu maintes fois la preuve, que les personnes mesmérisées étaient anesthésiées, c'est-à-dire qu'elles perdaient provisoirement toute sensibilité. »

Mais à l'hôpital « Imambara » de Calcutta, trois cents opérations graves, et deux mille de moindre importance furent réussies sous hypnose de 1845 à 1851 par le Dr James Ebdail...

« ... Il remarque ** ainsi que le taux de mortalité dans les cas d'ablation d'une tumeur des testicules tombait de 50 à 5 pour cent. Une commission nommée par le gouverneur du Bengale et composée de J. Atkinson, inspecteur général des hôpitaux, et de six autres membres dont trois médecins, examina sérieusement les avantages thérapeutiques du mesmérisme, et rédigea un rapport extrêmement concluant. Mais l'Inde était loin...

(...)

« En 1831, Leibig découvrait le chloroforme et, dès 1848, James Young Simpson, gynécologue à Edimbourg, en reconnut les propriétés anesthésiantes ; c'est ce moyen qui allait recueillir les suffrages enthousiastes des chirurgiens du monde entier. »

Au Bengale fonctionnait un Hôpital Mesmérique, tandis qu'à Londres, la « British Medical Association » prétendait « qu'il est monstrueux de supprimer la douleur ***, la souffrance étant désirée par la volonté divine »...

L'hypnose est controversée, beaucoup parce que ses « défauts » sont craints : influence excessive, incapacité de résistance ; et parce que ses « qualités » ne rassurent pas : toutes sortes d'anomalies s'épanouissent anarchiquement durant cette « transe », la voyance, la télépathie, la percep-

---

* 50. *Op. cit.*
** 115.
*** Id. 115.

tion extra-sensorielle, la précognition, la bilocation, etc.
Qu'elles soient constatées, voire guidées, par de grands
spécialistes contemporains, médecins, savants, sérieux praticiens loyaux et brillants ne tranquillise pas les inquiets : une
réticence demeure vis-à-vis de la « transe », parce qu'elle
implique le risque de viol de l'esprit par suggestion.

Transe est un terme maladroit ; il date des premières
démarches au cours desquelles les mesmériens, ahuris par
certaines réactions de sujets nerveusement ou émotionnelle-
ment déséquilibrés — ils eurent aussi à faire avec des
hystériques et des comédiens — essayèrent de stigmatiser un
comportement second qui échappait — souvent — à leur
contrôle.

Par la suite le processus se régularisa en devenant familier.
Tant médecins qu'observateurs et chercheurs s'aperçurent que
*LEUR INFLUENCE PORTAIT ESSENTIELLEMENT SUR
LA MISE EN CONDITION PARTICULIERE ET SUR LE
RETOUR A LA « NORMALE » de veille, mais était faible
durant l'hypnose elle-même.* Ils étaient acceptés comme
interlocuteurs de choix, au sens strict de l'expression, comme
conseillers favorablement écoutés, mais non comme domina-
teurs : les individus parcourant les chemins de l'hypnose
s'opposent nettement à leur guide — « cornac » situe mieux la
position réelle — chaque fois que leurs sentiments, jugements
et points de vue se sont trouvés en divergence. Ceux qui ont
vécu l'hypnose, soit en hypnotiseur, soit en hypnotisé, le
savent. Moi-même qui ai suivi les deux faces de l'expérience
en témoigne : le sujet ne répond pas favorablement à toutes les
suggestions, il n'acquiesce pas systématiquement à ce qu'il
entend, il peut dire non, il dit non, lorsqu'il le « sent » ainsi.

Incontestablement cette latitude existe. Elle demeure quelle
que soit l'intensité hypnotique. Car, étudiée de très près,
l'hypnose apparaît comme un moyen d'accession à certains
états de conscience au même titre que la méditation. Elle sert
de révélateur. Grâce à elle, les « dons » se manifestant
impulsivement chez certains, sont dévoilés chez d'autres. Ils
ne semblaient cependant pas y être présents.

La barrière élevée par le tourbillon des pensées habituelles étant supprimée par la transition à un autre niveau de sensibilités, le sujet accepte l'étendue de voyance, de prémonition, les rencontres télépathiques, les rencontres avec des forces, et des esprits. Ce serait un Américain, président de l'Association Internationale des Hypnotiseurs qui aurait constaté « officiellement », vers 1964, combien l'hypnose favorise la perception extra-sensorielle, et les vibrations des cordes du violon-conscience : les facultés paranormales.

Riche en registres variables, ce que l'on étiquette « hypnose » est finalement aussi mal définissable que mal défini. D'autant plus qu'elle n'est pas constamment égale à elle-même. Profonde, elle coupe en deux le sujet : il ne se rappelle pas ce qu'il connaît durant ces instants où s'absente sa personnalité habituelle, il se ressent donc ensuite dissocié. Légère, elle lui permet d'allier le niveau quotidien à des états de conscience modifiés, sans rupture, sans négation possible d'une partie de lui-même par l'autre. Peut-on choisir ? Qui détermine le cheminement : est-ce celui qui l'explore ou celui qui le déclenche ? Plusieurs états très différents d'hypnose sont décelables ; les spécialistes ne sont pas tombés d'accord sur leur classification. Quel qu'en soit le degré, la qualité apparaît clairement liée à l'individualité « voyageuse ». Peut-être rencontre-t-on autant d'hypnoses que d'hypnotisés.

Ainsi les uns la traversent-ils dans la nuit, tel Edgar Cayce. Il est permis à d'autres d'en être enrichis par un parcours de clarté diurne... Le contraste ne facilite pas la tâche des analystes.

Considérée comme un mystérieux apanage, l'hypnose garde son socle au musée des énigmes. Envisagée comme niveau de conscience ouvrant un champ d'exploration libéré, propice à la jouissance de nos capacités subtiles, elle n'est plus obscurité mais outil.

Comme tel, des investigateurs qu'elle intriguait l'ont « exploitée ». Des médecins s'en étaient servis pour leur thérapeutique, et des chercheurs en avaient exploré quelques arcanes, lorsque le colonel de Rochas *, directeur de l'Ecole

---

* 92.

polytechnique, entreprit à partir de 1890, une série d'expérimentations dans les meilleures conditions scientifiques de
l'époque.

Albert de Rochas appartient à la famille des êtres fascinés
par l'inexpliqué. Pour lui, pour ceux-là, il ne restera pas
inexplicable. Sans doute cet homme d'organisation et de
méthode, militaire de carrière, pédagogue et pragmaticien,
suit-il l'essor fantastique de son siècle, qui se développe
rapidement depuis 1848 au rythme de ses idées neuves, de son
industrie croissante, de ses transformations sociales, de sa
science expérimentale.

Plus jeune que Claude Bernard et Louis Pasteur, il accède
aux responsabilités de l'Ecole polytechnique au moment où la
plupart des savants, physiciens, biologistes, mathématiciens
s'adonnent à l'étude enthousiaste de l'âme, de la psychologie.
Pour eux psychologie est affaire d'âme. Les notabilités
scientifiques s'en préoccupent. Les grandes intelligences
prennent position pour ou contre « l'âme-esprit ». En 1889, le
mot « parapsychologie », dû au philosophe et psychologue
berlinois Max Dessoir, désigne la section originale, extra-
normale, de ces travaux observant les manifestations de
« l'âme ». Le colonel de Rochas y consacre du temps et
beaucoup de ses réflexions, publiant entre 1890 et 1913
quinze ouvrages traitant de *L'Extériorisation de la Sensibilité*,
de *La Lévitation*, des *Frontières de la Science*, de *La Science
des Philosophes et l'Art des Thaumaturges dans l'Antiquité*, de
L'Etat profond de l'Hypnose, de *L'Etat superficiel de l'Hypnose*, etc. En 1911 paraît le volume intitulé *Les Vies
Successives*.

Extraordinaire série d'expérimentations effectuées par
canal hypnotique avec des sujets de culture, de profession et
de milieu divers : dix-neuf personnes racontent leurs vies
antérieures.

L'on avait remarqué déjà combien l'hypnose permettait la
résurgence d'événements que l'on supposait enterrés, anéantis
dans l'oubli du passé. Plusieurs médecins utilisant l'hypnose

159

avaient constaté avec quelle facilité se déroulait la « régression de mémoire », le consultant retrouvant les étapes de son existence en la parcourant du présent à ses jeunes années. L'on savait avant 1900 ressaisir ainsi des sentiments et des émois, les souvenirs personnels, depuis les premières semaines de l'individu concerné.

Les annales psychologiques, métapsychiques et littéraires mentionnent de multiples régressions de la mémoire se produisant au moment d'un accident, précédant un évanouissement, accompagnant une frayeur intense ou une agonie. Poètes et essayistes y font souvent allusion, sans que nous trouvions invraisemblable ce déroulement à l'envers, tant nous en avons ouï dire. La drogue est susceptible aussi d'occasionner en quelques secondes ce processus de vision panoramique étonnamment condensée des faits et gens connus en plusieurs années.

La régression de mémoire est une technique de purification pratiquée depuis toujours — encore actuellement — par les sages de plusieurs traditions orientales. Là-bas, c'est un moyen, parmi d'autres, de libération. Comme le sont aussi les « vies successives ».

En France, en 1893, effectuer des recherches expérimentales sur la survie en glanant des réminiscences de vie en vie dénotait une extrême ouverture d'esprit, un courage certain, une hardiesse d'imagination et une inclination spiritualiste. Car je puis, sans le trahir, déduire de ses investigations méthodiques, que le colonel de Rochas estimait que chacun possède une âme, que cette âme « venue de quelque part » en conserve trace et mémoire, comme peut-être elle annonce ses prochaines orientations.

Ainsi que le tentèrent depuis Morey Bernstein pour la jeune femme jadis « Bridey Murphy », Arthur Lammers pour Edgar Cayce, et mille autres méconnus dont de nombreux médecins, Albert de Rochas décida de ne pas arrêter la régression à la naissance, mais d'inventorier au-delà. C'est-à-dire d'étendre l'éventualité de la régression jusqu'à l'existence fœtale, et au-delà. Au-delà, c'était alors une préexistence dénuée de corps ?... Certes, et il faudrait rechercher au-delà encore.

Atteindrait-on, se pourrait-il que l'on rejoigne ce faisant une existence antérieure pourvue d'un corps précédent ?

Telle était l'hypothèse de travail du colonel de Rochas et de ses collaborateurs en poussant la régression de mémoire hors des limites jusqu'alors connues et respectées.

Mais, de limites, véritablement, ils n'en trouvèrent pas... ils n'allèrent pas jusqu'aux « limites » du phénomène, ils se heurtèrent à leurs propres insuffisances : manque de temps d'expérimentation des sujets et observateurs ; manque de temps et de moyens pour vérification des indications données ; manque d'adaptation à la richesse de la faculté mnémonique, les questions posées aux sujets n'élargissant pas assez « l'interrogatoire ».

Ainsi le cas II, celui de Joséphine, étudié en 1904 *. Après passes longitudinales, cette jeune fille de dix-huit ans, domestique chez un marchand-tailleur de Voiron, d'intelligence très ordinaire (note de M. de Rochas), indique **

« qu'elle n'était pas encore née, que le corps dans lequel elle devait s'incarner était dans le ventre de sa mère autour de qui elle s'enroulait mais dont les sensations avaient peu d'influence sur elle.

« Un nouvel approfondissement de sommeil détermina la manifestation d'un personnage dont j'eus d'abord quelque peine à déterminer la nature. Il ne voulait dire ni qui il était, ni où il était. Il me répondait, d'un ton bourru et avec une voix d'homme, qu'il était là puisqu'il me parlait ; du reste, il ne voyait rien, « il était dans le noir ». (Je me trouvais ainsi lancé dans un ordre de recherche que j'étais loin de soupçonner et, pour m'y reconnaître, il m'a fallu beaucoup de séances pendant lesquelles ramenant vers le présent, vieillissant ou rajeunissant tour à tour le sujet dans ses existences antérieures par des passes appropriées, je coordonnais et complétais des renseignements qui étaient souvent obscurs pour moi, parce que je ne me doutais pas du tout, au commencement, où elle voulait me conduire, et que je comprenais difficilement les noms propres se rapportant à des contrées ou à des personnages inconnus. Ce n'est

---

* Note de Georges : les documents présentés en 1911 par A. de Rochas ont été réunis au cours de dix-sept années de travail expérimental.
** 92. A. de ROCHAS, p. 68.

qu'à force de recherches sur les cartes et dans les dictionnaires que je suis arrivé à déterminer exactement les noms et à pouvoir prendre sur les lieux des renseignements dont je parlerai plus loin.)

(...)

« Je finis par savoir qu'il s'appelait Jean-Claude Bourdon et que le hameau où il se trouvait était Champvent, dans la commune de Polliat, mais il ne savait pas dans quel département.

(...)

« Peu à peu je parvins à capter sa confiance et voici ce que j'appris sur sa vie dont je lui ai, maintes fois, fait revivre les diverses périodes.

« Il est né à Champvent en 1812. Il est allé à l'école jusqu'à dix-huit ans, parce qu'il n'y apprenait pas grand-chose, ne pouvant y aller que l'hiver et faisant souvent l'école buissonnière. Il a fait son service militaire au 7e d'artillerie, à Besançon. (Le 7e régiment d'artillerie a bien tenu garnison à Besançon de 1832 à 1837 et il est difficile de comprendre comment Joséphine en aurait été informée.) Il devait rester pendant sept ans au régiment, mais la mort de son père l'a fait libérer au bout de quatre ans.

(...)

« Il vieillit isolé en faisant lui-même sa cuisine bornée à de la soupe et de la charcuterie. Il a un frère marié dans le pays, et qui a des enfants ; il se plaint de leurs procédés à son égard et ne les voit pas. Il meurt âgé de soixante-dix ans après une longue maladie. Pendant la période correspondant à cette maladie, je lui demande s'il ne songe pas à faire venir le curé : « Ah bien ! tu te f... de moi. Tu crois, toi, à toutes les bêtises qu'il raconte ? Va ! quand on meurt, c'est pour toujours ! »

« Il meurt. Il se sent sortir de son corps mais il y reste attaché pendant un temps assez long. Il a pu suivre son enterrement en flottant au-dessus de la bière. Il a compris vaguement que les gens disaient : « Quel bon débarras ! » A l'église, le curé a tourné autour du cercueil et a produit ainsi une espèce de mur un peu lumineux qui le mettait à l'abri des mauvais esprits voulant se précipiter sur lui ; les prières du curé l'ont aussi calmé, mais tout cela a peu duré. L'eau bénite éloigne également les mauvais esprits, parce qu'elle les dissout partout où elle les atteint. Au cimetière il est resté près de son corps et l'a senti se décomposer, ce dont il souffrait beaucoup.

« Son corps fluide, qui s'était diffusé après la mort, a repris une forme plus compacte. Il vit dans l'obscurité qui lui est très pénible, mais il ne souffre pas, parce qu'il n'a ni tué, ni volé. Seulement il a quelquefois soif parce qu'il était assez ivrogne. *Il reconnaît que la mort n'est pas ce qu'il pensait* *. Il ne comprend pas bien ce qui lui est arrivé mais, s'il avait su ce qu'il sait maintenant, il ne se serait pas tant moqué du curé. Je lui propose de le faire revivre. — « Ah ! c'est pour le coup que je t'aimerai. »

« Les ténèbres dans lesquelles il était plongé ont fini par être sillonnées de quelques lueurs ; il a eu l'inspiration de se réincarner dans un corps de femme parce que les femmes souffrent plus que les hommes et qu'il avait à expier les fautes qu'il avait faites en dérangeant les filles, et il s'est approché de celle qui devait être sa mère ; il l'a entourée jusqu'à ce que l'enfant vînt au monde ; alors il est entré peu à peu dans le corps de cet enfant. Jusque vers sept ans, il y avait autour de ce corps comme une sorte de brouillard flottant avec lequel il voyait beaucoup de choses qu'il n'a pas revues depuis. »

Dans l'approche du colonel de Rochas — comme dans celle de nombreux expérimentateurs — l'intérêt est nettement orienté vers l'accumulation de détails vérifiables, ainsi ceux caractérisant la vie antérieure en tant qu'un homme appelé Jean-Claude Bourdon. Mais trop peu de questions sont posées pour préciser davantage les « états d'âme » entre les vies, pour décrire ce processus d'entrée dans le corps de la mère après la conception. Lacunes regrettables.

C'est pourquoi je dis que les participants rencontrent leurs « limites » mais non point celles de la faculté elle-même. Que n'aurait-on obtenu si l'on avait été moins fatigué après des heures de magnétisation ? La méthode de M. de Rochas oblige à parcourir chaque fois toutes les étapes du « recul », et lorsque Joséphine a retrouvé quatre précédentes existences terrestres, elle est épuisée de cette régression fastidieusement chargée de morts à maturités, de maturités à adolescences, d'adolescences à enfances, à naissances, à entre-incarnations, chacune de celles-ci s'ajoutant au déroulement des autres. Que n'aurait-on appris si l'on avait décidé de prospecter

---

* Souligné par Georges.

l'intermède entre les vies tout autant que les points de repère identifiables dans celles-ci : mariages, noms de commune, détails ?

Quelques-uns, il est vrai, valorisent la recherche. Grâce à leur précision, cette réalité « prend corps ». Ainsi Joséphine, ramenée à l'incarnation de Jean-Claude, donne comme date de la fête des soldats la Saint-Philippe, le 1er mai. Cette célébration eut effectivement lieu ce jour-là de 1830 à 1848.

« Ce fait * était parfaitement exact, mais inconnu du sujet à l'état de veille ; or si ce récit eût été une simple confabulation, la voyante aurait tout naturellement situé cette fête le 14 juillet, seule date qu'elle connaissait en fait.

(...)

« Le troisième cas **, Eugénie, 1904, a été étudié à Grenoble par de Rochas, conjointement avec le Dr Bordier, directeur de l'Ecole de médecine et de pharmacie ; celui-ci, très matérialiste par éducation, mais à l'esprit assez droit pour modifier ses opinions devant l'évidence des faits, était donc un très bon observateur, au sens critique. Le sujet en expérience était une femme de 35 ans, veuve, ayant deux enfants, « elle faisait des ménages pour vivre ». De Rochas obtint avec ce sujet une régression très nette de la mémoire avec ressouvenir du passé, l'écriture se modifia avec le rajeunissement du sujet jusqu'à n'être plus qu'une suite de bâtons informes.

« En continuant les passes longitudinales, de Rochas obtint un état de trouble profond chez le sujet qui dit s'être réincarné une ou plusieurs fois chez des enfants mort-nés ou morts peu après leur naissance ; une de ces réincarnations semble s'être effectuée dans la même famille, sa mère ayant eu une dizaine d'enfants dont la plupart sont mort-nés ou en bas âge. Dans une autre incarnation, elle se voit comme une petite fille morte très jeune, chétive, couchée dans un berceau.

(...)

« Eugénie peut également être mise en état de progresser dans sa vie actuelle et elle a prédit plusieurs épisodes qui se sont réalisés point pour point : « Elle a pris pour amant un ouvrier gantier, dont

---

* 9.
** 9. *Op. cit.*

elle a eu un enfant en 1906. — Peu après, désespérée, elle se jette dans l'Isère et on la sauve en la rattrapant par une jambe. Enfin, en janvier 1909, elle accoucha une seconde fois, *sur un des ponts de l'Isère,* où elle fut prise subitement des douleurs de l'enfantement en revenant de faire des ménages. » Elle avait prédit au colonel de Rochas qu'elle accoucherait « sur l'eau », et celui-ci ayant jugé cette réponse stupide et pure confabulation, avait arrêté la séance.

« Le point le plus intéressant dans ce cas est la façon dont le sujet décrit le processus de l'incarnation de son âme dans un corps de chair. Elle raconta qu'elle était dans les « limbes » ; quelque temps avant son incarnation actuelle, *elle a senti le besoin de se réincarner* dans une certaine famille ; elle s'est alors rapprochée de celle qui devait être sa mère et qui venait de concevoir ; elle n'est pas *entrée dans le fœtus,* elle *l'a entouré* jusqu'au moment de la naissance ; puis après l'accouchement, elle y est *entrée par bouffées** et elle n'a été complètement enfermée dans le corps de l'enfant qu'*à partir de sept ans.* Jusqu'à cet âge, elle avait parfois la perception très nette d'*esprits, flottant* autour d'elle, les uns *brillants qui la protégeaient,* les autres *sombres et malfaisants* qui cherchaient à lui faire du mal en influençant son corps fluidique ; elle prenait alors des accès de colère et de rage, taxés de caprices par sa maman qui la corrigeait vivement. Ce processus incarnatoire de l'âme qui prend possession d'un corps nouveau, tel qu'il est décrit par Eugénie, se trouve en parfaite concordance avec les descriptions de nombreux médiums, capables de voir les corps fluidiques s'incarner. »

Le cas II, Joséphine, avait manifesté une vive difficulté à avouer qu'elle se rappelait une incarnation dans le corps « d'un grand singe ** », presque semblable à un homme. De Rochas note que Joséphine était peu cultivée et *ignorait tout de la théorie darwinienne* ; il fit remarquer au sujet endormi qu'il était étonné d'apprendre qu'une âme de bête ait pu passer dans un corps humain ; il s'attira cette réponse : « Chez les bêtes, il y a, comme chez les hommes, des natures bonnes ou mauvaises et quand on devient un homme on garde les instincts de ce qu'on avait été comme bête. »

Mme « J », cas VIII des documents publiés par MM. de

---

* Tous ces passages sont soulignés par le Dr BERTHOLET.
** 9. *Op. cit.*

Différents signes

Rochas, Bordier et Bouvier, ne retrouve pas moins de onze
incarnations successives...

Si, soudainement, j'apprenais, sans autre forme d'information, qu'une femme a donné sous hypnose plusieurs versions
de vie antérieure, ou bien je serais très heurté au point de crier
à la mystification, ou bien je penserais que les fous sont plus
nombreux qu'il n'est souhaitable à vaquer en liberté. Et même
si l'on ajoutait que cette dame qui se livrait à des recherches
sous le contrôle d'un polytechnicien, était fille de professeur
de mathématiques, épouse de militaire, jeune mère équili-
brée, et fort normale habituellement, je n'en serais qu'à peine
rassuré.

Mais compte tenu des témoignages recueillis de diverses
provenances, ces retrouvailles sont plausibles. Des voyants
ayant maintes fois fait allusion aux personnalités précédentes
de tel ou tel, pourquoi celui-ci n'en retrouverait-il pas
mémoire en lui-même ? Percevant personnellement ce qui est
perçu par quelques « étrangers » ?

Empédocle, il y a deux mille cinq cents ans, affirmait avoir
été poisson et arbuste durant certaines de ses préexistences.
Pythagore ne faisait nul mystère d'avoir participé, dans un
autre corps, au siège de Troie. Voici que Joséphine, jeune
servante à Voiron vers 1900, a des compagnons avouables...
Sa vie immédiatement rétrograde — expression d'A. de
Rochas —, celle de J.-C. Bourdon, se termine par quelques
constatations faites par celui-ci après sa mort physique, qui
rappellent de nombreuses relations de trépassés rassemblées
par Camille Flammarion : ils ont VU leurs obsèques, ils ont
VU ce qui arrivait à leur corps charnel. Phénomène de
perception distanciée se produisant également, nous nous en
souvenons, pendant des comas, pendant les expériences hors
du corps. De même, un « nouveau pionnier », Morey Bernstein* qui tentait en 1955 une quête analogue à celle du

_____

* 8.

colonel de Rochas — mais moins méthodologiquement — entendit de Bridey Murphy le récit de ses obsèques qu'elle avait regardées.

Il y a corroboration.

D'autre part, A. de Rochas a effectué des vérifications, satisfaisantes dans soixante-dix pour cent des indications données en ce qui concerne les existences relevant d'archives. Les détails se rapportant à des individualités antérieures n'ayant laissé aucune trace historique, les sites s'étant transformés, villages et demeures ayant été détruits par le passage des siècles, n'ont pu être identifiés d'après textes, naturellement, ou confirmation « géographique ».

L'existence-singe n'est bien sûr pas authentifiable, non plus que les brèves apparitions terrestres d'Eugénie comme enfants morts en bas âge dans des familles modestes.

Ces révélations fabuleuses traduisent-elles réalités ou fabulations ? Peut-on démontrer leur fausseté, leur véracité ?

Démontrer minutieusement : non. On peut en avoir une idée en attribuant aux différents facteurs un coefficient de vraisemblance :

— *personnalité de l'expérimentateur :*
homme de méthode qui s'engage dans des recherches vraiment expérimentales ; il en rend compte ; il ne polémique pas ; il présente des documents pour étude, il ne soutient pas de thèse ; il n'a pas travaillé seul. Son métier, sa fonction, sa formation le portaient à faire preuve en la matière de beaucoup de circonspection.
L'expérimentateur est recevable ;

— *personnalités des sujets :*
gens simples, sans particularité, sans prétention, sans aucune notion réincarnationiste, choisis au hasard et sélectionnés après premiers tests ouvrant une possibilité. Ils sont « normaux », dépourvus d'imagination artistique, certains dépourvus d'éducation, de système culturel de référence.
Les sujets sont recevables ;

167

Différents signes

— *phénomène :*
la régression spontanée ou provoquée se réalise, semble-t-il, depuis que le monde est monde. Quant à la réincarnation, elle est mentionnée dans les plus anciens écrits. La mémoire de vies antérieures n'est pas un fait nouveau, surgi isolément.
Le phénomène est parfaitement recevable ;

— *véracité :*
certaines vérifications ont abouti. La majeure partie des dires échappe au pointage rigoureux parce que les indications concernent des périodes trop anciennes et des personnes insuffisamment historiques.

Une remarque d'importance : sollicités de raconter leurs vies antérieures, les sujets ont été capables de reprendre plusieurs fois le fil des événements lointains sans acucunement varier. Quel que soit le nombre de semaines écoulées entre la reprise des récits, ceux-ci ne SONT PAS MODIFIES.
C'est aux critiques qu'incomberait la charge de la « preuve de fausseté ». Or réellement ils n'y peuvent parvenir de façon qui satisferait la logique.
Globalement une vie antérieure récente est contrôlable dans ses tenants et aboutissants, atmosphère « réaliste », état civil, situation géographique, caractéristiques professionnelles, précisions d'époque telle que la Fête des Soldats célébrée le 1er mai entre 1830 et 1848, période correspondant au service aux armées de Jean-Claude Bourdon. Certains faits seront « subjectivement » déformés. Ainsi le cas VIII Mme « J », évoquant onze vies successives, a-t-elle, comme soldat romain vivant en 279, une opinion de Jésus-Christ très personnelle : elle le décrit comme un imposteur, très savant, ayant comploté la prise du trône impérial. A mon sens, ceci est une marque d'authenticité : Mme « J », dans son contexte temporel de 1905, n'aurait pas mentionné le désir du Christ de s'emparer du trône impérial, mais plutôt la conquête de Jérusalem et de la Judée. Par contre, le soldat romain Esius était fort obnubilé par l'empereur, à cause duquel sa fille avait été emprisonnée,

168

mais il était ignorant de l'histoire des colonies de l'empire du Moyen-Orient.

A verser en faveur de la véracité en régression, ces lignes de Morey Bernstein :

« Il est intéressant * de noter, en outre, les changements qui se produisent dans l'écriture, le comportement, la façon de voir et les réflexes en cours de la régression d'âge par hypnose. Par exemple, la signature d'un de mes sujets, ramené à l'âge de huit ans, devait différer essentiellement de celle qu'il devait donner, si on lui disait qu'il n'avait que six ans.

(...)

« J'ai appris également que les tests d'intelligence et de lecture posés à différents degrés de la régression d'âge confirment sa véracité. De plus, quelqu'un qui aurait bégayé disons à l'âge de sept ans, se remettrait à le faire, si on le ramenait à cet âge.

(...)

« Une preuve particulièrement convaincante de la réalité de la régression d'âge par hypnose a été fournie par des expériences relatives au chatouillement de la voûte plantaire. Si l'on chatouille la plante du pied d'un adulte normal, le gros orteil tend à tourner vers le bas, c'est la flexion. Par contre, chez les bébés, jusqu'à sept mois, les doigts de pied, en réponse à la même stimulation, se relèvent, c'est la dorsiflexion. Tenant compte de ce fait, deux expérimentateurs travaillant sur trois sujets adultes, démontrèrent que la réaction passait de la flexion à la dorsiflexion, lorsque les sujets étaient régressés à l'âge de cinq ou six mois.

(...)

« Ces constatations furent confirmées par les expériences de Leslie Le Cron, l'un des plus brillants pionniers de l'hypnotisme moderne (1955). »

Véracité générale recevable.

Mais paradoxalement, si j'apprécie l'ensemble des expérimentations réalisées par le colonel de Rochas, j'en trouve les

---

* 8. *Op. cit.*

comptes rendus difficiles à accepter quatre-vingt-cinq ans plus tard. Ils m'inspirent quelque réserve : les sujets racontent qu'ils se trouvent dans le « gris » après la mort ; ils se voient esprits ; ils vont — sommairement — d'une existence à une autre, sans que des explications sur telle enfance, tel voyage, telles conditions, telle rancœur, telle maladie, tel franchissement, telle incarnation leur soient vraiment réclamées.

L'interrogation ne satisfait pas, et même elle irrite ; il semble que toutes facilités soient accordées au sujet pour éviter bien des clarifications concrètes, réalistes, qui auraient aidé à mieux sentir l'aspect humain, voire supra-humain, de ces événements anciens.

A cause de cela, les expériences du colonel de Rochas n'entraînent pas à elles seules une heureuse et pleine certitude.

Mais elles invitent à poursuivre. Leur faiblesse même met en évidence les points à élucider, les enquêtes à entreprendre, les exigences à exprimer.

Le colonel de Rochas, par sa personnalité, par la probité de ses travaux, n'est pas récusable.

Il force, en quelque sorte, le chercheur à aller plus loin.

Ce champ des mémoires est immense.

Souvent contestées quant à leur capacité de restituer exactement le réel quand elles sont contemporaines, à plus forte raison vont-elles être traitées « d'associations d'idées », « d'imaginations », de « créations mensongères », de « phantasmes », de « délires oniriques », si elles se réclament d'un passé antérieur.

Sans doute chaque thèse devra-t-elle supporter son antithèse aussi longtemps que la notion d'un univers manichéen sera enseignée dans les écoles.

Que les détracteurs de mauvaise foi se repaissent donc des savoirs qui leur sont chers, et profitent à leur manière de leur séjour ici-bas.

Des réminiscences antérieures suscitent un scepticisme beaucoup plus vif que n'en provoque la psychocinèse, mais égal à celui qui refuse la perception primaire des plantes, à celui qui combat la « mémoire » psychométrique d'un minéral ou d'un objet.

Pourtant des pièces à conviction étayent cette révolution nécessaire dans notre banque de données personnelles, si toutefois nous souhaitons voir le monde tel qu'il est, plutôt que tel qu'il paraît.

C'est la médecine qui a accordé droit d'asile à la « mémoire antérieure ». En retour, la mémoire antérieure a témoigné de gratitude par son efficacité. Pourrait-elle « agir » si elle n'était qu'invention d'un esprit épris de rêves d'antan, d'histoires d'autre part ? Agirait-elle comme un « placebo » ?

Avec une stratégie de soins « placebo » — une illusion de médicament pour distraire un malaise à symptômes confus, migraines, grandes lassitudes, petites douleurs, irritations sournoises — le résultat est éphémère. C'est d'ailleurs le but recherché : détourner l'attention du malade.

Absolument à l'opposé, les praticiens faisant appel à la mémoire des autrefois pour traiter des maux persistants dans le corps et l'esprit actuels mobilisent toute l'attention du patient pour exhumer et extirper la cause de la maladie, autrement incurable.

Car certains médecins se sont trouvés confrontés inopinément à des malades qui, à l'évidence, évoquaient des circonstances personnelles, ces bouleversements que sont un accident, un mauvais accouchement, une opération avec séquelles, mais vécus au cours d'autres vies. Certains, après s'être étonnés, ont voulu savoir de quoi il retournait, ils se sont informés, ils ont appris. Ils ont alors inclus dans leur thérapeutique cette dimension permettant de mieux guérir.

Il y a des maux récurrents de l'estomac, du foie, des poumons et d'ailleurs qui ont leur cause première dans une blessure ou un événement endurés autrefois, il y a longtemps, à la faveur d'une préexistence. Beaucoup de névroses obsessionnelles, de troubles profonds du comportement, de maladies mentales ne seraient plus incurables s'ils étaient examinés dans cette éventualité.

En Orient, je l'ai dit brièvement, la thérapeutique par

recherche des causes antérieures est pratiquée depuis cinq mille ans par des sages, des disciples, des prêtres hindous, bouddhistes et dans les lamaseries du Tibet.

Quelques « écoles » de développement de l'individu — théosophie, anthroposophie, sophrologie, scientologie — se servent aussi de la mémoire antérieure avec des résultats inégaux. Mais leurs desseins le sont également, parfois peu généreux, parfois axés davantage sur une réussite intellectuelle, un certain « stade » mental à gagner, que sur une évolution de l'être métaphysique ou la compréhension de son essence. (La scientologie est particulièrement « ego-centrée » donc limitante et limitée.)

Mais la mémoire antérieure aide à mettre le corps et l'esprit en équilibre, comme en plénitude et donc en bonne santé : voilà ce qui ressort de ces utilisations.

Les médecins obtiennent des guérisons durables, ils font ainsi des « cures miraculeuses ».

Tels sont les faits.

Un malade guéri, et que son mal ne torture plus, n'est-ce pas un « bon » fait ?

Dans son livre *Nous avons tous déjà vécu,* le docteur américain Edith Fiore * en donne plusieurs exemples, ainsi que des comptes rendus de séances d'investigation. Celles-ci sont plus « curieuses », plus fournies en multiplicité de demandes de recoupements qu'il n'en paraît dans les rapports du colonel de Rochas. Mais la méthode est différente. Hypnose aussi, mais sans chaque fois remonter toutes les années accumulées à travers vies et inter-vies. Hypnose moins éprouvante en somme.

La méthode d'application du procédé hypnotique dépend du tempérament, de la morale, de la culture personnelle, des options philosophiques de celui qui l'utilise. Certes, des

---

* 27.

expériences magnétiques du colonel de Rochas aux régressions du Dr Fiore, le processus s'est transformé en se simplifiant. Il a beaucoup gagné des pratiques renouvelées et des techniques mises au point par Caycedo (sophrologie), par exemple, et par Hubbard (scientologie).

Mais à l'intérieur de ces systèmes définis, joue une variable : l'entente née de la coopération entre le « chercheur » traversant la frontière hypnotique pour accéder aux états de conscience multi-développés, et « l'observateur » conservant l'état dit normal de veille.

Le chercheur est acteur déterminant : l'investigation part de lui, elle dépend de ses capacités personnelles. Mais il ne sait se servir d'elles entièrement que s'il est bien accompagné. Une aide lui est nécessaire : celle des questions qu'il ne songe pas à se poser parce qu'il est accaparé par sa recherche ; celle des jalons de contrôle auxquels il ne pense pas parce qu'il parcourt ses découvertes ; celle du rappel au quotidien s'il s'éloigne excessivement du point actuel d'ancrage. Il ressent cette tentation exploratrice par passion de voir plus loin, de saisir mieux, de demeurer dans cette perception élargie des mondes.

Il y a dans la dénomination de « guide » habituellement donnée à l'accompagnateur, une idée d'abandon au « premier de cordée » qui ne correspond pas à la position réelle de l'observateur. Dans de nombreux cas, il n'a pas lui-même effectué la démarche ; s'il l'a expérimentée en régression, il n'en a pas vécu les mêmes circonstances : chaque passé est strictement personnel. Les clients du guide de montagne le suivent en des ascensions dont il a lui-même cent fois parcouru l'itinéraire exactement, et ils s'en remettent à lui. A l'inverse, c'est l'observateur qui suit le chercheur, s'ingéniant à l'assister, à comprendre une situation dont il ne connaît rien, excepté sa plausibilité.

Si le « cornac » est directif, le travail n'est pas bon, son influence infléchissant la quête, et risquant de créer chez le « voyageur » des perplexités accrues, et donc des interprétations inexactes. Il se rebelle, bien sûr, dans les désaccords essentiels, mais il n'est plus certain de sa réalité si quelqu'un,

sur ses arrières, l'asticote avec un autre type de réalité
« subjective ».

Si d'autre part, un cornac-technicien possède une pratique
intelligente, mais dépourvue de références culturelles, il est
mauvais interlocuteur lorsque le chercheur réclame des
éléments pour éliminer ses doutes — comment n'en surgirait-il
pas lorsque l'on se rend d'un univers à trois dimensions dans
un univers sans dimension, et qu'il faut s'y adapter ? S'adapter
aussi aux existences de jadis reconnues avec leurs us et
coutumes qui diffèrent des nôtres : l'observateur doit être
capable d'estimer le degré de vraisemblance historique et de
fournir des possibilités concrètes pour ratification. Le chercheur a aussi besoin d'un interlocuteur solide quand il
s'interroge sur la signification de vies successives, leurs
conséquences, et le degré de son libre arbitre.

C'est pourquoi il ne suffit pas à mon sens de bonne volonté,
de bonne formation, pour pratiquer honorablement, humaine-
ment avec le respect dû à un être cherchant sa vie et sa force,
la régression-de-mémoire-développement-de-personnalité, et
la régression-de-mémoire-thérapie.

Il faut l'affinement d'un septième sens : celui d'un espace
où évoluent les êtres dépouillés des emprisonnements illusoi-
res que sont les conditions et lois terrestres. L'espace de
Socrate et de Pythagore... celui d'Empédocle, d'Er de Pamphylie. Cet espace dans lequel se sentent à l'aise les plus
« libres » d'entre nous, pour savoir que le plus réel des deux
mondes n'est pas celui qu'on pense.

Le Dr Denys Kelsey* et sa femme Joan Grant-Kelsey le
« vivent » non seulement par leur expérience personnelle,
mais quotidiennement par celle des malades qu'ils soignent et
guérissent de maladies antérieures. Ils se distinguent de la
plupart des praticiens faisant référence au principe réincarnationniste, parce que celui-ci ne constitue pas pour eux une
théorie à laquelle leur raison s'est finalement ralliée, mais est
« l'air » même qu'ils respirent. La vie première pour eux,

---

* 51. et 33. et I. Pisani, *Mourir n'est pas mourir.*

n'est pas celle-ci à partir de laquelle l'on veut bien extrapoler vers le passé et le futur en projetant sur eux les schémas journaliers. Conscients d'une existence continue qui traverse diverses étapes plus ou moins matérielles, qui échappe à la mort et connaît plus d'une naissance, ils participent aux activités coutumières d'un séjour ici-bas, mais avec les schémas d'une « vie éternelle ».

Ni mages ni prophètes, ces deux personnalités originales collaborent pour décharger de leur détresse des malades considérés comme incurables par la médecine classique. Ils y réussissent dans quatre-vingt-dix-sept pour cent des cas. Joan Grant a été dotée d'un niveau de conscience constamment supérieur à celui de la majorité d'entre nous. Elle est clairvoyante, possède le don d'ubiquité, celui de précognition, la faculté psychométrique, la connaissance précise de ce qu'elle accomplit pendant le sommeil de son corps physique ; elle voit les défunts ; elle est télépathe avec les humains et les animaux ; de surcroît, elle a magnifiquement développé sa capacité de mémoire antérieure, qu'elle appelle « mémoire lointaine ». Mme Grant-Kelsey est l'auteur de neuf ouvrages, dont sept « ont été publiés comme récits historiques ; ce sont en fait, écrit-elle, les biographies des existences que j'ai précédemment vécues ». Est seul traduit en français le volume *Nos vies antérieures,* copublié avec son mari, le Dr Kelsey. Celui-ci, médecin généraliste d'abord, psychiatre ensuite, avait rencontré chez ses malades les résurgences irrécusables de circonstances survenues durant leurs préexistences. Les dons privilégiés de Joan Grant, sa formation scientifique et son expérience — elle n'a cessé de soigner pendant toute sa vie — s'allièrent heureusement aux connaissances classiques de Denys Kelsey pour la mise au point d'une méthode extrêmement efficace : les guérisons acquises sont durables.

Le malade-chercheur est conduit par hypnose légère — à aucun moment il ne perd la perception habituelle de son corps, de lui-même et de l'endroit où il se trouve — à un changement de niveau de conscience. A ce degré plus intense, il est apte à examiner les images restituées par sa mémoire, particulièrement celles conservées par sa mémoire lointaine. Après quelque temps, il sait discerner le vrai du faux, l'association d'idées du souvenir antérieur, et identifier ses réminiscences comme faisant partie en toute évidence de sa réalité personnelle. Il reconstitue tous les éléments du « puzzle » mais éprouve aussi les sensations qui ont autrefois accompagné les circonstances de ses émotions ; et distingue clairement l'enchaînement causes-et-conséquences de ses prises de position. Il en est plus que spectateur sensible et concerné, il en saisit l'essentielle et métaphysique logique.

Car à ce niveau-là de conscience, le chercheur se situe hors espace-temps. Il ne perçoit ni ne juge donc plus d'une épreuve ou d'un événement selon les critères anecdotiques d'une époque particulière, et d'un personnage social-familial influencé par un milieu, une société. *Il se reconnaît, il se retrouve être permanent ayant survécu à plusieurs vies, et riche de ces expériences multipliées, de ses courages acquis.* Il prend conscience « d'une sagesse invulnérable », qui est la sienne. Il est alors capable d'une vérité plus grande et d'une lucidité suraiguë : il peut résoudre les problèmes insolubles autrement. Il peut guérir les maux provoqués dans son lointain passé par son désespoir, ses erreurs, et même ses crimes.

Les désespoirs ne ravagent que parce qu'ils se heurtent au mur du temps : mais le temps désormais n'existe pas.

Les erreurs ne sont irréparables que si la mort, excluant toute régénération, interrompait le temps : mais ni la mort ni le temps n'existent.

Les crimes ne sont inexpiables que s'ils anéantissent : or, malgré sa volonté de détruire une vie, l'assassin ne fait que la

---

Note de Georges : Il n'est ni souhaitable, ni recommandable à tout un chacun d'explorer ses vies antérieures. Pour beaucoup, ce serait néfaste. La démarche ne porte ses fruits que si elle est utile, entreprise par nécessité impérative : maladie du corps ou de l'esprit. Les investigateurs par curiosité ou intérêt intellectuel obtiennent — peuvent obtenir —, par le truchement d'une concentration méditative ou de techniques de détente, une expérience de l'abolition des notions d'espace et de temps. Réfléchir intensément, c'est changer de niveau de conscience.

suspendre. Après avoir haï pour massacrer, chacun aura la possibilité d'aimer pour sauver : l'infini est là pour revivre mieux.

L'on n'est sûr de cela que si l'on a changé de niveau de conscience. Car la « conscience quotidienne », telle que nos sociétés l'ont façonnée et mutilée, ne s'en souvient pas. La mémoire lointaine exhume des souvenirs, mais dégage surtout l'être permanent, l'être essentiel, l'être immortel, qui veille en nous.

Le D^r et Mme Kelsey le nomment « Intégral » : somme des traversées de chacun, somme des « supra-physiques » :

« Le corps * de chaque individu comporte un élément physique et supra-physique, et, quand l'échange d'énergie entre ces deux composantes vient à cesser, le corps physique meurt, mais non le corps supra-physique. Il ne peut pas mourir, pour la simple raison qu'il consiste en une matière non soumise au processus que nous appelons « mort ». Au cours de ce processus, les particules physiques intégrées par un champ d'énergie deviennent inactives.

(...)

« En réalité, le corps supra-physique est le récepteur de l'expérience sensorielle, à tous ses niveaux d'activité et, une fois libéré de la nécessité de se manifester à travers sa contrepartie physique, il s'enrichit de perceptions bien plus déliées que lorsqu'il est engoncé dans la chair. *Ainsi la personnalité, que son corps physique soit mort ou vivant, éveillé ou endormi, garde toujours sa forme et sa fonction.*

(...)

« De nombreuses craintes irrationnelles prennent leur origine dans un épisode douloureux, dont un corps supra-physique antérieur a été victime, et que le corps supra-physique actuel est bien décidé à éviter.

(...)

« Admettre la réincarnation, c'est reconnaître implicitement que la personnalité courante, non seulement est immortelle, mais fait partie intégrante d'une série de personnalités. On sait moins,

---

* 51. J. GRANT, chap. « Le corps supra-physique ».

généralement, que le corps aussi est immortel, sauf son enveloppe extérieure dans les trois dimensions.

(...)

« Voilà une des raisons qui me persuadent de l'extrême importance de considérer son supra-physique comme efficient et en bonne santé, même quand sa contrepartie souffre des effets d'une maladie, d'une blessure ou de l'âge. Car le supra-physique peut et doit exercer une influence très bénéfique sur sa carapace. Les guérisons dites « spontanées » effectuées à l'aide de l'afflux d'énergie venu du supra-physique d'autrui en sont la preuve. C'est là le principe des divers genres de guérisons dites par l'esprit. »

Commentaire de Lyall Watson * :

« A bien des égards, le corps supra-physique de Joan Grant correspond dans sa nature et son comportement, au corps bioplasmique nouvellement découvert. »

« Joan ** m'a assuré qu'elle se rend bien compte que certains malades s'emparent de la notion de réincarnation comme d'une nouvelle possibilité de fuite, mais elle est certaine de distinguer un véritable rappel d'une vie antérieure du prétendu souvenir qui n'est, en fait, qu'une invention déguisée. Elle insiste sur le fait que, dans la majorité des cas, la cause de la névrose se trouve dans la vie présente. L'extension (...) qu'elle propose serait utile seulement quand des fragments d'une personnalité précédente n'auraient pas réussi à s'intégrer. A peine étions-nous installés à Londres que deux cas de cet ordre se sont présentés l'un après l'autre. Ils m'ont fait grande impression car tous deux se trouvaient être d'anciens malades à moi, avec lesquels, longtemps avant de connaître Joan, j'avais pratiqué une hypno-analyse prolongée sans résultats tout à fait satisfaisants.

« Le premier était un jeune homme poursuivi par une idée fixe. Il demeurait persuadé qu'une action accomplie par lui à l'âge de sept ans était à l'origine de l'arthrite dont son père avait été atteint quelque treize ans plus tard. L'incident se plaçait avant le retour de

---

* 110 b.
** 51. D. KELSEY, chap. « La Réincarnation et la Psychothérapie ».

ses parents après une brève absence. Sa nurse lui avait demandé de l'aider à faire leur lit. Pendant qu'elle était partie à la recherche des draps, l'idée lui était venue de passer un chiffon humide sur le matelas. Il avait terminé quand elle avait pénétré dans la chambre. Il savait bien qu'associer ce geste à la maladie de son père était complètement illogique, pourtant ni son anxiété ni sa culpabilité n'en étaient soulagées. Comme il arrive souvent en pareil cas, le mécanisme d'où provenait le symptôme principal s'était étendu à d'autres aspects de sa vie affective et lui avait créé de nombreux problèmes supplémentaires.

(...)

« Après environ quatre-vingts séances, nous piétinions (...) et d'entente mutuelle nous avions arrêté la psychanalyse.

(...)

« Sans nouvelles de lui depuis deux ans, j'ai soudain reçu une lettre demandant un rendez-vous de toute urgence, son père était mort d'apoplexie deux mois auparavant.

(...)

« Il voyait donc une liaison inexorable entre le matelas humide, l'arthrite paternelle et, pis encore, sa mort...

(...)

« Quelques minutes après avoir atteint l'hypnose profonde, il commençait : « Je vois une jeune femme vêtue à la mode édouardienne... » (Résumé : cette jeune fille, pour pouvoir se marier avec un homme qu'elle aime, tente de se débarrasser d'une vieille tante autoritaire qui gère sa fortune — sa parente est déjà malade — en humectant draps et matelas, pour que le tyran prenne froid et meure, etc.). Quand j'ai lentement fait sortir le malade de son état d'hypnose et l'ai ramené au présent, il se rappelait clairement tout ce qu'il avait raconté et ne doutait pas que cela se rapportât à sa longue histoire. Il était persuadé que la cause véritable de sa culpabilité était enfin trouvée et qu'il l'avait transférée sur la personne de son père. Quand je lui ai écrit pour lui demander la permission de citer l'histoire de son cas, il m'a confirmé n'avoir jamais eu de récurrence de son symptôme après cette séance.

(...)

« Dans un autre cas [*], un supra-physique précédent causait des

---

[*] 51. J. GRANT, chap. « Le corps supra-physique ».

troubles, et cela, à un psychiatre, Alec Kerr-Clarkson. Il était venu à Trelydan amené par un vague intérêt pour la réincarnation, dû aux expériences qu'il faisait avec des malades traités par l'hypno-analyse. Il avait lu deux ou trois de mes livres et me jugeait un sujet intéressant pour des investigations plus poussées.

« Il allait quitter la maison pour reprendre le train et rentrer dans le nord de l'Angleterre (…) quand Charles lui a remis un couple de faisans. Comme un rationnement rigoureux sévissait alors, les faisans constituaient un don très bienvenu et nous avons été fort surpris de voir Alec extrêmement embarrassé, quand, au lieu de prendre les deux oiseaux attachés par le cou avec une ficelle, il a reculé et prié d'envelopper le gibier dans un solide paquet. Charles, étonné, lui a expliqué que les oiseaux supporteraient mieux le voyage sans être emballés, sur quoi Alec s'est exclamé : « Mais je ne peux pas toucher les plumes ! »

(…)

« J'ai déclaré (percevant la situation en changement de niveau de conscience) : « La raison qui vous rend incapable de toucher les plumes vient du fait que vous êtes mort (…) abandonné sur un champ de bataille, je ne sais où ni quand mais le sol est aride, c'est du sable clair avec des rochers gris ici et là. Des vautours vous surveillent… six vautours. Vous êtes gravement blessé, mais pouvez encore remuer les bras. A chacun de vos mouvements les vautours reculent un peu. Puis ils reviennent… Ils sont si proches maintenant que vous pouvez les sentir, ils commencent à vous déchirer. » Charles m'a interrompue car Alec semblait en détresse. Il s'était affalé sur le sofa et transpirait abondamment. Hors d'état de voyager, il a accepté avec gratitude notre offre de rester au moins jusqu'au lendemain.

(…)

« Il avait vainement essayé de calmer ses frissons violents par un bain chaud, puis s'était mis au lit, mais se débattait encore, aux prises avec un rappel spontané du passé. Il me suppliait de chasser les vautours et agitait les bras, comme s'il les voyait toujours sautiller inexorablement autour de lui.

« — Pourquoi m'ont-ils laissé mourir seul ? Pourquoi ? … Tous les autres avaient un ami pour les égorger… pourquoi m'ont-ils trahi… moi ?

« Sa terreur était remplacée par une vague d'indignation croissante. Soudain j'ai compris que c'était cette émotion qui l'avait lié à son agonie sous le bec des vautours.

180

« J'ai passé la plus grande partie de la nuit (...) à le voir frissonner et transpirer alternativement (...). En fin de compte, j'ai réussi à faire comprendre à cet homme qu'il n'avait pas été abandonné volontairement. « Ils ont dû me croire mort, a-t-il admis, avec un immense soulagement... Je ne leur en veux plus. Je n'ai pas raison de les haïr pour m'avoir laissé parmi les morts. »

« Là-dessus, il est redevenu Alec, et a paisiblement dormi jusqu'à midi.

(...)

« Plus tard, le même jour, il m'avouait qu'il avait souffert de la phobie des plumes depuis son enfance.

(...)

« Il avait eu recours à plusieurs collègues, dont les efforts pour le guérir étaient demeurés aussi inefficaces que les siens propres. Quand il a pris le train le soir, il portait les faisans par le cou.

(...)

« Dans sa lettre de château, il nous écrivait : « ... j'étais ravi de me prouver à moi-même en prenant les faisans dans le filet et en les caressant que, maintenant, je prends même plaisir au contact des plumes. »

« Quoique le corps physique n'ait de réalité que dans le moment présent, car la version d'aujourd'hui a remplacé celle d'hier qui a donc cessé d'exister, cette loi ne s'applique pas à ses composantes supra-physiques antérieures, dotées d'immunité à l'égard de la mort, et susceptibles de garder leur identité indépendante aussi longtemps que la personnalité leur fournit l'énergie nécessaire à cet effet. En pratique, il est rare de trouver un individu où plusieurs supra-physiques ne coexistent pas.

(...)

« Si ces supra-physiques non utilisés contiennent seulement l'énergie requise pour entretenir leur identité, ils sont comparables à de vieux habits rangés dans une armoire, disponibles pour un usage approprié. Mais, si l'un d'entre les supra-physiques contient une proportion trop forte d'énergie, qu'il ne peut, ou ne veut pas, libérer, cette énergie causera des difficultés au reste de la personnalité courante, ou à une personnalité qui lui succède dans la même série.

(...)

« Le malade* était un homme d'une grande culture, dans la

---

* 51. D. KELSEY, chap. « La Réincarnation et la Psychothérapie ».

quarantaine, et qui, dès la puberté, avait été exclusivement homosexuel. A bien y réfléchir, je suis surpris de n'avoir pas envisagé la possibilité de la réincarnation dès les débuts. Mais je n'en avais rien fait pour deux raisons. D'abord, et je ne saurais y insister assez, le fait d'admettre que la vie présente n'est que la plus récente de plusieurs existences est loin de constituer une panacée. Dans la majorité des cas, la cause de la névrose est dans la vie actuelle, où on peut la découvrir pour la résoudre. Donc, sauf dans des cas exceptionnels, ce serait folie d'omettre une étude serrée des circonstances existant chez le malade. Pour les comprendre à fond, l'examen de son enfance est souvent inévitable. (...) Les treize premières séances ont donc été consacrées à l'exploration de sa vie courante, avec et sans l'hypnose. Pourtant je ne trouvais rien d'une importance émotive telle qu'elle justifierait son attirance forcée vers le sexe masculin comme seul capable de combler sa solitude. Cette solitude était au cœur du problème.

(...)

« Je l'ai mis finalement en état d'hypnose pour recherche par mémoire lointaine.

(...)

« Je m'entends lui dire : « Voyez-vous *QUI* cause vos sentiments ? ». Après quelques secondes, il se met à décrire des épisodes d'une vie où il était « la femme hittite d'un gouverneur des envahisseurs étrangers de mon pays ». Son mariage lui donnait toute satisfaction. Là-dessus son mari avait reçu des ordres nécessitant une absence prolongée, et malgré toutes ses objections, elle avait persisté à vouloir l'accompagner.

(...)

« Si mon malade avait été soldat, il se serait peut-être souvenu du but et de l'importance de la campagne, mais la femme qu'il avait été se rappelle seulement le manque de confort dont elle souffrait pendant cet interminable voyage. Elle se rappelle les maladies, les fièvres, la chaleur, l'ennui, les vents de sable et les insectes.

(...)

« Les tribulations endurées détruisaient ma santé et ma beauté. Alors mon mari n'est plus venu me trouver dans ma tente. »

(...)

« Toujours très jalouse, elle éprouve une haine obsédante en découvrant que c'est un joli garçon et non une autre femme qui l'a remplacée. Et comme il donne tous les signes d'une détresse évidente, je le ramène au présent, et je lui demande son opinion sur le caractère de cette femme.

« Une horrible créature !... et sa jalousie était très mauvaise mais infliger finalement une malédiction pour se venger était le péché sans rémission. » (La femme avait maudit son mari.)

« Imaginez que vous soyez prêtre, lui dis-je, le sachant pieux. Imaginez qu'elle vous a confessé cette histoire. Elle comprend la nature et l'importance de ses transgressions et a résolu de ne plus agir de cette façon. Que diriez-vous alors à cette femme ? »

« Je lui donnerais l'absolution », réplique-t-il sans hésiter.

(...)

« Je sens l'énergie bienfaisante qui émane de lui. Enfin il se relève et je constate que l'expression tendue, anxieuse de ses traits s'est transformée en une sérénité calme.

(...)

« Je sais que c'est fini, je ne suis plus homosexuel », dit-il.

« Il est revenu me voir après quelques semaines, mais seulement pour confirmer sa libération qui reste définitive. Je suis demeuré sans nouvelles de lui pendant quatre ans. Dans la lettre reçue alors, il écrivait : « La guérison grâce à la mémoire lointaine (...) a été très efficace. Depuis lors, je suis à même d'établir des rapports hétéro-sexuels parfaitement satisfaisants. »

« J'aimerais * — écrit Denys Kelsey — faire partager ma croyance en la réincarnation. Je pense, en effet, que cela rendrait les gens beaucoup plus heureux, bien moins angoissés et bien plus raisonnables. Il est encore assez rare pour un psychiatre — (1967) — d'avoir cette foi et d'en faire le fondement de sa thérapeutique. Je n'y ai d'ailleurs pas toujours cru et vais expliquer comment j'y suis venu, à travers l'évidence clinique accumulée pendant dix ans et avant même d'apprendre qu'une personne nommée Joan Grant avait la faculté de se rappeler plusieurs de ses vies précédentes.

(...)

« Comme tant d'autres, je suis incapable d'accepter une idée si

_____

* D. KELSEY, chap. « Le supra-physique et la médecine », La réincarnation et la psychothérapie ».

elle ne satisfait pas mon intellect et ne correspond pas à ma pratique empirique.

(...)

« A peine m'étais-je lancé dans la psychiatrie qu'une série de cas se sont présentés, qui, pas à pas, élargissaient le cadre des faits tels que je me les étais figurés. Après quatre ans, une séance avec un certain malade m'a donné la certitude intellectuelle qu'en tout être humain existe une composante qui n'est pas psychique.

(...)

« Dès 1952, tant de mes malades avaient revécu en détail la période prénatale que cela ne me frappait plus.

(...)

« Or il advint que je me sois trouvé en face de plusieurs régressions qui faisaient le pont entre la période de la naissance et celle de la conception, en trois séances. Cliniquement et intuitivement, j'acceptais leur validité, certes justifiée par les résultats ; avant d'avoir eu le loisir de réfléchir sur leur cause initiale, la réponse m'est venue à l'esprit : *il doit y avoir chez l'être humain un élément qui existe et peut fonctionner en l'absence d'un corps physique.*

« L'idée de cette composante supra-physique, qu'on l'appelle comme on voudra, doit être aussi vieille que l'humanité ; ce qui était tellement passionnant c'était d'y être arrivé par moi-même, à travers une série d'expériences acceptables pour mon intellect.

(...)

« La conception du corps supra-physique, élément distinct de la personnalité, est importante pour la compréhension de la réincarnation, et, à mon avis, se révélera précieuse en psychiatrie, dans la mesure où elle aidera à diriger la thérapeutique avec plus de précision.

(...)

« Sans nul doute, en certains cas, l'investigation psychanalytique produira des résultats, mais à coup sûr aussi, elle n'aboutira à rien, dans d'autres... ».

Le D^r et Mme Kelsey ont ajusté leur exceptionnelle méthode par adaptation progressive. Voici un extrait témoignant de leur apport direct, très personnel : Joan exerçant sa mémoire lointaine, en changement de niveau de conscience, retrouve l'une de ses personnalités antérieures, une Anglaise, Lavinia, morte en 1874. Lavinia avait fait une terrible chute de cheval, et s'était rompu le dos :

> « Joan à un moment s'exclame : « Ramenez-moi vite au présent ! Je m'identifie tellement à la paralysie de Lavinia que je crains de la voir affecter mes propres jambes. » En quelques minutes, elle était revenue au présent (...), mais sans pouvoir bouger ses jambes.
>
> (...)
> « Sous l'impression que c'était la colère de Lavinia contre son mari qui l'avait empêchée de s'intégrer complètement, je me suis concentré pendant plusieurs heures pour amener tous les aspects de ce sentiment à la surface. Cette méthode n'a donné aucun résultat et les jambes de Joan sont demeurées inertes.
>
> « Le corps de Lavinia ne pourra disparaître que lorsque vous l'aurez guéri », a fini par déclarer Joan *. L'idée de guérir un supra-physique passé ne m'était jamais venue, aussi me fallait-il agir par intuition. Plaçant Joan sur le ventre, en lui recommandant de changer de niveau pour mieux recevoir ma suggestion, j'ai posé mes mains sur son dos, à l'endroit où je supposais que se trouvait la fracture de Lavinia. Puis je me suis représenté l'accident avec netteté, en disant à Joan que j'allais faire passer un influx d'énergie à travers elle dans le corps supra-physique de Lavinia (...). Je lui ai dit plus tard de revenir au présent, à la conscience éveillée normale, puis nous avons conclu que l'incident était clos, car elle bougeait ses deux jambes librement.
>
> « Pourtant, le lendemain matin, elle m'a avoué qu'elle avait résisté avec peine à « résonner » à Lavinia durant la nuit. Comme les symptômes de la séance précédente recommençaient à se manifester, j'ai répété la même technique. « Maintenant, je peux voir Lavinia quitter son lit, et marcher normalement, s'est exclamée soudain Joan. Inutile de continuer. »
>
> (...)
> « Et elle s'endort paisiblement.
>
> (...)
> « Mais le fait qu'elle ait résonné de nouveau à Lavinia pendant la nuit et que les symptômes soient revenus indique que le fonctionne-

---

* À son mari, D. Kelsey.

ment n'avait repris qu'à ma suggestion. Au contraire, la seconde séance avait pris fin une fois que Joan en personne eut déclaré voir Lavinia se mouvoir librement. Après quoi, il n'y eut plus de rechute. »

Joan Grant-Kelsey éclaire ainsi la faculté « mémoire lointaine »

« La technique de ce genre de mémoire lointaine, au contraire de l'incident isolé, rappelé spontanément ou à l'aide de l'hypnose, implique la capacité de déplacer la majorité de son attention du niveau de la personnalité courante vers celui de l'incarnation plus ancienne. On doit en même temps garder assez de conscience éveillée normalement pour dicter un commentaire sur les pensées, les émotions et les sensations de la personnalité antérieure.

(...)

« J'ai toujours gardé présente à l'esprit, la possibilité que les incidents de ma mémoire lointaine ne fussent que de simples fantaisies, fondées sur mes espérances ou mes craintes, ou encore sur des choses lues ou entendues.

(...)

« La pratique m'a finalement permis de discerner entre le vrai et l'imaginaire, entre une forme de pensée créée par moi, comme la position des pièces, si je joue sans regarder l'échiquier, et une scène dotée de sa propre réalité objective. Prenons un exemple : si je voyais deux hommes traversant une cour, l'un vêtu de rouge et l'autre de vert, et pouvais changer la couleur de leurs tuniques, ou même les transformer en kilts, alors il s'agissait d'une forme de pensée. Si je ne pouvais rien changer à la scène, malgré tous mes efforts, alors j'acceptais sa validité. Contrôle personnel plus convaincant, les émotions et les sensations, associées à un véritable rappel, demeuraient aussi vives que si je les avais effectivement éprouvées sur le moment. Le changement du point où se concentrait mon attention avait suscité le retour d'un incident du passé ici et maintenant. »

Indifféremment chercheurs et observateurs ; vivant de par leurs expériences privées et professionnelles si constamment dans un univers où « mortalité » est dépourvue de sens, absurde au point que les moindres attitudes réflexes sont transformées sans équivoque ; guérissant définitivement des maladies réincarnées là où ont échoué toutes thérapeutiques, psychanalyse comprise, le D^r et Mme Kelsey « prouvent-ils » la survie ? Leurs patients, désormais unifiés et sains « prouvent-ils » la survie ?

Oui.

Ils en attestent.

Nous parlions souvent de « preuve » ensemble, à Londres, tandis que mon beau-frère Thomas travaillait avec eux. Mais Joan et Denys Kelsey ne cherchent pas à prouver : ils accomplissent leur tâche, répondant à l'attente des malades pour lesquels ils sont un ultime espoir. — Mais seul le Dr Kelsey continue d'exercer maintenant.

Ils représentent de remarquables et authentiques témoignages vivants de ce que la vie ne s'enferme pas dans les limites que notre culture lui assigne.

PLAIDOYERS

Contre — Pour

L'assignation brutale à preuve correspond plus souvent à la manifestation d'une hostilité qu'à un désir d'information. Tel est mon diagnostic, basé sur le fait qu'aussitôt entamée l'argumentation, les inquisiteurs si impérieux s'éloignent en grommelant, sans rien vouloir entendre. De tels comportements révèlent quelque absence d'objectivité. Toute affirmation, toute assertion doit pouvoir être prouvée. L'interlocuteur a droit absolu au doute que seule une preuve détruira. Mais autre chose est ce doute méthodologique qui est quête et ouverture, et autre chose la réclamation de preuve qui est agressivité, refus de prise en considération, fermeture à ce qui dérange.

Je pense maintenant qu'une mise en demeure de preuve devrait comporter stipulation du genre qui conviendrait au demandeur : personne ne précise ce qui lui « manque », ce que sollicite son besoin intellectuel, ou sa culture, ses nécessités analytiques, expérimentales ou logiques. Peu de gens discutent, mais s'ils le font, ils déclarent « c'est ainsi », « ce n'est pas » : ils ne sont pas prêts à apprendre, ni ne veulent comprendre. Si nombreux que soient les témoignages, les études, les précisions, les démonstrations, ceux-là exigent immanquablement d'autres hommes, d'autres laboratoires, d'autres références, de nouvelles garanties. Indéfiniment.

Je me suis interrogé déjà : quel type de preuve ?

Arithmétique ?... Deux et deux font quatre ? L'aphorisme est assuré ; il est utilisé avec succès, qui l'a « prouvé » ? De toute façon, les spiritualistes ne sont pas défavorisés par les chiffres.

Preuve « démontrée » ?... A-t-on démontré les ondes hertziennes, l'atome, l'électricité, les virus, la peur et la loyauté ?

Les explications apportées à la genèse du système solaire et à l'existence des galaxies ont moins de fondements irréfutables que n'en possèdent la préexistence, la réincarnation, la survie.

Dès que l'on s'informe sérieusement à ce propos, l'indignation grandit contre ceux qui continuent de proclamer arbitrairement qu'il n'y a pas d'explication possible, aucune explication satisfaisante pour tant d'étrangetés réitérées. Mais si, il y en a.

Il y a une coordination, une cohérence, un sens.

Même si vous n'en voulez pas, même si cela ne vous « satisfait » pas : la survie met en ordre ces désordres, elle est LA.

— Oh, effectivement c'est trop simple, s'exclament alors les irréductibles opposants. Et donc, l'injustice ne serait pas ce que nous croyons, il n'y en aurait plus. Les inégalités de naissances et de souffrances s'éclairent, et le monde n'est plus ennemi, et les dieux ne sont plus aveugles... Non, c'est trop facile, « ça expliquerait tout »... (*sic*).

Car, étonnant mais indéniable, il y a des amateurs pour se préférer éphémères de néant à néant, mortels, autant dire nuls.

Plaidoyer contre

L'assemblage tel qu'il est présenté précédemment entraîne plusieurs remarques critiques.

— Les signes considérés en parapsychologie, qu'ils soient ou non indépendants de la perception extra-sensorielle (point qu'élucideront les spécialistes compétents s'ils arrivent à s'entendre), indiquent la complexité de l'homme vivant, et les extrêmes possibilités de ses facultés encore mal maîtrisées. Qu'il puisse ainsi transcender un univers tridimensionnel est donc logique en fonction de la puissance de son esprit. La survie ne peut en être déduite.

— Dans le cadre de ces possibilités, l'aptitude télépathique est sous-estimée. Ainsi, en ce qui concerne la psychométrie y aurait-il communication, non pas avec l'objet inanimé, mais avec l'esprit de celui qui a ramassé la pierre, ou préparé le dossier d'expérience. Le médium peut donc se trouver suggestionné par l'une des personnes au courant du test.

— Les phénomènes de clairvoyance, prémonition, voyance passée, etc, ne sont que des sensibilités aux subconscients des individus, s'expliquant par les infinies éventualités télépathiques et extra-sensorielles. De même, les inspirations artistiques se réclamant d'esprits ou d'une autre dimension.

— Bilocation, dédoublement, ubiquité sont des manifestations d'êtres actuels se déplaçant dans notre environnement spatio-temporel. Nous ne savons encore ni pourquoi ni comment cela se produit. Il est arbitraire d'en tirer des conclusions pour la survie individuelle.

— Un espace et un temps différents de ceux dont nous avons l'habitude n'impliquent aucunement la virtualité d'un autre monde. Et l'atome n'est pas un « signe » de l'âme. Les forces « inconnues » peuvent l'être en appartenance totale à notre planète bien ronde.

— La régression de mémoire est entachée de trop de subjectivité, elle est chargée de trop de facteurs incontrôlables pour en tenir compte dans une enquête, en l'état actuel de cette discipline.

— Trois vérifications réalisables sur cent assertions ne représentent que coïncidences, heureux hasard ou « bon coup » télépathique.

— La mémoire antérieure, lointaine, etc. n'existe pas. Il ne s'agit que de la mémoire très actuelle d'un individu, alimentée de symboles, de complexes, de refoulements et de projections, à base de lectures, de conversations ou de films.

— Les soi-disant récits de vies antérieures ne sont que suggestions — plus ou moins oniriques — portées par l'hypnotiseur.

— Les gens qui prétendent avoir des souvenirs de vies antérieures sont des mythomanes. D'ailleurs, ils ont tous été chefs indiens ou princesses égyptiennes.

— Le contenu des régressions de mémoire sous hypnose ne provient pas d'un « esprit » survivant, ou d'un supra-physique désobéissant à la mort. Il est capté par lien avec :

a) la conscience cosmique,

b) l'inconscient collectif.

— Ce continu est inscrit, non dans une conscience individuelle, mais dans la mémoire génétique.

— Répéter cinq mille fois une sottise, au mieux le rêve d'autre vie, n'en fait rien d'autre qu'une insanité. Cela témoigne seulement de l'incapacité de l'homme à assumer sa réalité.

Plaidoyer pour

Pris isolément, séparés les uns des autres, ainsi privés d'une partie de leur force démonstrative et de la vigueur de leur corroboration, les faits et témoignages ci-dessus réunis peuvent être et seront contestés, récusés au nom de théories.

Risque normalement encouru, les tenants de ces théories refusant de prendre en considération ce qui ne confirme pas leur certitude.

Chacun des cas, chacune des explications ont été pourtant analysés et appréciés ; chacun a été, tout au long des précédents chapitres, affecté en quelque sorte d'un coefficient de vraisemblance.

Aucun n'était négligeable, aucun par lui seul tout à fait déterminant.

Ensemble, ils constituent un faisceau impressionnant d'éléments de conviction.

Les exclure est irréalisable. Les condamner comme folies construites d'après le vieux rêve de l'homme qui ne veut pas mourir, c'est renier des faits. Cela témoignerait seulement de l'incapacité des hommes à assumer la Réalité...

Choisis parmi beaucoup d'autres, ils ont été cités pour trois raisons :

— ils démontrent que la thèse d'un univers-matière, celle d'êtres-matière pimentés d'une conscience élémentaire est complètement dépassée. Auguste Comte et ses collègues ne voyaient pas faux, ils voyaient trop court ;

— ils démontrent une existence *concrète*, indépendamment du corps physique ;

— ils attestent de vies successives.

« ... Plus difficile encore * cependant, est de croire réellement, de vivre la conviction théorique que tous les objets qui nous entourent même les plus solides, que notre chair, nos os eux-mêmes, n'ont rien de « matériel » dans le sens plusieurs fois millénaire et instinctif de la notion de matière, et qu'ils ne sont, par-delà ce que nous en donnent notre perception et les puissantes opérations de notre conscience pragmatique, que les manifestations et systématisations plus ou moins résistantes de l'énergie.

(...)

« Cette difficulté conscientielle, peut-être insurmontable, puise sans doute son origine et ses raisons (...) précisément dans notre constitution à la fois biologique et psychique et dans le rôle qu'elle dicte à notre conscience.

---

* 65 a.

(...)

« La thèse gnostique * sur l'universalité de l'intelligence doit être prise à la lettre et s'oppose à l'idée radicalement fausse... d'un psychisme inférieur, vague, affaibli, évanescent à mesure que l'on s'éloigne de l'intelligence humaine vers les formes inférieures de la vie. La conscience intelligente d'un infusoire, d'un végétal, d'une macromolécule, il n'y a pas de raison de la considérer comme plus vague, plus confuse que l'intelligence d'un technicien aux prises avec un problème technique.

(...)

« Mais ce que la biologie enseigne encore **, c'est que les éléments naturels, c'est-à-dire les systèmes énergétiques, par le fait qu'ils sont susceptibles d'une potentialisation constitutive, ne sont pas seulement doués de finalité, mais également de mémoire.

(...)

« Il y a plus. En tant que cause finale et mémoire à la fois, un dynamisme ou un système potentialisé se présente aussi comme une sorte de connaissance.

(...)

« Retenons ce fait capital ***. Tout ce qui se passe dans la vie consciente d'un homme se trouve quelque part, et ne s'efface plus, que ce soit important ou non. Les conséquences de cette découverte sont considérables. »

Le point essentiel concerne la pérennité, l'évolution continue d'une conscience-connaissance-mémoire individuelle, accumulant l'expérience acquise personnellement au cours de vies successives. Cette expérience est désormais certaine. Elle s'ajoute à l'apport tout aussi certain des mémoires génétiques, cosmiques.

Le risque est que ces savoirs ne se confondent. Et que l'on attribue faussement à une âme personnalisée survivant à la

_____

* 95.
** 65 a, *Op. cit.*
*** 65 b.

mort ce qui proviendrait de transmissions cellulaires. Car les cellules conservent un stock collectif d'informations.

Mais témoignages, manifestations, expériences, thérapies attestent dans le fil des vies d'une réalité spécifique, constante et partiellement orientée par un être donné : ainsi chacun se différencie-t-il des êtres compagnons par ses choix, ses courages, ses passivités et ses actes.

Il continue de le faire après qu'il a abandonné le vêtement physique.

Puis il revient ici dans un corps nouveau, qui ne lui est pas donné par hasard, non indifférent, lié au passé, comme l'indiquent les maladies antérieures.

Mais aussi d'autres éléments mis en lumière par des enquêtes récentes.

III

LES ENQUÊTEURS

1

LES ENQUÊTEURS

Comme il serait instructif de pouvoir demander à tout un chacun qui pense bénéficier d'une prochaine existence comment il la conçoit...

Les échelles de valeur bien sûr se dévoileraient, et les traits dominants de caractère. L'espoir, le désir, l'accent seraient-ils mis sur l'épanouissement familial, sur la promotion sociale ? Qui serait le plus convoité : l'amour, l'argent, ou la puissance ? Combien souhaiteraient changer de pays, de civilisation, de sexe ? Celui qui songerait à sa nouvelle vie voudrait-il prendre revanche, avoir talent ou acquérir sagesse, détenir force terrestre ou force d'esprit ? Choisirait-il de s'aider lui-même, ou d'aider quelques autres... cultiverait-il son égoïsme, ou contribuerait-il à faciliter une meilleure marche autour de lui ?

Les quelques amis réincarnationnistes auxquels j'ai posé la question manquaient étonnamment d'imagination. Ils n'ont su me répondre, pris au dépourvu, n'ayant rien « envisagé ». Ils se sont révélés plus enclins à prouver un passé qu'à préparer leur avenir. Car ceux-là non plus ne sont guère pragmatiques : un abîme sépare leur « croyance » de la réalité proche, prochaine. Heureux au sein de leur foi spiritualiste, ils n'en mesurent aucune des implications pratiques, ils n'en tirent aucune conclusion.

Par contre, les matérialistes brocardent à l'envi, joyeusement, traçant des tableaux enchanteurs de ce qu'ils s'arrangeraient pour vivre une autre fois — si naturellement il était raisonnable d'envisager une survie, et un retour par ici. Leurs esquisses ne dépassent pourtant pas les stéréotypes des hebdomadaires de la société de consommation : le retour prendrait place dans une famille bien nantie, détenant de telles garanties économiques que la facilité de jouissance serait assurée jusqu'à « toujours »... !

Ainsi bouclent-ils le cercle — vicieux — de leur cheminement mental : l'une de leurs objections s'en prend au « phantasme du prince », cette prétendue propension des individus à se trouver des préexistences brillantes et luxueuses. Mais ils en rêvent en fait eux-mêmes pour eux-mêmes, habités qu'ils sont de besoin de sécurité autant que de la soif de privilèges. Leur propre projection est symptomatique : elle n'exprime que leur goût des grandeurs en une version moderne du chef indien et de la princesse égyptienne.

Or les observations effectuées sur les souvenirs d'existences préalables établissent combien celles-ci sont normalement modestes, très moyennement dotées d'apanages sociaux, et simples en leurs événements, si elles sont riches en expériences affectives et en acquisitions de capacités. Il est faux que beaucoup se proclament avoir été jadis Napoléon ou Cléopâtre. De telles revendications ne sont entendues que dans les asiles.

Les cas étudiés par A. de Rochas ne mentionnent pas de parentés illustres, personne ne se réclame ni des rois ni des dieux. Des travaux analogues aux siens réalisés en Espagne dès 1887 par Fernandez Colavida, le Kardec ibérique, confirment cette humaine banalité.

Des constatations identiques ont été faites autrefois déjà par le comte A. de Gobineau, au cours de *Trois Ans en Asie 1855-1858,* un lettré par exemple, se rappelant avoir été fabricant de nattes de paille. Les apports spontanés de la mémoire lointaine témoignent en ce sens, ainsi les cas rassemblés en Suisse dès le début du XIXᵉ siècle par le Dʳ Karl Muller.

Car certains d'entre nous se trouvent en possession de

réminiscences antérieures, sans qu'aucun moyen d'évocation leur soit nécessaire. Ces réminiscences sont spontanées, et si présentes que le sujet en parle dès que l'occasion apparaît. Cela est fréquent chez les très jeunes enfants, quelle que soit leur ambiance culturelle — spiritualiste c'est-à-dire en principe favorable à cette manifestation, ou agnostique et athée. De nombreux bambins racontent de ces choses que leurs parents attribuent au sens féerique et créatif des très jeunes personnes qui ne savent pas bien encore les limites de la réalité. A un an, deux ans, ils ne connaissent pas les étroitesses de la nôtre et bavardent impulsivement de la leur. Et il se pourrait que l'on entende souvent non pas des rêves ou des contes imaginaires, mais de véridiques récits de ce qu'ils ont vécu avant d'être avec nous.

Rappelons les réactions du juge Leslie Cayce aux « histoires » de son fils Edgar. Dans nos pays d'Occident, les parents ne prêtent pas facilement oreille et suffisante attention aux dires « originaux » des tout-petits, dont certains sont des révélations d'un ailleurs.

Au Brésil, quatre-vingts sujets évoquant très clairement des vies antérieures ont été interrogés par les enquêteurs de l'Instituto Brasileiro de Pesquisas Psicobiofisicas *. Dans la documentation ainsi réunie se trouve l'original d'une lettre écrite en portugais par un psychologue soviétique qui décrit une vie antérieure passée au Brésil, ce qui explique, selon lui, sa maîtrise de cette langue qu'il ressent comme sienne, alors que lui-même n'a pu voyager jusqu'à ce pays.

En Inde, le Dr Banerjee, quelques-uns de ses collègues, des médecins, des journalistes, des professeurs ont rencontré ces dernières années de ces enfants et adolescents si précis dans l'évocation de leur passé préexistentiel. Et il est assez fréquent de lire dans les quotidiens cinghalais, indiens, birmans, depuis 1930, des articles qui leur sont consacrés, soulevant controverses et intérêt extrêmes.

Car ces enfants affirment avoir été une personnalité antérieure « morte » le plus généralement depuis moins de

---

* 86.

vingt ans. Leur famille précédente, ainsi que les voisins, relations, notabilités, services administratifs ou hospitaliers sont là, capables d'attester de la fausseté ou de la véracité des réminiscences.

Le travail de contrôle est incomparablement différent des recherches de chartistes qui doivent être accomplies pour des existences beaucoup plus éloignées de notre temps et perdues dans la foule de nos aïeux.

A l'enquêteur et au chercheur, ces phénomènes de mémoires spontanées antérieures mais encore contemporaines apportent la sensation de tenir un fil solide échappant aux pièges des incertitudes d'espace, de temps et d'authenticité.

S'ils sont méthodiquement analysés maintenant, ils n'ont cessé de chercher à se faire place de génération en génération. Mais évidemment, quand flambaient les bûchers de l'Inquisition, lorsque sévissaient les chasses aux sorcières et autres intermédiaires entre les mondes, il était préférable de garder pour soi tout indice de préexistence, si net apparût-il, si fort fût-il.

Les réactions devenant moins meurtrières dans le domaine philosophique, il a donc été possible de faire allusion à ces étranges manifestations. Ainsi Lamartine note-t-il ses impressions caractérisées de « déjà vu », et Gérard de Nerval exprime-t-il dans ses poèmes des images personnelles d'antan. Gabriel Delanne — auteur d'*Etude sur les vies successives* — cite la lettre d'un officier de marine qui se souvient d'avoir vécu, et d'être mort, à l'époque de la Saint-Barthélemy ; cette résurgence l'a assailli quand il avait sept ans, pour ne plus le quitter ensuite. Et saluons au passage Pythagore et ses souvenirs du siège de Troie, Origène se rappelant une vie de pêcheur, Empédocle...

En 1898, M. Fielding Hall écrit dans son ouvrage *The Soul of people* (*L'Ame d'un peuple*) qu'il a vu lui-même beaucoup de ces enfants birmans qui ont la mémoire d'une autre existence.

De même qu'en Inde, une approche méthodologique de ces souvenirs particuliers est menée par quelques médecins en Turquie actuellement.

Des observations de type scientifique sont effectuées,

vérifiées, répertoriées, minutieusement examinées depuis une vingtaine d'années par le Pr Ian Stevenson de l'université de Charlottesville en Virginie, médecin psychiatre qui ne « croit » pas en ce qu'il découvre... Il se refuse à y ajouter « foi ». Sans doute est-ce une vertu, la vertu du doute, qui l'a conduit à une exceptionnelle méthode d'étude. Elle consiste à n'analyser que les « cas » où vie antérieure et vie actuelle peuvent être l'une et l'autre rigoureusement contrôlées, afin que soit évitée toute affabulation, toute imagination.

Nous devons énormément à cette méfiance active et constante s'exerçant diligemment sur les possibilités de fraude, les moyens normaux d'information, les discordances de témoignages. Nous y trouvons les racines de notre propre confiance, car si le Pr Stevenson enregistre tel fait, tel dire, c'est après l'avoir passé au crible d'affirmations contradictoires.

Il enquête lui-même dans tous les pays du monde : car dans tous les pays se trouvent des enfants se réclamant d'une (ou plus) vie antérieure. Il est assisté de traducteurs, bien sûr, de collaborateurs ; il bénéficie souvent des premiers rapports rédigés avant son arrivée, pour les cas anciens. Pour d'autres, il est le premier investigateur à prendre contact avec la famille de l'enfant et avec celle de l'individualité antérieure. Il ne se laisse rebuter ni par l'hostilité ni par les conditions difficiles, les expéditions épuisantes, les contrôles nécessaires. Il enregistre sur place. Il annote, et confronte ses commentaires avec ceux de son équipe. Ses compte rendus sont remarquables de détails et de vérifications. Il revient deux fois, dix fois, dans la ville ou le village pour suivre le développement de l'enfant et l'éventuel affaiblissement des souvenirs, ne négligeant aucune occasion de revoir certains témoins, toujours en alerte d'une inexactitude ou d'une contradiction.

La méthode est claire autant que rigoureuse. Elle enchante le chercheur et lasse l'amateur. Celui-ci jugera fastidieuse l'énumération des témoins rencontrés dans chaque localité, de leur qualité et degré de parenté avec l'enfant et avec la personnalité précédente. Mais pourtant l'esprit critique sera satisfait. L'esprit logicien se réjouit des filatures « policières » établissant que les familles n'ont pas comploté ensemble quelque affaire cherchant l'éclat ou la provende financière, et qu'il n'y a pas eu de communication possible des informations si détaillées détenues par l'enfant. Distance, moyens de locomotion, visiteurs, contacts avec la presse sont envisagés. Rien n'est accordé à la facilité, rien n'est laissé en suspens. Mille six cents cas sont acceptés et fichés dans les services du département de psychologie dirigés par le Pr Stevenson. Mais les témoignages ne cessent d'affluer. Et le Pr Stevenson ne cesse d'y travailler.

Dans ses ouvrages * les cas choisis sont tout d'abord brièvement exposés. Puis indications sont données des villes visitées, des sites reconnus, des personnes entendues. La vie antérieure est racontée, ainsi que les démarches et confrontations qui ont permis de savoir que les allégations de l'enfant étaient justes. Des tableaux récapitulatifs permettent d'estimer la véracité de l'ensemble : liste est dressée de toutes les précisions dites par le sujet, chacune d'elle étant accompagnée du nom de l'informateur, du nom du « corroborateur », et des commentaires de l'enquêteur. Puis l'évolution et les réactions familiales et individuelles sont évoquées, ainsi que les faits éventuels nouveaux.

La curiosité passionnée du chercheur critique est apaisée par les remarques ayant trait à l'originalité du cas, à ses faiblesses, à l'évidence d'un facteur paranormal. Celui-ci est examiné sous tous ses angles, débattu, estimé en termes de logique.

J'ai souvent questionné le Pr Stevenson, qui a bien voulu me consacrer de son temps, et d'une certaine manière j'ose dire qu'il *n'est pas* réincarnationiste. Ce n'est pas une boutade. Il est homme d'université, homme de raison, homme de science expérimentale, homme rationaliste.

Cela ne donne que plus de prix au travail qu'il consacre depuis tant d'années au thème « réincarnation ».

Traduire comme il le voudrait les procès-verbaux d'enquê-

---

* 101.

tes qu'il a effectuées n'est pas possible. Sa probité et sa minutie exigent multiplicité de redites et d'annotations, illisibles pour qui n'est pas spécialiste, et donc décidé à éviter la charge de références qui lui sont inutiles.

Tous ces cas « extra-ordinaires » méritent que l'on s'y arrête. Sur quarante, j'en ai sélectionné neuf.

Toutes précautions antifraude ayant été prises par le Pr Stevenson, je n'y reviendrai pas.

2

LES CAS

MARTA LORENZ[*]
Née : 14 août 1918
ci-devant
SINHA DE OLIVEIRO
Morte : octobre 1917

BRÉSIL

Le Brésil est un pays plus sensible que la France à l'invisible. Quoique très marqué par le catholicisme, il s'est ouvert aux possibilités spirites. Les recherches parapsychologiques y sont largement développées sans préjugés, ni refus agnostiques. La survie et la réincarnation sont considérées comme faits normaux. A part quelques prises à partie de savant à savant, les batailles entre spiritualistes et matérialistes ont cessé là-bas d'être féroces. C'est dans la tolérance qu'ils cohabitent. Le Brésilien n'a jamais douté de posséder une âme. Après la cessation d'activité du corps physique, l'âme — il en est sûr — continue de s'intéresser à la vie, la nôtre, et aux habitants de la terre.

Aussi n'était-il pas déroutant d'entendre une femme de vingt-sept ans affirmer sur son lit de mort qu'elle se réincarnerait bientôt comme enfant de sa meilleure amie.

Maria Juanaria — familièrement Sinha — de Oliveiro avait pourtant voulu fuir la vie, matériellement très confortable pour elle, puisqu'elle était fille de grand propriétaire terrien ;

---

[*] 101 a.

comblée de facilités et de superfluités, elle ne l'avait pas été d'affection. Deux fois son père avait éconduit des prétendants dont elle avait été amoureuse. Le second, Florzinho, l'aimait au point de se suicider parce qu'il n'y avait aucun espoir de mariage. Pour Sinha, née en 1890, et pour Florzinho, de milieu traditionaliste, il était inimaginable de ne pas se conformer aux décisions familiales. Mais mourir d'un amour désespéré, cela, oui, c'était faisable.

En cherchant à disparaître, Sinha s'exposa plusieurs fois délibérément au froid. Elle s'abstint de nourriture. Elle gagna, non pas la pneumonie ou la congestion désirées, mais une tuberculose, après plusieurs bronchites. La maladie fut longue. Les souffrances dures à la fin, spécialement celles de la gorge. Dans sa détresse, Sinha eut une amie, qui demeurait non loin de la fazenda de son père, et dont l'affection adoucit ses derniers mois. Sans doute la qualité de cette amitié lui redonna-t-elle du goût pour la vie. Ida Lorenz, épouse de F. V. Lorenz, instituteur-professeur, avait déjà onze enfants lorsque Sinha, en octobre 1917, lui annonça qu'elle se réincarnerait en la prenant pour mère, renouant ainsi les liens du cœur.

Dix mois plus tard, Mme Lorenz mettait au monde une petite fille qui fut appelée Marta.

Et quand celle-ci atteint deux ans et demi, elle évoque — d'elle-même — Sinha. Elle parle à l'une de ses sœurs aînées du temps où elle, Marta, la berçait dans ses bras, quand elle était plus grande, quand elle ne vivait pas là, mais à proximité, dans la vaste maison voisine, qu'elle décrit. Puis elle parle de son père qui a battu l'un des serviteurs noirs de la plantation, mais M. Lorenz remarque qu'il n'a jamais frappé personne ainsi. Alors Marta rétorque qu'il s'agit de son autre père, et elle trace le portrait de C. J. de Oliveiro, « fazendeiro » du district de Dom Féliciano, nom du village principal.

Dans les semaines qui suivent, Marta Lorenz donne cent vingt précisions concernant l'existence de Sinha, elles seront vérifiées et reconnues exactes. *Certaines portent sur des circonstances inconnues de la famille Lorenz.*

Les enquêteurs

Le Pr Lorenz note les affirmations de l'enfant très soigneusement, ce qui constitue un document d'une remarquable richesse, d'une incontestable valeur. Car l'esprit critique n'en est pas absent. M. et Mme Lorenz n'ont rien annoncé aux membres de la famille ni à leurs amis de la prédiction faite par Sinha. Plus tard, Waldomiro Lorenz, frère plus âgé de Marta (il est né en 1913), continuera la rédaction du « rapport », accumulant les observations à travers les années.

De celles-ci, il ressort que seule de sa famille, Marta est très fragile des voies respiratoires, qu'elle tousse fréquemment, s'enrhume, perd sa voix, est sujette continuellement aux bronchites. Le Pr Stevenson qualifie de « marque de naissance interne », cet héritage de la dernière maladie de Sinha*.

Non seulement les indications concernant Sinha sont correctes, non seulement apparaît une correspondance physiologique, mais plus encore se révèle une communauté de goûts, une identité de comportement.

Comme Sinha, Marta aime à danser et y excelle. L'une comme l'était l'autre se montre effrayée par la pluie qui la plonge dans un état de marasme angoissé. « Pourquoi une telle crainte, lui demande-t-on, en quoi la pluie est-elle si terrible ? — Sinha avait peur de la pluie », répond Marta. Toutes deux manifestent une égale et vive dilection pour les chats. A cinquante-quatre ans, Marta Lorenz, mariée et mère de famille, avoue au Pr Stevenson penser encore à Florzinho. Ce souvenir-là non plus ne s'est pas effacé.

Marta a donné les détails d'un voyage, le dernier fait par Sinha avant sa maladie : forte pluie au retour, description d'une fête de carnaval et des masques aperçus, halte improvisée dans une très vieille maison. Dans un groupe, Marta

---

* Il est important de souligner combien la vulnérabilité pulmonaire et la répétition des maux respiratoires de Marta qui déclare être Sinha, justifient une médecine intégrant les vies successives dans son diagnostic, comme celle pratiquée par le D^r et Mme Kelsey, le Dr Fiore, le Dr Guirdham, et d'autres (note de Georges).

reconnaît « son » filleul. Agée de un an, elle avait embrassé le père de Sinha en l'appelant « Papa ».

Petite fille et jeune fille, elle supporte mal la vue du sang, et témoigne de terreur, de répulsion même en se voyant un jour blessée au doigt. Et quelqu'un qui assiste aux manifestations tant soit peu excessives de cette phobie du sang s'écrie : « Mais Sinha réagissait exactement ainsi ! ».

> WIJERATNE *
> Né : 17 janvier 1947
> ci-devant
> RATRAN HAMI
> exécuté : juillet 1928
>
> *SRI LANKA*

Un petit garçon de deux ans ne se distingue tout d'abord de ses frères et sœurs que par une carnation plus foncée que la leur, et par une atrophie de naissance du bras droit ; et les doigts de sa main droite ne sont pas libres les uns des autres, mais joints.

Puis il reste à l'écart des jeux, et marmonne pour lui seul. A mesure qu'il sait utiliser plus de mots, le discours se précise, et l'histoire semble être longue. Intriguée, sa mère cherche à l'entendre. L'enfant paraît davantage se parler à lui-même que vouloir un auditeur, et reprend continuellement un récit bouleversant.

Celui de l'exécution, autrefois, qui a mis fin à sa vie précédente, lorsqu'il a été pendu. Très émue, la mère met au courant son mari de ce conte invraisemblable et tragique.

Celui-ci lui confie alors que huit ans avant leur mariage son frère Ratran Hami a été jugé, condamné à mort pour avoir tué sa jeune femme Podi Menike qui refusait d'habiter avec lui.

---

* 101 a.

Ratran Hami n'avait que vingt-quatre ans. A son frère aîné venu le saluer une dernière fois, il avait dit : « Je n'ai pas peur. Je suis seulement inquiet de vous. Je sais que je dois mourir. Mais je reviendrai. »

Repliée en sa douleur, éprouvée par le scandale, la famille avait cherché la paix du silence, aussi Tileratne Hami n'avait-il rien voulu raconter de ce drame à sa fiancée, ni même l'évoquer après leur mariage célébré en 1936. Cette affaire ne concernait plus qu'un passé qui devait s'effacer dans l'oubli.

Aussi le père de Wijeratne s'efforça-t-il d'empêcher son fils de raviver ce pénible épisode. En vain. Interrogé sur la malformation de son bras, de sa main, et sur une difformité à droite de son torse, le petit garçon répondait que c'était la punition du crime qu'il avait jadis commis en tuant sa femme avec un poignard malais. Pour cette raison, sa main droite était incapable de saisir quoi que ce soit. Le châtiment était juste, reconnaissait l'enfant. Mais il ajoutait pourtant qu'il avait fort bien agi... car il était inacceptable que Podi Menike refuse la vie conjugale.

A son procès, dont les minutes ont été consultées, Ratran Hami avait plaidé non coupable, expliquant qu'agressé par un ami de sa femme qui s'interposait entre elle et lui, il s'était défendu ; dans la mêlée, fâcheusement, le kriss qui assurait sa légitime protection avait mortellement blessé — hélas — la jeune femme. Le tribunal n'avait pas accepté cette version, en dépit des protestations véhémentes de l'accusé invoquant un malheureux concours de circonstances fatales, et la non-culpabilité.

Mais l'enfant Wijeratne avoue le crime.

Il l'avoue contre toutes tentatives de son père de couper court à cette réactualisation. L'enfant, incidemment, ajoute un détail, revenant sans cesse à ce qu'il a pensé, à ce qui s'est passé, à l'exécution. Il indique que la potence a été essayée la veille du supplice avec un lourd sac de sable. Cela n'était connu ni du grand public ni des proches, mais seulement du personnel carcéral et du bourreau, auprès duquel le Pr Stevenson a reçu confirmation.

Wijeratne est âgé de quatre ans et demi lorsqu'il est

questionné par le vénérable Ananda Maitreya, professeur de philosophie bouddhique à Colombo. En 1961, Francis Story, ami de Ian Stevenson et co-investigateur, étudie lui-même le « cas », qui est depuis suivi régulièrement.

A Francis Story, l'enfant a déclaré — entre bien d'autres faits — qu'il se rappelait avoir vécu une existence d'oiseau se situant entre celle de Ratran Hami et celle présente. Les enquêteurs ont déjà tant à contrôler dans les allégations verifiables, que les affirmations du genre vie antérieure animale ne sont pas suffisamment analysées. Elles sont laissées de côté, et classées un peu vite dans la catégorie « transferts symboliques », etc.

Profondément commotionné plus tard, lorsque, adolescent amoureux, il est rejeté par une jeune fille ressemblant physiquement à Podi Menike, Wijeratne est soigné en hôpital psychiatrique. Il n'est pas difficile d'imaginer les réactions des médecins psychiatres « classiques » au dire d'un jeune homme qui raconte comment il voyait les choses lorsqu'il était un oiseau...

Ils n'ont pas enfermé Wijeratne dans un asile.

Par chance.

Et celui-ci a repris le cours perturbé de ses études. En 1973, une opération lui permet de recouvrer en partie l'usage normal de sa main droite. Mais il a une rechute dépressive, car à nouveau il se sent repoussé par une femme qu'il aime. Cependant la colère, la volonté d'autorité et le désespoir — anciens — causés par l'attitude de Podi Menike, se sont transformés, atténués. Et Wijeratne continue de considérer ses malformations comme normal paiement de sa dette. Il écrit, en 1969, au Pr Stevenson — ils se sont plusieurs fois rencontrés — que selon les enseignements du Bouddha, il y avait une autre façon de se comporter envers une épouse fautive. Alors il a vingt-deux ans. Il a beaucoup évolué. Il est entré à l'Université, il s'exprime en anglais, il a l'intention de faire ses études de médecine. Il veut soigner et comprendre le mal des hommes.

Les souvenirs vont et viennent. Quelques-uns, qui semblaient disparaître, réapparaissent. A travers les années, il s'est comporté vis-à-vis de son père par le sang constamment comme si celui-ci était de ses pairs, son frère.

Le moine vénérable Maitreya a attesté des vérifications effectuées durant les premières années de Wijeratne, et de ce qu'il avait lui-même observé à quel point Tileratne Hami le père actuel, avait essayé de contraindre son enfant au silence.

Celui-ci a montré l'endroit où il avait jadis enterré l'arme du crime. Il a reconnu une ceinture appartenant à Ratran Hami, portée par une tante. Il a donné des précisions sur la famille de Podi Menike, sa seconde femme. Il est exact qu'il avait déjà été marié, et s'était trouvé veuf. Il a tué en frappant à la poitrine du côté droit. Constatation médico-légale effectuée après le meurtre. C'est à ce point que la radiographie montre l'atrophie d'une côte de son nouveau corps.

. A l'instant de l'exécution, il ne pensait qu'à son frère. Puis il eut le sentiment de tomber dans les flammes.

BISHEN CHAND KAPOOR *
Né : 7 février 1921
ci-devant
LAXMI NARAIN
mort : 15 décembre 1918

INDE

B. Ram Ghulam Kapoor, employé de bureau au chemin de fer, en Uttar Pradesh, avait déjà un fils et une fille, lorsque naquit Bishen Chand. A dix mois, le bébé prononçait très souvent un mot : « pilvit » ou « pilivit ». Ses parents comprirent ensuite que l'enfant nommait la ville de « Pilibhit », agglomération importante sise à cinquante kilomètres de Bareilly, leur village. Dans cette ville, disait-il, il avait précédemment vécu.

---

* 101 b.

Avec son père actuel, Bishen Chand n'avait eu aucun « contact préalable » : celui-ci n'avait été pour lui jadis — antérieurement — ni un parent, ni un ami. L'enquête — dont les premiers éléments consistent en un rapport publié en 1927 par K.K.N. Sahay, homme de loi dont l'un des fils affirmait lui aussi très précisément une préexistence à Bénarès — établit qu'il n'y avait aucun lien entre la famille Kapoor, et la famille précédente à laquelle le bambin assurait avoir appartenu.

Bishen Chand donnait nombre de détails et de descriptions du déroulement quotidien à Pilibhit. Ses parents ne s'en préoccupaient nullement. Il avait quatre ans quand la famille Kapoor s'en fut assister à un mariage, et voyagea par le train. A la station Pilibhit, Bishen Chand fit une véritable scène pour descendre « là où je vis d'habitude ».

Enfin, dix-huit mois plus tard, K.K.N. Sahay persuada la famille de procéder à quelques vérifications pour savoir à quoi correspondaient les affirmations renouvelées de l'enfant.

Elles concernaient très exactement un homme, Laxmi Narain, mort le 15 décembre 1918, après trente-deux années de plaisirs et de prodigalités, après une maladie des reins qui avait duré cinq mois.

Cinquante-six indications et reconnaissances des lieux et des personnes ont été retenues par le Pr Stevenson, d'après le compte rendu que lui a communiqué K.K.N. Sahay, et d'après ses propres recherches sur place.

En 1926, Bishen Chand — il a cinq ans — accompagné de parents et observateurs, se rend pour authentification à Pilibhit. Il n'y reconnaît pas son collège... mais celui-ci est nouvellement reconstruit, les bâtiments sont neufs. Il identifie une maison dont il ne subsiste que des ruines. Il se dirige de son propre chef, sans écouter personne, vers une boutique, autrefois tenue, explique-t-il, par un horloger musulman dont il était l'ami. L'horloger n'est plus, le commerce est autre, mais le contrôle justifiera l'affirmation du garçonnet. En revanche, il s'obstine à appeler « oncle » le père antérieur, Har Narain, ce qui trouble les enquêteurs, encore que le terme « oncle » soit quelquefois utilisé par les divers membres d'une communauté en Inde, comme une formule patriarcale.

Les enquêteurs

Laxmi Narain, fils d'un riche propriétaire de caste Kayastha, mangeait de la viande et buvait de l'alcool. Bishen Chand Kapoor appartient à la caste Kshatriya, végétarienne ; les poissons et même les oignons sont proscrits. Il émet parfois des remarques sur un autre genre de vie, plus « gourmand », il en parle à son père, il lui demande s'il a une maîtresse... Laxmi Narain avait beaucoup apprécié les prostituées. Et l'une d'entre elles, Padma, très passionnément. Un soir qu'il allait chez elle pour quelque nuit savoureuse, suivi d'un domestique armé d'un fusil, il trouve la place occupée. De fureur, il tue le rival. Il se cache ; il n'est ni dénoncé ni pris. Les soupçons pèsent lourdement sur lui. Aussi change-t-il de ville de résidence. Durant deux ans encore, il s'amuse, dépense l'héritage de son père, entretient amis et amies, mais il se ruine ; et aussi sa santé. A trente-deux ans, il meurt.

Sommairement retracée, telle est l'histoire. Bishen Chand dit sa jalousie, sa folie courroucée, la suppression du concurrent, la fuite, la maladie, SES derniers jours.

Il dit aussi que Laxmi Narain avait le souvenir de sa vie immédiatement précédente en tant que fils de rajah à Jahanabad, mais que ses parents n'avaient autorisé aucune investigation par refus et crainte d'une publicité donnée à cette prétention.

Gai, généreux, Laxmi Narain aimait à jouer du tablas, instrument de musique constitué de plusieurs petits tambours. Bishen Chand en tire les meilleurs sons. Sans en avoir rien appris, petit enfant, il lit l' « urdu » que Laxmi Narain lisait et parlait couramment, sa langue habituelle étant l'hindi. Ensuite, il en perd le vocabulaire.

Dans le nord de l'Inde, autant qu'en Asie du Sud, les souvenirs de vie antérieure sont réputés porteurs de malchance. L'atmosphère familiale n'y est donc aucunement favorable. Et les parents qui veulent éviter à leurs enfants complications et mauvais sort, font de leur mieux pour contrarier, museler de tels récits.

Mais ils ne peuvent rien contre une certaine force habitant ces étranges enfants qui vivent à la fois « jadis » et « maintenant ».

Ils le vivent dans leur cœur, dans leur esprit, dans leur corps aussi : Bishen Chand est victime d'une maladie des yeux absolument identique à celle qui éprouvait Laxmi Narain. La mère de ce dernier l'a constaté.

Bishen Chand a revu, et reconnu, Padma, une première fois en 1927, quand il avait six ans. L'émotion a été si forte qu'il s'est évanoui... En 1944, à vingt-trois ans, il revient vers elle. Mais elle le met à la porte, en soupirant qu'elle est une vieille femme ; sans doute est-elle quinquagénaire.

Bishen Chand continue d'éprouver le désir de boire de l'alcool et de manger de la viande, ce qu'il ne satisfait pas, respectant les lois de sa caste. Mais il y pense. Sa vie est sage. Il est fidèle à sa femme. Il est fonctionnaire du gouvernement, et manie excellemment l'urdu, qui n'est pas sa langue maternelle. La vivacité de son tempérament très emporté, comme celui de Laxmi Narain, se tempère peu à peu.

En 1969, âgé de quarante-huit ans, il ressent la nostalgie de sa vie antérieure, plus gaie, plus heureuse, dit-il.

GOPAL GUPTA *
Né : 26 août 1956
ci-devant
S H A K T I P A L
SHARMA
assassiné : 27 mai 1948

INDE

C'est à vingt-huit mois que Gopal va soudainement évoquer une précédente existence, sa précédente existence.

Son père, directeur d'une station d'essence à Delhi, reçoit chez lui quelques invités. L'enfant est prié d'enlever un verre sale. Il se dresse alors, devient très rouge, il s'écrie : « Je n'y toucherai pas. Je suis un Sharma. »

---

* 101 b

Du flot de paroles qui suit cet incident si dérisoire initialement, les assistants retiennent que Gopal « n'est pas d'ici », mais que sa famille véritable, la famille Sharma, a les moyens de s'offrir une servante, et qu'à Mathura — ville de 250 000 habitants située à 160 km au sud de Delhi — il est un homme important, et qu'il n'est pas question pour lui de porter un verre, parce qu'il est propriétaire d'une compagnie, la « Sukh Shancharak » ; c'est lui qui donne des ordres, lui qui est servi.

C'est vrai.

Les quarante-six principales précisions livrées par Gopal dans les deux jours qui suivent son éclat, permettront de savoir par la suite que ce qu'il revendique comme sien est conforme à une réalité.

Car Shaktipal Sharma, cet homme que Gopal assure avoir été précédemment, mort à trente-cinq ans en 1948, a été « maire » (ce n'est pas le terme en Inde), de Mathura, et copropriétaire avec deux frères de la Cie Sukh Shancharak, entreprise fabriquant des produits pharmaceutiques.

Compte tenu de la personnalité antérieure, la première visite de Gopal Gupta accompagné de parents et de proches, en mars 1965 à Mathura, ne passa pas inaperçue. La presse s'en mêla. D'autant plus que Shaktipal Sharma, très remarqué en affaires aussi bien qu'en organisation municipale, avait impressionné ses concitoyens par sa façon dynamique de conduire sa vie. Sa mort, après une agonie de trois jours, les avait marqués davantage encore : il avait reçu à bout portant une balle tirée par son plus jeune frère.

Le différend remontait à longtemps, expliquait Gopal à deux ans et demi. Et il stupéfiait tout le monde par les détails qu'il donnait : il n'avait aucun moyen normal de connaître de telles informations. Ce fut vérifié par le Dr Jamuna Prasad en 1965, mais à nouveau et plus scrupuleusement encore par le Pr Stevenson à partir de 1969. Les groupes familiaux Sharma et Gupta ne s'étaient pas rencontrés, n'avaient pas d'amis communs ni d'affaires communes. L'enfant seul suscita les contacts, après 1959.

La succession de leur père n'avait pas divisé les trois frères

Sharma, en dépit du fait qu'il ait voulu évincer de l'héritage le benjamin Brijendrapal, à cause de son caractère léger et dissolu. Ses aînés l'avaient de leur propre décision associé à leur affaire. Chacun des trois assumait un temps la gestion des biens. Mais bientôt Brijendrapal mit sa direction à profit pour puiser largement dans la caisse à des fins discutables et privées. Ses frères lui accordèrent un délai de réparation. Mais pressé par ses créanciers et continuant encore ses dilapidations, il n'entrevit comme solution que la disparition des deux autres associés, sans songer qu'il se créait par un meurtre quelques obstacles à la jouissance paisible de leur fortune. Certain jour de mai, au siège de la Compagnie, il tira sur ses deux frères, il n'en tua qu'un. Condamné à vingt ans de travaux forcés, Brijendrapal fut relâché deux ans après.

Aussi se promenait-il librement parmi les nombreux participants à une noce, en 1965, lorsque Gopal, invité lui aussi par l'une des sœurs de Shaktipal Sharma, l'y reconnut. Pas plus que Shaktipal avant sa mort, Gopal ne manifesta de vindicte, ni de désir de vengeance. De caractère très ouvert et compréhensif à son entourage, Gopal, comme Shaktipal, est généreux.

Gopal reconnut aussi son bureau : « Ne me considérez pas comme un enfant, je connais le chemin », disait-il, écartant et précédant ses accompagnateurs pour se diriger par lui-même vers les locaux de sa compagnie. Il a neuf ans. Il n'est jamais venu auparavant à Mathura. Il n'a vu ni entendu personne susceptible de lui dépeindre les moyens d'accès, l'agencement des locaux. Personne n'a pu lui faire un plan, ni l'instruire par le menu des caractéristiques des lieux. Mais il va sans hésitation à l'endroit exact du crime, tandis que quelques personnes tentent volontairement et sans aucun succès de l'entraîner ailleurs pour l'induire en erreur. La pièce n'est plus meublée de la même manière, et n'est plus utilisée comme bureau directorial. Gopal la décrit telle qu'autrefois.

Il parle peu de celle qui était sa femme ; mais plusieurs témoins se sont accordés pour brosser le tableau d'un couple qui ne s'entendait pas.

Son ancien camarade de classe et ami, confident, R. A.

Haryana, après avoir bavardé avec Gopal, n'a plus aucun doute. « Shaktipal est revenu », commente-t-il ; il emploie le terme « reborn », né à nouveau. La sœur préférée de S. Sharma appelle Gopal « Shakti », et le voit souvent. La famille Sharma croit en la réincarnation de Shaktipal, et reçoit l'enfant qui renoue avec chacun des liens précis qu'il entretenait jadis, plus ou moins cordiaux, différents, appropriés à ce qu'il explique de ses sympathies anciennes. A chaque rencontre les comportements de Gopal sont adaptés à cette intensité ou froideur affective, instinctivement, naturellement.

Les enquêtes en attestent.

Contrairement à quelques-uns de ces enfants qui se servent des verbes au présent pour leurs récits, réunissant l'existence ancienne à l'existence actuelle dans une même réalité, les unifiant en somme, Gopal s'exprimant en tant que Shaktipal utilise le passé : « Je décidais tel contrat... cette voiture m'appartenait », et non comme certains : « Cette maison est à moi », en parcourant la demeure de la personnalité précédente.

Mais il est continûment — de Shaktipal à Gopal, et à Gopal grandissant — très friand de fruits et surtout d'oranges. Tous deux se montrent exigeants pour leurs vêtements, avec quelque excessive maniaquerie. Tous deux sont bienveillants, dépourvus d'agressivité. Lorsque, à neuf ans, Gopal se trouve dans la maison de Shaktipal, il identifie « son » piano. Shaktipal était brillant exécutant. Gopal, qui n'a pas eu de piano à sa disposition, s'assied et joue avec aisance.

Le compte rendu minutieux du Pr Stevenson mentionne que, malheureusement, aucun « connaisseur » ne se trouvait là pour certifier du brio et apprécier l'œuvre interprétée. Mais une évidente familiarité avec l'instrument fut constatée.

Considérant des photos de groupe, Gopal indique sans erreur et Shaktipal et divers parents ou relations.

En 1971, Gopal assurait qu'il n'oubliait rien, mais qu'il aurait voulu ne plus ressentir ces saveurs d'années où le quotidien était pour lui plus aisé, plus « intéressant ». En

1974, il n'avait rien perdu de sa répugnance envers les tâches domestiques, ni de ses goûts vestimentaires.

Les journalistes l'avaient eux aussi longuement interrogé. Ils n'avaient pas hésité à lui demander s'il conservait des souvenirs de l'intermède entre ses existences terrestres. Gopal a fait allusion à des expériences qu'il avait eues pendant qu'il se trouvait esprit désincarné, mais resta consciemment discret. Il évoqua plus facilement une très courte vie à Londres ; mais ne put préciser que deux noms de rue là-bas, dont l'un n'a pas été retrouvé. L'enfant qu'il aurait été à ce moment-là n'a vécu qu'un peu plus d'un an.

La sœur préférée de Shaktipal Sharma a vu et entendu son frère en « rêve » quelque quatorze mois après son décès et celui-ci la prévenait : « Maintenant, je vais à Londres. » Gopal est né huit ans après la mort de Shaktipal. Shaktipal avait souvent exprimé à quel point il désirait connaître Londres. L'occasion, ou le temps, lui avait manqué.

Mais de ce séjour « antérieur », rien n'a pu être vérifié.

SUNIL DUTT SAXENA *
Né : 2 octobre 1959
ci-devant
SETH SRI KRISHNA
Mort : 24 avril 1951

INDE

L'un des cas étudiés par le Pr Stevenson dans *Ten Cases in India* est également celui d'un garçon, et la personnalité antérieure se trouve, comme pour Gopal, un personnage ayant acquis, dans sa ville, un nom.

En soixante années d'existence, Seth Sri Krishna, commerçant prospère, a beaucoup investi pour être populaire. De

---

* *Op. cit.*

caractère très « propriétaire », il est fort religieux et scrupuleux dans ses pratiques, et s'est fait remarquer à divers propos. C'est ce qu'il voulait. Mais il ne recueillit pas que louanges et approbations : quand, veuf pour la troisième fois, il entama une idylle avec une jeunesse de seize ans pour laquelle il accomplit quelques folies, dont le mariage et l'absorption massive d'aphrodisiaques, il dut ajouter une aile supplémentaire au collège qu'il avait offert à la ville de Budaun... Pour faire quelque peu taire les commentaires malveillants.

Le collège était déjà bien conçu pour une population moyenne ; les bâtiments adjoints furent magnifiques. Seth — titre honorifique attribué aux hommes d'affaires fructueux — Sri Krishna s'occupa à leur administration, et les concitoyens cessèrent de critiquer sa vie privée. Mais sa vie physiologique, compromise par ses excès amoureux, s'interrompit en avril 1951 : incident cardiaque, diagnostiquèrent les médecins.

Huit ans plus tard, troisième fils et sixième enfant de parents qui en auront neuf, naissait à Aonla, Sunil Dutt Saxena.

A vingt et un mois, il prononça souvent le mot « Budaun » (ville se trouvant à 35 km environ de la petite communauté d'Aonla). Avant trois ans, il déclare : « Mère, je viens de Budaun. » Lui non plus ne veut pas aider aux tâches familiales, sous prétexte d'une vie meilleure, confortable, riche, qu'il semble déjà regretter. Avec nostalgie, il évoque ce qui est *SA* réalité : « sa » femme — il insiste, elle est à lui —, « ses » servantes. Entre trois et cinq ans, il revient sur quantité de détails.

Chadammi Lal Saxena, père de Sunil, n'était qu'un petit boutiquier malchanceux. Il s'était essayé ensuite à tenir un restaurant ; les descriptions de son fils n'ont rien pour le satisfaire. Il faut l'insistance obstinée d'un ami intime de son propriétaire, très curieux des récits de l'enfant, pour qu'un déplacement de « contrôle » s'organise.

En 1963, l'enfant n'a que quatre ans. Une fois arrivé au collège de Budaun avec ses parents et l'un de leurs amis, le contact s'établit avec les proches et l'équipe de travail de Seth

Sri Krishna. Sunil reconnaît plusieurs d'entre eux et les bâtiments dont il s'est spécialement occupé. Comme dans la demeure et avec la veuve de Seth Sri Krishna, il s'adresse à chacun comme le faisait le vieil homme lui-même, posant aussi des questions administratives conformes aux responsabilités assumées par le Seth.

Il réclame « sa » voiture. Il demande à voir l'ancien principal du collège, et l'un des professeurs qui était de ses amis. Ceux-ci lui rendent visite à Aonla et s'entretiennent avec lui comme avec leur vieil ami. L'enfant ne revient pas à Budaun : il n'y a pas de grands courants d'affection de Sunil vers l'entourage de Seth Sri Krishna. Celui-ci était à la fin de sa vie devenu fort méfiant, se gardant de tous. Durant ses derniers mois, il n'avait plus aimé personne, ni même sa femme, dont il n'était pas sûr.

Cette suspicion se manifeste chez Sunil, aussi possessif et infatué de préjugés sociaux que l'était Seth Sri Krishna. Méticuleux comme lui en ses pratiques religieuses, l'enfant accomplit le rite de certaines offrandes avant les repas, absolument avec la lenteur du vieil homme, et avec des comportements strictement personnels qui frappent les témoins venus de Budaun. Pour eux, ce processus très particulier est concluant.

Sunil n'a jamais voulu boire de thé. Seth Sri Krishna n'en buvait pas. L'enfant est plus sérieux, plus avancé que ses camarades. Il a le projet de construire plus tard un collège... Il est frugal quant à la nourriture, mais évoque « sa » femme souvent. Quand Rameshwari Saxena, sa mère, lui suggère de penser à autre chose, avec gravité le garçonnet de cinq ans rétorque : « Non, Maman, là-bas c'est ma maison, et tout m'y appartient. » Et visiblement les conversations « commerciales » ne l'ennuient pas, tout ce qui se rapporte au maniement de l'argent l'intéresse. Il souhaite fumer du tabac « hookah », Seth Sri Krishna l'appréciait spécialement. Il identifie un livre lu par lui, lui autrefois...

A six ans, pressé de questions par le Dr Prasad, il précise quelques-unes des affaires de Seth Sri Krishna. Les détails devront en être vérifiés par les collaborateurs du disparu, personne d'autre n'étant au courant. Il n'y a eu aucun moyen normal pour l'enfant d'en être informé, ce fut méticuleusement analysé : les deux familles n'ont rien en commun, ni milieu ni fréquentations, elles ne se sont pas rencontrées auparavant. Aucun intermédiaire n'a été découvert pouvant servir de « relais » pour instruire l'enfant.

Dans quel but d'ailleurs, et pour obtenir quoi ?

Aucun des enfants qui ont de tels souvenirs n'en tire avantage. Nulle prétention, ou revendication, ou requête, n'ont été présentées par les actuelles familles des enfants. Quelquefois les débiteurs des individus antérieurs s'acquittent auprès des enfants. Le fait est moins rare qu'on ne peut le supposer. Mais cette éventualité de remboursement est insuffisante pour que soit montée l'énorme machination d'une intrigue englobant cent à deux cents personnes ne se coupant pas, ne se trahissant pas pendant vingt ans et plus.

Souvent, cette vive présence de l'être de jadis dans la personne actuelle suscite des inadaptations. En 1974, Sunil a quinze ans : il ne comprend pas pourquoi un tel changement d'existence est arrivé, il en pleure. Car il est extrêmement identifié aux habitudes du vieux Seth. Il n'a pas seulement le souvenir d'une méfiance en éveil redoutant la critique ou le mauvais procédé — souvenir qu'il écarterait en se consacrant à ses études, à ses camarades. Non. Il vit quotidiennement les soupçons, les soucis, et les anxiétés du riche et vieux Seth. Après sa mort, le bruit avait couru qu'il avait été empoisonné. Sunil avait raconté que sa femme avait saisi l'opportunité de la maladie pour mettre du poison dans sa boisson. Et bien des bavards avaient en 1951 colporté la chose. Malveillance ou réalité, cela reste incontrôlable. L'enfant Sunil n'a pas renouvelé les contacts après les vérifications. Il parle de sa femme comme de ses autres possessions, avec l'amertume de n'en plus disposer, de n'en être plus le maître. Il fut avec elle glacial.

Ses réflexes sont profondément ceux du Seth : religion, préoccupations, habitudes alimentaires, tabac, caractère, propos, jugements, exigence, complexe social, orgueil. Le

Pr Stevenson l'indique comme l'un des cas les plus identifiés à la personnalité antérieure qu'il ait analysé.

Pour Sunil Dutt Saxena, c'est un état de conflit. Il s'estime défavorisé socialement ; avec tact, il ne l'exprime pas à sa famille présente si pauvre. Il ne peut se départir de ses tendances fondamentales, qu'il constate, et qui provoquent des discordances actuelles. Il ne peut les oublier. Ses études sont bonnes. Il se destine aux affaires.

> GNANATILLEKA BADDEWITHANA *
> Née : 14 février 1956
> ci-devant
> TILLEKERATNE NONA
> mort : 9 novembre 1954
>
> *SRI LANKA*

Gnanatilleka n'a qu'un an lorsqu'elle parle d'un autre père et d'une autre mère. A deux ans, les détails de sa vie antérieure en tant que garçon sont pratiquement tous rassemblés, et les références sont si claires que la famille se renseigne sur la possible véracité de tout cela. Le village de Talamakele où s'est déroulée une courte vie terrestre de treize années, celle de Tillekeratne, n'est distant que de huit kilomètres. Les enquêtes démontreront que les deux familles ne se sont cependant jamais rencontrées avant les démarches de vérification.

En 1960, ses parents emmenèrent la petite fille de quatre ans à Talamakele, dont elle parle sans cesse. Mais la famille de Tillekeratne ne s'y trouve plus : après sa mort, survenue à la suite d'une chute grave et de troubles pour lesquels le garçon est resté deux semaines à l'hôpital, Mme Nona et ses autres enfants sont partis. Mme Nona est la mère de Tilleke-

---

* 101.

ratne. Les enquêteurs retrouvent la famille ; ce qui permet les corroborations.

En 1961, Gnanatilleka est confrontée avec de nombreux amis de collège de Tillekeratne. Elle en reconnaît la plupart. Mais surtout revit une affinité très grande qui attachait le garçon à l'un de ses professeurs. Entre la petite fille et le maître, M. Sumithapala, le dialogue reprend sans difficulté, sans hiatus. De surcroît, les attitudes de Gnanatilleka vis-à-vis de lui demeurent constamment affectueuses et déférentes. Ce qui infirme l'explication par un « coup monté » ; lequel « fonctionnerait » certes une fois ou deux, mais ne pourrait se continuer impulsivement, dans la compréhension heureuse et mutuelle, durant des années.

Depuis sa plus tendre enfance, Gnanatilleka manifeste une forte phobie à l'égard des médecins et des hôpitaux. Elle dit avoir souhaité être une fille, alors qu'elle était garçon. M. Sumithapala rapporte que Tillekeratne lui a un jour demandé : « Est-il vrai qu'après notre mort, nous renaissons ? »

La petite fille garde une si profonde affection pour sa « mère de Talamakele » que, ayant craint sa mort par accident, elle en reste bouleversée pendant une semaine. S'il ne s'agissait que d'informations, de connaissances recueillies — quel qu'en soit le canal — les émotions demeureraient-elles si fortes ? Si éprouvantes ? Elle considère d'ailleurs qu'elle a deux mères.

La petite fille et le garçon ont de nombreux points communs : tous deux prient, et dressent de petits autels. Elle restera constamment glaciale avec un frère aîné de Tillekeratne qui lui était hostile, et s'amusait à détruire ses chapelles portatives. Elle est amicale avec ceux qui furent chaleureux avec le garçon.

A quinze ans, elle identifie encore des objets ou des personnes proches de Tillekeratne. Deux professeurs n'ont pourtant pas été « reconnus » par elle. Par contre, lorsqu'est introduit un étranger pour Tillekeratne, mêlé à la parenté, elle le signale comme tel.

Elle se dit plus heureuse dans cette vie, heureuse de sa

famille, heureuse d'être une fille. Elle a donné une raison à son incarnation actuelle : elle a voulu se rapprocher de D. A. Baddewithana — actuellement son grand frère aîné — qui l'avait fascinée quand elle était encore Tïlekeratne, en participant à un festival de danses régionales. A la date et au village indiqués, il y eut en effet une fête et plusieurs récitals. Tillekeratne en avait bien été spectateur. Les parents de Gnanatilleka ont confirmé que, même bébé, elle n'avait cessé d'exprimer à ce frère-là une affection expansive.

Tillekeratne et Gnanatilleka ont tous deux une singularité de préférence : ils ont pour la couleur bleue une prédilection. Les parentés de l'un et de l'autre se sont habituées à voir en la jeune fille habillée de bleu l'image du garçon qui n'aimait que les vêtements bleus.

La couleur d'un certain ciel.

RAMOO et RAJOO SHARMA *
Nés : août 1964
ci-devant
BHIMSEN et BHISM PITAMAH TRIPATHI
trouvés morts : 2 mai 1964

INDE

Fils d'un médecin ayurvédique (médecine traditionnelle de l'Inde hindoue), les jumeaux Ramoo et Rajoo naquirent avec des marques de naissance ressemblant à des traces de liens qui les auraient enserrés étroitement au point de couper les chairs. L'un et l'autre ne portaient pas aux mêmes endroits ces striures fines. Situées différemment sur la poitrine, l'abdomen, le dos, elles étaient semblables d'apparence.

Dès qu'ils surent parler, les deux garçons eurent entre eux de longs conciliabules, dont étaient exclus leurs cinq frères et

---

* 101 b. (Aucune parenté avec Shaktipal SHARMA, p. 213 ; ce patronyme est très répandu.)

sœurs plus âgés, et même ensuite les deux autres enfants venus après eux.

A trois ans, ils saluèrent dans la rue un inconnu. Ils furent réprimandés pour cette expression déplacée de politesse. A quoi, ils rétorquèrent qu'ils ne s'étaient pas adressés à un étranger mais à quelqu'un du village où ils habitaient.

Où ils habitaient autrefois, jumeaux déjà, mariés chacun, et pères de famille. Comme ils sont très assurés dans leurs propos, la reconstitution précise antérieure se fait. Et les proches, ainsi qu'un enquêteur intéressé par ces cas suggérant la réincarnation, retrouvent trace, dans un village distant de seize kilomètres, de deux jumeaux de trente ans, paysans, trouvés morts au fond d'un puits le 2 mai 1964. Les cadavres étaient décomposés en raison de la chaleur continentale en Uttar Pradesh. Ils avaient été liés par des cordes extrêmement serrées.

Avant confirmation par l'enquête, les jumeaux avaient déjà parlé d'un assassinat comploté par une dizaine de voisins enragés au sujet d'un litige de limites de propriété. Ils avaient expliqué comment un liquide corrosif leur avait été jeté aux yeux, comment ils s'étaient débattus, comment ils avaient été assommés, étranglés. Cela ne put être vérifié, l'état de putréfaction avancée ne permettant plus de faire de constatations sur la cause de la mort. Quant aux énergumènes, aucun témoin oculaire n'apportant de charge précise, ils avaient donc échappé à tout procès. Mais, le temps passant, l'impunité assurée, la bêtise aidant, ils tinrent mal leur langue, et certains se vantaient de leur forfait réussi. Ainsi semble-t-il que l'usage d'un acide ait bien été fait. C'est un des bruits qui courent.

Solides et courageux garçons, l'un coléreux et exigeant, l'autre plus affectif, comme les jumeaux dont ils affirment avoir vécu l'existence, Ramoo et Rajoo s'adressent à leurs « anciens » fils de la vie précédente — qui sont plus âgés et plus grands qu'eux — aussi péremptoirement mais aussi chaleureusement qu'ils en avaient coutume, dit-on, autrefois.

Ils tiennent à les voir, malgré l'hostilité caractérisée de leurs parents actuels vis-à-vis de ces souvenirs peu conformes à l'évolution bourgeoise d'une famille. Ils appartiennent comme auparavant à la caste brahmine. Mais leur père présent par le sang, le pandit Sharma, est d'un rang social plus élevé que ne l'était leur père paysan.

Ils ont précisément et longuement parlé sans erreur de leurs études, de leurs épouses et de leurs activités.

Ils ont nommé leurs neuf assassins et les avaient justement dépeints avant de les revoir en parcourant les rues de l'autre village. Cela n'a pas été retenu comme témoignage à charge. Le tribunal se montre plus que réservé, pour un cas similaire, sur la valeur — et la crédibilité — de tels témoins : dans un district voisin de l'Etat d'Uttar Pradesh, Shri Jageshwar Prasad, dont le fils unique de six ans a été horriblement mutilé et assassiné, tente d'introduire une révision du procès ayant acquitté les coupables. Le père se réfère aux précisions livrées par Ravi Shankar qui s'affirme son enfant réincarné.

Ramoo et Rajoo ont identifié leurs terres, à l'acre près.

Ils ont avoué posséder un fusil non déclaré. Le frère aîné des jumeaux Bhimsen et Bhism Pitamah, Chandra Sen, qui vit toujours, n'a pas confirmé cette information. Les autres le furent.

WIJANAMA KITHSIRI*
Né : 28 août 1959

SRI LANKA

Le plus récent volume du Pr Stevenson se termine sur un cas insolite, celui d'un garçon né dans une famille paysanne cinghalaise bouddhiste se rappelant une vie antérieure comme musulman citadin. Il en retrouve de multiples détails mais les noms sont absents. Un seul a échappé au rideau de l'oubli : celui de la ville de Kandy où il assure avoir vécu, il y a

------

* 101 c.

seulement quelques années, au sein d'une famille riche.

L'enfant qu'a été Wijanama dans une vie précédente a vu des films ; il a suivi des cours dans un collège mixte anglais. Son père semble avoir été propriétaire prospère de multiples magasins : tissus, confection, épicerie, légumes et entreprises de transports. Il rentrait à la maison tard, buvait un alcool, portait de luxueux vêtements. L'enfant n'évoque pas beaucoup les heures de travail de son père, comme s'il n'en avait pas été témoin. Sa mère, paraît-il, était belle.

Mais aucun patronyme, aucun prénom ne resurgissent : ni le sien, ni celui du frère, de la sœur, des parents. Aucune indication de rue, ni raison sociale des magasins.

Kandy est une vaste ville. La communauté musulmane orthodoxe estime hérétique le principe de réincarnation. Dans de telles conditions philosophiques, aider un bouddhiste à retrouver une vie antérieure est inimaginable. Irréalisable, sous peine des châtiments encourus pour contact avec gens impurs.

Ainsi aucune prospection n'a-t-elle été possible auprès des musulmans.

Vérifier les allégations par l'entourage de la personnalité précédente n'était, cette fois, pas pratiquable.

Et cela surprenait que l'ouvrage se ferme sur Wijanama qui avait précisé soixante-dix-neuf points, restés sans écho, irréels en quelque sorte.

Puis lu et relu, le témoignage vivant que représente cet enfant par ses habitudes et attitudes journalières, spontanées, instinctives, s'est avéré extrêmement fort. Il est aussi des plus émouvants.

Des quarante études publiées jusqu'ici par le Pr Stevenson, sans doute est-ce celle-ci qui fait naître le besoin le plus impératif de comprendre le phénomène.

De surcroît, les réminiscences que Wijanama déclare siennes, sont là totalement désintéressées : l'objection de quelque proie à saisir, de quelque famille avec laquelle établir des rapports d'intérêt, de « compensation » sociale ou affective, cette objection se vide de tout sens.

L'enfant ne peut rien espérer. Comme recours il ne possède

que son actualité, piquetée du privilège — en est-ce un ? — de ses étranges souvenirs. Mais, souvenirs difficiles, heurtés à la non-communication avec ceux qui furent ses proches, souvenirs qui l'isolent, le rendent disparate de son milieu actuel. Souvenirs stagnant dans la nuit.

Chaque soir, vers minuit, dans un état qui n'est ni le sommeil ni le rêve, Wijanama s'assied sur son lit, jambes croisées ; il prononce alors des mots d'un langage que personne ne comprend dans son village.

Ces mots furent enregistrés par le Pr Stevenson. On s'aperçut ensuite qu'ils appartenaient au dialecte tamil parlé par les musulmans de Kandy. L'enfant appelait : « Papa, Maman, Dieu. »

Quotidiennement, ce n'est pas en cinghalais que Wijanama exprime sa suffisance de nourriture, mais en tamil. Tandis que les siens s'attablent, Wijanama mange assis par terre, jambes croisées. Il réclame de la viande, en soulignant qu'il ne veut pas de porc, tandis que tous les membres de la communauté autour de lui sont exclusivement végétariens, et satisfaits ainsi. Après les repas, il rote à grand bruit et se frotte la panse, ce que ne fait aucun des Cinghalais.

Quel considérable « entraînement » exigerait une falsification maintenue avec une telle constance. Elle est d'autant moins concevable que les parents de Wijanama, qui ne sont pas surpris par la notion de vies successives et qui, comme bouddhistes, sont tolérants vis-à-vis de foi différente, sont résolument hostiles aux attitudes et aux récits de leur fils. Pour le père, charpentier du village, pour la mère qui élève quatre autres enfants — « normaux » — il devient avec le temps insupportable, cruel, d'entendre la chair de leur chair raconter comment sa mère de Kandy était douce, merveilleusement élégante, « parfaite » en somme. Et combien la maison de Kandy était spacieuse.

Ils souffrent aussi de l'étrangeté éclatante, ineffaçable malgré leurs efforts, du petit garçon. Dans le village de Wehigala, la communauté entière est cinghalaise et bouddhiste. Le village est retiré, bien qu'à une trentaine de kilomètres seulement de Kandy ; l'on n'y voit jamais, l'on n'y a jamais vu un seul musulman. Dans le microcosme que constitue la petite agglomération confinée sur ses us et coutumes, l'apparition d'un individu tel que Wijanama provoque critiques d'ordre religieux ou personnel, malveillances, problèmes de relations, rejets.

Car il ne s'agit pas d'histoires musulmanes, d'idées « musulmanes », d'affinités qui s'affirmeraient par contradiction au milieu ambiant : Wijanama *vit* constamment comme un musulman. Et ses camarades de classe, qui l'accablent de sarcasmes, l'affublent bien entendu du sobriquet « le Musulman ».

Chassée, la nature de Wijanama revient au galop : il porte sarong et couvre-chef à la mode musulmane. A moins d'y être forcé, il refuse d'accomplir les pratiques religieuses bouddhistes : il ne veut pas offrir de fleurs aux statuettes ; il s'indigne de l'absence de tapis dans les sanctuaires. Il évoque son temple, où il désire adorer le Seigneur, après les ablutions rituelles. A sa première visite à Kandy, l'enfant entraîne sa mère vers la mosquée, mais les fidèles toisent les « étrangers » de telle façon que Wijanama n'y entre pas, à sa grande tristesse. Il y reviendra avec son père, auquel il explique qu'il est mort alors qu'il était encore écolier, excellent et heureux écolier.

C'est avec un équilibre étonnant que Wijanama vit ce constant contraste. Il ne ressent, lui, ni regrets ni amertume. Mais l'affection et la douceur de la mère de Kandy lui manquent. S'il parle du confort de jadis, il ne se plaint aucunement de sa condition actuelle, moins aisée. En revanche le régime végétarien lui est pénible. Il désirerait aussi plus de sucre ; il y en avait à satiété dans l'autre maison. Il reviendra souvent sur cette différence de nourriture au long des années : il ne « s'y fait » pas.

Non plus qu'aux croyances bouddhiques, qui le heurtent constamment dans ses réflexes personnels.

Son travail scolaire est très bon. Wijanama est une personnalité positive, intelligente, constructive, aimante, mais solidement indépendante et, compte tenu des circonstances, exceptionnellement caractérisée. Il est sensible aux contacts humains, mais ne se laisse pas influencer. C'est un garçon lucide, équilibré. Il est ardent au travail et manifeste l'intention de poursuivre ses études.

Il se montre extraordinairement brillant et attentif dans l'étude du bouddhisme « comme s'il voulait étudier les coutumes de ceux chez lesquels il se trouve vivre ».

Est-il beaucoup plus « étranger » encore, qu'il ne le dit ?

PAULO LORENZ*
Né : 3 février 1923
Mort : 5 septembre 1966
Ci-devant
EMILIA LORENZ
Morte : 12 octobre 1921

BRESIL

Treizième enfant d'Ida Lorenz, et frère de Marta, Paulo ne raconta pas à ses frères et sœurs qu'il était Emilia réincarnée, leur sœur aînée. Mais la similitude entre Emilia et Paulo leur apparut de plus en plus forte au cours des années. A tel point que tous interprétèrent finalement Paulo comme incarnation d'Emilia.

Au début, Paulo se montra « féminin ». Il se masculinisa après l'adolescence et témoigna de comportements habituels pour son sexe. Ses études furent normales. Plus tard, il s'engagea dans les voies de la politique. Il fut emprisonné après un coup d'Etat en 1964, et subit des vicissitudes qui l'entraînèrent au suicide.

Mais Emilia, personnalité précédente dont il se réclama auprès de ses parents, s'était elle aussi suicidée. Et peut-être

---

* 101 a, *Op. cit.*

l'acte perpétré par elle représentait-il déjà sa manière propre de réagir aux difficultés. Aussi cette issue se proposa-t-elle tout naturellement à l'esprit de Paulo lorsque son existence lui fut inconfortable.

A vingt et un ans, Emilia trouvait insupportable l'état de femme, car ne lui permettant pas de voyager comme elle désirait le faire et la contraignant aux dépendances familiales et sociales. Elle avait plusieurs fois déclaré qu'elle voulait être un garçon, et rester célibataire. Elle semble avoir été excessivement volontaire. Elle le fut assez pour couper le fil de sa vie parce que celle-ci ne lui convenait pas...

Mais deux ans plus tard vient Paulo. Et celui-ci se comporte en maintes occasions exactement comme Emilia. Paulo « reproduit » les phobies et passions d'Emilia. Comme elle, il déteste le violon. Et il se met ainsi en contraste avec le reste de la maisonnée tout entière férue de cet instrument, fort habile à en jouer.

Inversement Paulo Lorenz se distingue par un talent chez Emilia très développé, et qu'elle seule avait manifestement possédé : une maîtrise extrême à coudre et à couper, à réussir n'importe quoi dans ce domaine, dentelle, rapiéçage, etc. A trois ans, sans que personne lui en ait rien inculqué — d'ailleurs les autres ont horreur des travaux d'aiguille et d'étoffe —, il explique à une servante le maniement de la machine à coudre. Laissé seul, à cet âge, avec un travail de broderie, il le termine à la perfection.

Il semble aux observateurs non avertis que les cas suggérant la réincarnation offrent d'autant plus de prise à la critique qu'ils surviennent dans une même famille : chacun y est en effet informé des inclinations et habitudes du disparu. Mais une maîtrise technique ne se transmet pas comme un microbe que l'on absorberait avec l'atmosphère d'une certaine vie en commun. Il y faut une pratique compétente du matériel, l'expérience livrant la solution des difficultés concrètes. Sinon, il n'y a pas de résultat convenable, satisfaisant.

Toute la famille Lorenz parle encore des « réussites » de Paulo en couture. Et de son identification, de sa similitude permanente avec les comportements d'Emilia. Correspondance précise, spontanée, jaillissante depuis son premier babil, depuis ses premiers pas.

A trois ans, il avait un jour accompagné sa mère au cimetière. La laissant en arrière, il courut jusqu'à la tombe d'Emilia, dont il n'avait pas su l'emplacement jusqu'alors. Il saisit une fleur sur une sépulture voisine, et la laissa tomber là.

Puis il sourit.

Il demeura immobile quelques instants.

Et il sourit encore.

3

CARACTÉRISTIQUES GÉNÉRALES

Des mille et quelques six cents cas retenus par le
Pr Stevenson et soumis à l'ordinateur, se dégage-t-il des
caractéristiques générales, des traits spécifiques ?
A travers les anecdotes que peut-on retenir ?
Y a-t-il des « lois » ?

Le Pr Stevenson écrit qu'il entreprit cette étude empirique
des affirmations-références à une existence antérieure parce
que ni le savoir scientifique, ni le savoir philosophique
contemporains n'éclairent tous les mystères du comportement
humain. Il s'attendait à travailler principalement sur des
mémoires-informations, sur des bribes de connaissance. Il
découvrit l'extraordinaire réalité des mémoires-comportements, celle des attitudes-réflexes liées à la vie précédente.
L'apport unique, capital, des travaux du Pr Stevenson est là,
à mon sens. Capital pour une plus exacte compréhension des
êtres. Capital dans l'enquête concernant la survie.

La méthodologie d'investigation, l'analyse et la minutie
d'observation mettent en lumière ceci : entre l'individu actuel

232

et la personnalité antérieure, plus encore qu'informations partagées, il y a :

— une identité-continuité de comportement ;
— une identité-continuité de phobies et de goûts ;
— une identité-continuité d'aptitudes, ou de talents ;
— une identité-continuité physiologique.

La personnalité actuelle n'est pas la reproduction exacte de la personnalité antérieure qu'elle proclame avoir été.

Elle en porte certaines caractéristiques distinctives, manifestes. Celles-ci sont agrémentées des éléments « nouveaux », ceux du présent.

Ces continuités d'attitudes, de réflexes, d'émotions sont décisives dans l'argumentation pour la thèse d'une survie individuelle.

Il est vrai que les informations transmises par ces très jeunes enfants pourraient avoir été captées par télépathie : soit avec les membres de leur famille (Marta et Paulo Lorenz, Wijeratne) ; — soit, d'une manière déjà plus hasardeuse, dans le cas de Gopal Gupta avec un voyageur venu de Mathura à Delhi, soit directement avec quelqu'un de l'entourage de Shaktipal Sharma ; — soit (toutes les hypothèses doivent être retenues) avec une mémoire génétique ; — soit avec un inconscient collectif.

Mais un simple message n'imprègne pas vingt ans de vie quotidienne. Les réflexes de Wijanama le Musulman représentent plus qu'un savoir, plus qu'une mémoire, ils expriment profondément sa propre impulsive vérité, son sentiment inné, son « aventure » d'être. Le souvenir d'un voyage au Tyrol nous fait-il « yodeler » ? Le souvenir d'un carême à Séville nous conduit-il à nous adonner aux processions et à l'absorption journalière de paella ?

Durant des années Marta Lorenz, comme Sinha, conserve la phobie exagérée du sang, la peur de la pluie. Gnanatilleka met très longtemps à apprivoiser sa terreur des hôpitaux et des médecins parce que Tillekeratne a passé quinze jours en

233

service hospitalier avant d'y mourir. Sunil Dutt Saxena, tout comme le Seth, ne prend jamais de thé quand chacun en boit autour de lui. Et Gopal Gupta préfère, comme Shaktipal, les oranges aux autres fruits.

Ces faits anodins dépassent les coïncidences dues au hasard. Ils échappent à une volonté de construction artificielle, ils s'expriment tout aussi spontanément qu'inopinément : ainsi les nostalgies alimentaires de Bishen Chand et de Wijanama, resurgissant du fond d'eux-mêmes de temps à autre. Wijeratne est de tempérament coléreux comme Ratran Hami ; Sunil Dutt Saxena extrêmement méfiant et possessif comme le Seth ; Gopal Gupta et Gnanatilleka se montrent ouverts, intelligents et gais : telle était leur personnalité précédente. Paulo Lorenz ne supporte pas de se sentir prisonnier de circonstances extérieures, c'est aussi comme cela qu'a réagi Emilia.

Affectivement, toutes les individualités actuelles adopteront dès leur plus jeune âge des types de manifestations constamment appropriées aux liens qu'elles décrivent. Dès un an, deux ans, elles sauteront au cou de certains êtres aimés dans la vie précédente, elles salueront avec gentillesse leurs relations préférées, telle Gnanatilleka couvrant d'effusions le professeur de Tillekeratne après l'avoir « retrouvé » dans une assemblée nombreuse ; tels les jumeaux Ramoo et Rajoo affectueux mais sévères avec leurs fils ; Gopal Gupta, si réservé vis-à-vis de « sa » femme avec laquelle il ne s'est pas entendu autrefois.

Aussi frappantes sont les identités-continuités d'aptitudes ou de talents : Paulo Lorenz excellant à la couture, Bishen Chand jouant du « tablas », Gopal Gupta du piano, sans en avoir rien appris ; Sunil Dutt Saxena montrant un sens particulier pour la gestion et l'organisation.

Enfin les identités-continuités physiologiques qui ont été constatées, — Marta Lorenz singulièrement sujette aux maux des voies respiratoires, Bishen Chand présentant des troubles ophtalmiques analogues à ceux de Laxmi Narain — ouvrent un champ immense de réflexions et de conséquences biologiques et thérapeutiques. Ces observations consignées par des enquêteurs s'en tenant strictement à des faits et ne « théorisant » pas, ont une incontestable valeur. Elles accréditent les thérapeutiques « réincarnationistes » des praticiens Kelsey, Guirdham, Fiore, etc. Elles en affirment l'importance et la nécessité, déjà la vraisemblance. Elles les corroborent.

Traits spécifiques

La correspondance globale des deux individualités successives est évidente.

Mais certains aspects particuliers s'en manifestent dans quelques-uns seulement des cas étudiés. Ils n'apparaissent pas régulièrement. Pas « automatiquement ». Ainsi en est-il des marques de naissance et des expressions de xénoglossie.

L'étonnant témoignage apporté par les marques de naissance se range dans la catégorie des « héritages » spécifiques, que font ressortir les études menées sur les phénomènes de mémoire spontanée « lointaine ». Inscriptions d'un fait d'une autre existence tracées sur le corps actuel — les enquêtes le prouvent — elles ne se trouvent apparemment pas là chaque fois.

Le corps de Gopal Gupta par exemple, n'est pas marqué du coup de revolver reçu par Shaktipal Sharma. Le Pr Stevenson commente ce « manque » d'après les approfondissements auxquels il se livre depuis longtemps : plus nombreuses sont les années séparant les deux incarnations, plus effacées sont les traces. Or huit ans se sont écoulés entre la mort de Shaktipal Sharma et la naissance de Gopal Gupta. Par contre, c'est en 1964, quelques mois après leur assassinat, que se réincarnent Ramoo et Rajoo, et à leur naissance les striures qui zèbrent leur dos, leur torse, leur abdomen sont très nettement visibles.

Il s'agit là des « signalisations » d'événements *subis* (dont il serait captivant d'analyser la trace psychologique avec la méthode du changement de niveau de conscience).

Etonnamment plus forte se révèle la traduction physique des sévices mortels que Wijeratne a *fait subir* à sa femme. Il a été condamné, exécuté, dix-neuf ans ont passé, mais son bras droit est atrophié de naissance, les doigts de sa main droite sont anormaux, et à l'endroit de la poitrine où fut frappée Podi Menike se trouve une surface creuse de quelques centimètres.

Les implications philosophiques, sociales et psychologiques sont considérables. L'énumération complète en serait longue.

Sur les conséquences de nos actes, sur notre libre arbitre, sur le cycle des fatalités et des expiations, plusieurs chapelles spiritualistes controversent âprement, certaines d'entre elles étant plus vivement intéressées par le châtiment et le drame, quelques autres par l'évolution et l'espoir. Les unes s'ancrent sombrement dans les tragédies du passé, les autres s'ouvrent à la rédemption, à la progression présente et future. Sans doute ces opinions justicières ou généreuses satisfont-elles respectivement les individus de coloration chagrine et vindicative, et ceux de coloration vivante et cordiale. Ces théories sont construites conformément à des tempéraments. Elles ne savent guère de la Quintessence de l'Etre. Elles ne doivent donc pas être acceptées comme des lois.

Pragmatiquement, ces marques de naissance signifient continuité et responsabilité. Leur correspondance avec les blessures et les événements des individualités antérieures a été méticuleusement analysée, à l'aide de certificats médicaux, et d'attestations plusieurs fois contrôlées.

Les manifestations de xénoglossie sont peu fréquentes, mais elles ne sont pas négligeables. Le sujet se trouve capable de parler en une langue qu'il ne peut avoir apprise par les moyens habituels. Wijanama prononce quelques mots en « tamil », Bishen Chand en « urdu ».

Quelquefois, ce langage pratiqué dans une vie antérieure est revivifié au point que l'on atteint le degré passionnant de la xénoglossie responsive : le sujet, dépassant le souvenir partiel du vocabulaire, est apte à tenir une conversation dans sa langue « étrangère », répondant aux questions, ou bien en posant lui-même. L'irruption parmi les connaissances actuelles d'une maîtrise technique acquise jadis, mise au point en un autre temps, témoigne de la continuité d'une aventure individuelle.

236

Que peut-on retenir ?

— Que la durée de l'intermède entre les existences terrestres est variable.

— Que dans leur continuité personnelle, essentielle, les individus réincarnés affrontent des modifications d'habitudes ; certaines sont importantes :

a. différence de religion (Wijanama) ;

b. différence de coutumes (de castes en Inde) : Gopal Gupta ;

c. différence de milieu social et de condition matérielle : tantôt ceux-ci sont améliorés (Ramoo et Rajoo), tantôt ils sont moins bons (Sunil Dutt Saxena), mais aussi sensiblement les mêmes (Marta Lorenz, Gnanatilleka) ;

d. différence de site : dans les cas évoqués les éloignements géographiques ne sont pas considérables, comme s'il y avait souvent affinités locales, familiarité renouvelée avec un climat, avec l'ensemble d'une civilisation. L'une des études intéressantes à poursuivre serait celle de la vie antérieure de Gopal Gyta à Londres, c'est-à-dire le thème des réincarnations s'effectuant à grande distance du lieu de résidence de l'individu précédent. Le Pr Stevenson y consacre une attention particulière, car la renaissance constatée d'une personne sur un continent différent constituerait à ses yeux l'un des éléments du « cas parfait » — indiscutable — de réincarnation ;

e. différence de sexe : selon le Pr Stevenson, et d'après les cas qu'il a répertoriés, la proportion n'en serait que de 5 %. Me référant aux expériences de Rochas et aux témoignages d'authentiques voyants, cette approche statistique semble trop faible.

— Que des souvenirs des périodes intervalles entre les incarnations apparaissent plus fréquemment qu'on ne le pense, et que trop peu d'attention scientifique leur est consacrée.

— Que quelques-uns apparemment « savent » au moins l'une des raisons de leur retour ; Gnanatilleka, Paulo Lorenz, Marta Lorenz. Sans nul doute, s'ils avaient été plus précisément interrogés sur ce point, plus rigoureusement, nous aurions pu en apprendre davantage. Les enquêteurs deviennent très timides dès que sont dépassées les circonstances « faciles » : études de caractère, maladies vérifiables, talent pour la couture, inclination pour la couleur bleue... Si le sujet aborde des circonstances relevant d'une existence au-delà du terrestre, l'esprit de curiosité leur fait alors totalement défaut : la peur déraisonnée de l'insolite s'alliant à une fausse discrétion, les privent de tout sens pratique pour une investigation dans l'inconnu.

— Que les souvenirs vont et viennent, mais qu'en leur absence même, *les comportements, les émotions, les réflexes venus du lointain passé sont là quotidiens, constamment, tout le temps.*

— Que cela est si fort qu'aucune influence ne peut jouer : Wijeratne n'a pu être influencé par son père qui ne supportait pas l'évocation de Ratran Hami... ni Wijanama par sa famille et son milieu. En dépit d'adaptations difficiles, ils vivent d'après leur plus profonde réalité.

Je n'avais pu comprendre comment le Pr Stevenson qui accumule de telles observations, s'obstine à demeurer sur la ligne limite, frontière séparant les faits de leur conclusion.

Car je pense que l'étude, le travail qu'il a effectués, les résultats qu'il a obtenus permettent une prise de position.

Il faut savoir sur de tels sujets s'engager quand se multiplient les menaces d'armements, de famines, de violences.

Et dans nos pays d'Occident, nous sommes actuellement faibles et angoissés face à la précarité de nos vies, à celle surtout de ceux que nous aimons. Quel avenir pour nos enfants en 2040 ?... Nous sommes craintifs devant la mort, la nôtre, la leur, grande ombre froide, sombre, stupide.

La réflexion aidant, et la sympathie, j'ai pensé ensuite que Ian Stevenson laissait à chacun, avec sagacité, la latitude de conclure selon ses propres déterminations ou inclinations personnelles. C'était un présent en somme : le travail qu'il avait accompli était offert. A chacun d'y ajouter son effort de jugement et de raisonnement.

Puis il m'est apparu que le Pr Stevenson attendait la ratification des scientistes. Alors j'ai su qu'il ne se prononcerait jamais : il est tout à fait hors des capacités des scientistes rationalistes de comprendre ces choses-là, et même d'en tenir compte.

Il faudra donc bien que nous nous résolvions à conclure nous-mêmes. Son exceptionnel apport y contribuera pour une part notoire.

PLAIDOYERS

Contre — Pour

Quelques réincarnationistes convaincus voudraient déjà, à partir des éléments rassemblés, dégager les « lois » présidant à une incarnation, définissant ses conditions, énonçant ses significations, déterminant ses causes et ses buts.

Nous connaissons trop peu pour rédiger un code, un « Code Napoléon » du retour ici-bas. Nous connaissons mal notre propre vie, celle des espèces qui nous entourent, celle de notre planète, et nous sommes ignares en ce qui concerne les galaxies et bien d'autres réalités plus proches.

... Cela rassure d'établir un « système ». On y tient l'idée prisonnière, étiquetée, classée. On l'y encercle. On déclare la notion sans mystère, connue.

Or nous ne savons rien de la complexité des expressions de la vie. Vouloir déterminer à partir de cent — ou même mille — cas de réincarnation un système infaillible régissant les séjours terrestres de milliards d'êtres est aussi absurde que malhonnête. Malhonnête parce que faux assurément. Alors que nous en sommes aux premières explorations, toute généralisation ne peut être qu'abusive et mensongère.

En ce sens, parler de la « loi du karma », c'est vouloir appliquer au monde invisible les relations de cause à effet d'un monde matériel. C'est juger de l'essentiel d'après

240

analyses de quelques manifestations. C'est projeter nos dérisoires et éphémères schémas mentaux sur l'Eternel. C'est constituer un mammouth parce que l'on a découvert un poil de sa queue conservé dans les glaces sibériennes.

Les enquêtes scientifiques et pragmatiques du Pr Stevenson encourent une bonne part des objections faites aux témoignages et travaux déjà évoqués dans ces pages. Elles doivent néanmoins être exprimées ici afin que l'argumentation soit claire.

Plaidoyer contre

1. Tout le monde sait que les enfants racontent des histoires à dormir debout. Un enfant de deux ans n'est pas crédible, il n'a aucune conscience d'une différence entre le rêve et la réalité.

2. Des témoignages d'enfants ont envoyé à la mort des innocents.

3. Ce ne sont pas des souvenirs personnels. Ce sont tout simplement des cas de possession.

4. Les informations sont obtenues par perception extrasensorielle.

5. Elles ne signifient rien en faveur d'une continuité individuelle, parce qu'elles proviennent de l'inconscient collectif.

6. Elles indiquent une survivance génétique sans plus.

7. Tout le monde n'a pas de souvenirs spontanés de cette sorte : cela veut dire que ces récits sont inventés.

8. Ce sont là projections d'ambitions, expressions d'insatisfactions ou de rêves.

9. Le phénomène n'est pas reproductible en laboratoire, il n'est donc pas « scientifique ».

10. Pourquoi l'oubli ? Si vous n'expliquez pas rationnellement l'oubli, les jeux de cette mémoire n'ont pas de sens.

11. Même authentifiés, accumulés, ces témoignages ne constituent pas « preuve ».

12. Les théories génétiques ne vont pas être abandonnées pour des billevesées de transmigration ou de métempsychose.

13. Tous ces gens sont des malades : ils ne trouvent qu'assassinats, meurtres, drames, nostalgies, inadaptations. Ce sont des fous.

14. Ces histoires n'arrivent qu'en Inde ; elles sont « fabriquées » par l'ambiance culturelle.

Plaidoyer pour

1. Des pédiatres qualifiés font état, bien au contraire, de la qualité de véracité des très jeunes enfants. L'affabulation intervient plus tard — si elle intervient. Elle atteint ses sommets à l'âge adolescent et adulte...

Mais un débat théorique à ce propos est sans intérêt : puisque les cas étudiés par Ian Stevenson ne le sont *qu'à cause* des possibilités de contrôle. Sur soixante, quatre-vingts allégations, il n'y a le plus souvent aucune erreur. S'il se produit un « flou » sur l'identification d'un professeur — par exemple — tandis que les moindres éléments concernant la personne antérieure sont exacts, et justes les descriptions d'habitat et de site, d'activité professionelle, de circonstances intimes, de liens familiaux et amicaux, il n'y a pas là raison suffisante pour rejeter l'ensemble, sauf mauvaise foi. Les vérifications méthodologiquement menées attestent que les récits des enfants correspondent à des histoires vraies.

2. Victimes d'atmosphères passionnelles, certaines gens, quel que soit leur âge, envoient à une mort violente d'autres victimes qui ne méritaient pas cela. Oui. Faut-il en déduire qu'aucun témoignage ne doit être considéré comme valable ?...

Et soulignons que les affirmations des enfants examinés par le Pr Stevenson ne concernent qu'eux-mêmes, jadis. Les enquêteurs n'y ont décelé aucun objectif de haine ou de convoitise. Ces enfants parlent souvent contre leur « valorisation » et contre leur propre intérêt, ainsi Wijeratne et Bishen Chand Kapoor s'avouant coupables, Wijanama évoquant la douceur de sa mère de Kandy, ce qui entraîne de fortes tensions avec sa mère présente. Chaque déclaration est authentifiée avec obstination et patience. La moyenne d'âge au moment des premières allégations est d'un an et demi. Une fois retenus par l'équipe de contrôle, ces cas sont constamment suivis, ce qui constitue garantie supplémentaire contre une éventuelle supercherie. Le Pr Stevenson retourne sur place pour clarifications détaillées, ainsi a-t-il rencontré neuf fois Wijeratne, cinq fois Marta Lorenz, etc. Des correspondances régulières sont maintenues pendant des années avec les investigateurs restés sur place en contact avec les familles et leurs relations — investigateurs à l'affût des contradictions. Quelques-uns des enfants écrivent directement au Pr Stevenson, maintenant qu'ils sont adultes.

3. Se référer à la possession par l'esprit d'une personne défunte, c'est accepter, reconnaître la survie de l'être. Ce point est déterminant. Savoir que l'on survit est essentiel. Savoir que l'on se réincarne est anecdotique. La réincarnation est souvent étudiée comme signe d'évidence de survie. Elle devrait l'être davantage pour ses apports en biologie et médecine. Dans ce sens, l'objectif du Pr Stevenson n'est pas d'envisager l'homme dans sa réalité totale, mais de comprendre ses comportements. A ce niveau, l'étude des phénomènes importe plus que leur philosophie. Les enfants observés par ce médecin psychiatre ne sont pas des « possédés », le Pr Stevenson est qualifié pour le diagnostiquer.

4. Les sujets dont il est question n'ont aucune faculté paranormale. Ils possèdent rarement d'autres dons dans ce domaine. Deux d'entre eux seulement, sur les quarante cas publiés, ont eu des prémonitions.

Mais si perception extra-sensorielle il y a, pourquoi Sunil

Dutt Saxena s'empoisonne-t-il l'existence avec les anxiétés et les méfiances du vieux Seth, et cela depuis sa naissance, au point d'en pleurer parfois ? Comment la perception extra-sensorielle de connaissances absolument « étrangères » concernant un inconnu fait-elle basculer quelqu'un dans un style particulier de vie quotidienne ? Car il ne s'agit pas d'un transfert d'informations d'un esprit à un autre esprit, éléments plus ou moins indifférents qui seraient stockés ensuite dans notre subconscient avec la bataille de Marignan et la Deuxième Guerre mondiale... C'est par besoin personnel que Wijanama réclame de la viande, il en connaît la saveur, et celle-ci lui manque ; s'il refuse d'offrir au Bouddha des fleurs, *c'est parce que cela va à l'encontre de ce qu'il continue d'être essentiellement, à l'encontre de son évidence, de sa réalité.*

Si la perception extra-sensorielle est la clef de ces comportements constants durant vingt ans, cinquante ans (Marta Lorenz), comment expliquer qu'elle ne saisisse QUE ce qui concerne Ratran Hami (Wijeratne), QUE ce qui se rapporte à Emilia Lorenz (Paulo)...

5.   Est aussi irrecevable l'explication par l'inconscient collectif. S'il existe, il représente l'ensemble de l'héritage de notre planète, or nous en recevons fort peu de nouvelles : pourquoi rien des Vikings, des invasions mongoles, de Philippe Auguste, de Marie Curie, du Mahatma Gandhi ? La thèse du « branchement » jouant avec l'inconscient collectif exige un amour aveugle des hasards statistiques ; beaucoup ne l'éprouvent pas... Un jour donc, un enfant, tel Bishen Chand « décroche un lot » à la tombola de l'inconscient collectif, celui de Laxmi Narain qui appartient à une autre caste avec principes et interdits différents ; le sort incongru ne « fonctionnera » qu'une seule fois, Bishen Chand Kapoor ne gagne pas de lot japonais, pas de lot australien, pas de lot esquimau... D'ailleurs, il ne s'agit pas d'un apport culturel, mais d'un mode de vie profondément ressenti.

Qu'on ne veuille pas d'une aventure individuelle se continuant parce que l'on ne se sent pas l'envie des responsabilités, soit. Mais en appeler à l'inconscient collectif, c'est imaginer que nous vivons et percevons « au hasard ».

Cependant, croire à l'inconscient collectif conservant des données cohérentes au point de reconstituer la vie entière d'individus disparus, c'est déjà croire à une survivance mentale, si « informe » soit-elle.

6. Le Pr Stevenson a écrit, concernant Paulo Lorenz, que la transmission génétique d'une maîtrise technique réclame plus de crédulité que n'en demande la survie.

Voici d'autre part quelques lignes de Lyall Watson, se rapportant à une autre maîtrise technique, celle du maniement d'une langue étrangère. Il s'agit d'un cas de xénoglossie responsive : Rosemary, une jeune fille anglaise suivie par le Dr Frederick Wood en 1927, se trouve capable en état de conscience modifiée, de parler une langue que l'on eut grand-peine à identifier plus tard comme étant de l'égyptien ancien. Elle l'a appris dans une vie précédente, alors qu'elle était l'esclave syrienne de l'épouse d'un pharaon de la XVIIIe dynastie, sous le règne d'Aménophis III (1460-1377 av. J.-C.).

« La question [*] fut soulevée de savoir si Rosemary n'avait pas étudié les hiéroglyphes et inventé ses propres voyelles, mais cela semble démenti par la rapidité avec laquelle elle répondit en égyptien ancien aux questions spontanées qui lui furent posées. Personne aujourd'hui n'est capable de parler cette langue extrêmement difficile, et même les experts ne peuvent la lire directement sans résoudre chaque mot comme un cryptogramme. Or Rosemary réussit à fournir à Hulme soixante-six phrases correctes en égyptien ancien au cours d'une séance qui dura quatre-vingt-dix minutes ; l'égyptologue lui avait posé dans cette langue douze questions, qu'il avait mis vingt heures à préparer.

« ... *car il semble que nous ayons dans ce cas une excellente preuve de survie.* En effet, selon les critères (...) nous avons bien là quelqu'un actuellement en vie qui a fait la démonstration d'un talent ancien que ne possède aucune autre personne vivant à son époque. »

7. Ces récits seraient inventés ? Non. Recueillis par l'équipe du Pr Stevenson, ils s'avèrent correspondre à des réalités précises, vérifiées.

---

[*]   110 b.

Et, personne ne ressemblant à personne, pourquoi s'attendre à une uniformité des facultés mnémoniques ? Pourquoi la réclamer comme titre d'authenticité ?... De même que le sens des affaires ou le sens artistique, singulièrement développé chez certains et nul chez d'autres, les réminiscences spontanées sont le fait d'une aptitude particulière personnelle. Mais il ressort des travaux de Rochas, de Muller, des praticiens brésiliens de recherches psychobiophysiques, de Kelsey-Grant, de Caycedo, etc., que *TOUS* nous possédons subconsciemment des souvenirs de vies antérieures qui ne demandent qu'à revenir à notre conscience quotidienne.

8.   Ce ne sont pas des projections : les jumeaux Ramoo et Rajoo ont des correspondants identifiés. De surcroît, ils se trouvent maintenant dans une situation jugée meilleure dans l'échelle sociale. A titre d'exemple, ils sont évoqués particulièrement, mais tous les cas publiés par le Pr Stevenson sont des réponses à ce type d'objection irréfléchie.

9.   Sur un premier indice de manifestation spontanée, la capacité mémoire lointaine peut être longuement observée en laboratoire. Indéfiniment reprovoquées et « re-suscitées », les évocations de vies antérieures ne varient jamais (cf. travaux de Rochas, Guirdham, Kelsey, Stevenson). Réalité et vérité se trouvent aussi en dehors des laboratoires.

10.   L'oubli n'est qu'apparent. Cette mémoire est là, sans cesse ; elle ne « joue » pas. Sans doute ne l'écoutons-nous pas assez. Dans nos pays, nous y sommes sourds. Dans quelle mesure nos parents l'ont-ils empêchée de s'exprimer lorsque nous étions des enfants ?

Sans doute aussi ne parle-t-elle que selon nécessité. Mais les critères du « Fuseau de Nécessité » d'Er de Pamphylie sont incontestablement ceux d'une autre dimension. Nous n'en devinons pas les exigences ni les significations. Ces critères ne sont pas ceux de notre espace et de notre temps.

Il est possible que certains d'entre nous aient décidé de n'utiliser clairement aucun souvenir antérieur... se contentant d'exister au jour le jour, doucement.

Il ne faut pas perdre de vue, en outre, que les réactions

instinctives profondes et souvent inexpliquées des êtres sont des mémoires-comportements : expériences ou habitudes acquises au cours de leurs vies successives qu'ils retrouvent naturellement. Au-delà d'une mémoire mentale compte la mémoire vitale.

11. Quelques personnes ressentent une boulimie de « preuve », rien ne semblant porter remède à cette faim pathologique et revendicatrice. Peut-être ne sont-elles pas sûres d'elles et n'osent-elles pas juger des choses par elles-mêmes. Sans doute ont-elles des raisons « antérieures » d'être, comme Sunil Dutt Saxena, méfiantes...

Le mot preuve est ainsi défini : témoignage, démonstration.

Les travaux de Ian Stevenson démontrent une identité-continuité entre deux corps physiques. Les cas examinés témoignent de cette identité-continuité. Maîtresse du temps, libre de mort et de naissance, cette identité-continuité possède à l'évidence plus d'une vie...

Il faudrait cesser de clamer : la perception extra-sensorielle est-elle la meilleure explication des phénomènes observés par M. Stevenson... la réincarnation sera-t-elle un jour adoptée comme la meilleure justification « possible » dans l'état actuel des connaissances... Qu'est-ce que signifient ces jargons : pusillanimité, agitation intellectuelle pour bonne opinion de soi-même... Pas d'idée avancée, conformité rationaliste classique et jonglerie de mots. Il serait plus sage d'enfin RAISONNER SUR DES CONSTATATIONS.

Des constatations de haute valeur et qualité, il y en a.

Des raisonnements aussi, mais privés de la volonté de conclure clairement.

La multiplicité des faits réunis est un argument qui n'est pas négligeable. Car des témoignages « accumulés » dans des conditions différentes et provenant de plusieurs individus ont plus de poids qu'une seule observation faite d'après un unique sujet.

12. Qui parle d'abandonner les théories génétiques ? Personne ne le demande. Pourquoi ne pas y adjoindre plutôt

des données, si celles-ci sont valables et susceptibles de compléter la connaissance de la nature humaine.

13.   Aucun de ces enfants n'est « fou ».
Ils ne sont que comme vous et moi.

Certains sont nostalgiques, c'est vrai. Qui ne regrette ce qu'il appréciait ? D'autres sont heureux comme Gnanatilleka, équilibrés comme Wijanama, comme les jumeaux Ramoo et Rajoo en dépit de leur mort violente.

Ce n'est pas le fait d'une fin brutale par assassinat qui provoque la résurgence de ces particulières réminiscences. Mais une sensibilité vive à un incident — ainsi Gopal Gupta manifestant qu'il est un personnage important auquel on ne demande pas d'enlever un verre sale —, une sensibilité vive à quelqu'un, à une activité, à une entreprise professionnelle, à un lieu, à une famille, à soi-même, à sa propre conscience.

Imprégnée intensément des notions de péché, de châtiment, de souffrance à endurer — par suite de nos fautes — dans la vallée de larmes, notre vision devient sélective : nous retenons l'affreuse mort des jumeaux, mais rien de la joie de vivre de Ramoo et Rajoo, ni de leur bonheur à retrouver leurs fils.

Car de notre passé, il ne nous vient pas que la violence ou les conséquences d'erreurs. Il ne vient pas *seulement cela*, mais aussi des expériences d'une infinie richesse, et certains arts de vivre que nous ne savons pas remarquer.

Nous ne cessons d'aller vers le meilleur de nous-mêmes. Nous sommes en route. Le disent aussi les grandes Traditions.

14.   Partout dans le monde — donc indépendamment de toute incitation culturelle — des enfants parlent de leur vie antérieure. Voici des chiffres à l'appui de cette affirmation : ils sont extraits de la nomenclature établie par les services du Pr Stevenson. Cette liste ne répertorie que les cas qu'ils ont eux-mêmes étudiés et retenus. Elle représente donc un niveau sévère de sélection par rapport au nombre des témoignages reçus. Ceux-ci continuent de parvenir en quantité à Charlottesville. L'équipe de travail manque de collaborateurs pour

que tous soient immédiatement examinés, c'est dire la multiplicité du phénomène. Cette statistique date de 1977 :

Canada	63	Tchécoslovaquie	1
Australie-N^{lle}-Zélande	15	Danemark	3
Turquie	144	Finlande	11
Viêt-nam	2	Hongrie	3
Japon	7	Russie	3
Liban	74	Ecosse	6
Tibet	17	Espagne	2
Inde	208	Italie	8
Birmanie	226	Suède	4
Amérique du Sud	17	Suisse	6
Amérique c^{le}-Cuba	3	Etats-Unis	452
Afrique	17	Allemagne	22
Autriche	9	Grande-Bretagne	99
Belgique	3	France	38

IV

LE PASSÉ

Traditions

LE FUTUR

Recherches

1

TRADITIONS

Ainsi donc, quels que soient l'héritage culturel, le milieu et l'éducation, s'affirment des souvenirs de vies antérieures. Ils se proclament, se détaillent et se vérifient. Quatre cent cinquante-deux cas retenus aux Etats-Unis selon les critères sévères du Pr Stevenson, cela indique le foisonnement insoupçonné de ce genre de réminiscences. Se perdent, de surcroît, les résurgences timides n'osant s'avouer, et celles qui se révèlent par fragments n'ayant pas de cohérence visible les uns avec les autres. Ces dernières restent malheureusement pour la plupart entourées d'une brume que nul ne s'emploie à percer. Malgré l'existence de méthodes connues pour changer de niveau de conscience et permettre des investigations couronnées de claires précisions, les individus n'ont en général pas recours au procédé car ils craignent les sarcasmes et le scepticisme de leur entourage.

Quel que soit l'héritage culturel, ai-je dit, mais parcourant l'histoire des civilisations, je constate que toutes, elles ont été et sont spiritualistes : il n'en est pas une sans âme et sans survie, sans dimension supra-terrestre de la justice, de l'épanouissement, de l'être. Telles dans les périodes proches, presque familières : Sumer, Assur, Babylone, Alexandrie, Thèbes, Athènes, Jérusalem, Rome, etc. Telle est aussi la

253

déduction qui s'impose d'après les documents esquissant la protohistoire des millénaires précédant notre ère. Hommage n'était pas seulement rendu pour se concilier les forces immenses et effrayantes du ciel (foudre et tonnerre), de la terre (inondation, glaciation, sécheresse) ; il s'adressait, en un tribut différent offert aux esprits des hommes forts et des animaux courageux disparus dans la mort. Car nos grands anciens ont toujours estimé que ceux-ci survivaient personnellement, directement, dans un monde parallèle au nôtre.

Sur l'instinct profond d'un peuple, il arrive qu'une volonté politique projette temporairement un matérialisme d'Etat. Celui-ci ne réussit pourtant pas à tuer les dieux ni la prescience d'un autre monde au cœur de chacun : ainsi subsiste-t-il un culte des ancêtres pratiqué dans l'ombre de multiples foyers chinois ; ainsi les religions chrétiennes sont-elles tolérées dans les pays socialistes-marxistes. Les éducateurs et les policiers du marxisme n'ont pu déraciner l'Infini de la conscience existentielle de nombreux individus, bien qu'ils aient consacré à cette entreprise une redoutable organisation répressive.

Dans la saga de notre planète, le matérialisme adopté comme valeur idéale de référence par une ethnie ou par un large groupe social, n'est qu'un phénomène intermittent et isolé. Il a récemment resurgi lorsque les progrès de tous ordres du XVIIe et du XVIIIe siècle ont enfiévré les cerveaux en Europe. Les améliorations de la technique et des sciences provoquèrent une brutale réaction de rejet vis-à-vis des affirmations des clercs : arbitraires, elles étaient insupportables de sottise et d'ignorance. Le joug de l'obscurantisme dogmatique religieux avait été trop lourd ; il fut secoué avec une fureur légitime mais excessive. Car la trahison des clercs n'avait pas été totale : l'Europe leur doit d'avoir conservé quelques étincelles du flambeau hellénique et du message évangélique dans le déferlement des invasions barbares.

Aux ressortissants du monde romain, les coutumes saxonnes, germaines ou wisigothes semblaient des plus frustes et affreusement primitives. Les uns avaient pourtant avec ces autres quelque chose d'essentiel en commun : agresseurs et agressés étaient également spiritualistes. Il n'y avait aucun doute sur la survie postmortelle d'une âme s'en allant rejoindre les dieux, ni pour les sauvages envahisseurs ni pour leurs vaincus.

A l'exception bien sûr de quelques esprits forts, groupés quelquefois en associations, ainsi le mouvement épicurien, et certains penseurs de l'école stoïcienne suivis de leurs élèves.

Comment, pourquoi, ces îlots structurés de matérialisme apparaissent-ils au sein de l'océan spiritualiste ?

Dans la diversité des tendances et des opinions, il s'est immémorialement — et naturellement — trouvé des individualités qui n'admettent pas ce qu'elles entendent, mais seulement ce qu'elles touchent et ce qu'elles voient elles-mêmes. Il y aura toujours des partisans de l'immédiat : les matérialistes sont des amoureux de ce que l'on saisit à pleines dents.

Constante à l'échelle personnelle, la confrontation matérialisme-spiritualisme — organisée en clans inconciliables — se bataille par querelles scholastiques dont les rebondissements et l'influence sont variables dans ces milieux, selon les siècles. Mais à certaines époques de grandes menaces et de mutation, l'affrontement affecte une part beaucoup plus importante du corps social. Comment en serait-il autrement quand les populations sont en quête de valeurs assurées et d'hommes de certitude : c'est alors à qui prouvera ses meilleures recettes dans l'art de vivre et de mourir...

Ainsi la fin de l'empire romain. Ainsi notre civilisation occidentale de 1950-1980 : et le rationalisme matérialiste semble en passe d'y triompher. Il se targue alors d'être philosophique, ou mieux, scientifique. Utilisant aux fins de sa propagande d'éclatants succès technologiques, le matérialisme tend à démontrer « l'inutilité » pratique du spiritualisme, et voudrait l'anéantir enfin. La faiblesse des Eglises, malades de rester inadaptées aux angoisses contemporaines, favorise les attaques contre les diverses formes de Foi. Face aux sciences, les croyances se révèlent sans fondement justifiable, irrécusable, clair..., « crédible » ! Les dogmes fabriqués par des hommes d'après leurs sentiments d'un moment — ainsi celui de l'Immaculée Conception décrété il y a cent vingt-cinq ans à peine et coupé par conséquent de toute réalité objective avec Marie, mère de Jésus — sont inacceptables en un temps où la précision mathématique livre l'espace interplanétaire et l'énergie nucléaire.

Mais abusant de ses victoires, l'intellectualisme raisonnant occidental voudrait établir l'absolue souveraineté de ses connaissances du monde et des lois par lui fixées. Il lui faut pour cela nier ce qui lui échappe, ce qu'il n'a pu encore cerner dans ses techniques, ses systèmes et ses codes. Définitivement critique, le rationalisme devient illégitimement totalitaire-totalitariste. Défiant à la fois éthique et rigueur pour instaurer sa suprématie, il écarte certains faits comme s'il avait déjà totalement sondé l'univers, comme s'il savait déjà tout.

Car il n'accepte pas la coexistence des deux mondes : visible et invisible. Il ne tolère qu'une dimension, celle qu'il aperçoit, mesure, fait entrer dans ses laboratoires et ses analyses. Il ne peut supporter donc de devoir découvrir, d'attendre pour statuer sur l'essence et la quintessence, d'apprendre. Il se dit chercheur, mais se comporte en sectaire.

Comme il est simple — enfantin — de décréter que ce que l'on ne calcule pas est négligeable, dépourvu même de toute réalité. Dans cette logique, par suppression des interrogations métaphysiques, l'univers s'enroule sur une vision monolithique de lui-même, fermée par volonté d'un empirisme élémentaire. Plus de problèmes existentiels par conséquent. Plus question d'éternité — sinon par réflexe animal effrayé de la fin physique et de la course du temps. Plus d'infini — sinon par pathologie mégalomaniaque.

De l'attitude matérialiste s'offrent plusieurs explications. Je ne citerai pas celles des différents experts anthropologues, psychiatres, théologiens, elles sont myriades. Mais je note, m'en tenant à ma position personnelle d'intermédiariste que, tout comme certains sociologues et médecins, etc., quelques théologiens — soi-disant hommes de foi — sont excessivement pragmatistes, coupeurs de preuve en quatre, gourmets de débats brillants en sophismes et contradictions. C'est éton-

nant, mais il se trouve des théologiens matérialistes pour
« spéculer » sur Dieu. Car ils n'y croient pas, ils n'en savent
rien. Ils ne sont pas plus concernés par Lui que par une
théorie monétaire, ou par le développement d'une agriculture
capable de nourrir des millions d'affamés. Ils ne conçoivent
pas plus la réalité de la faim de l'âme qu'ils ne perçoivent la
faim physiologique des êtres.

Cette disposition d'esprit peut correspondre à un inconscient besoin de sécurité et de solidité : point d'aléas, point de
drames plus grands que l'homme, point d'aventure. Un cocon
est fabriqué, où l'on s'enferme : matérialisme de protection.

Le comportement positiviste peut également exprimer le
moment particulier d'une évolution au cours de laquelle la
sensibilité d'un être ne s'est pas affinée suffisamment pour
saisir le monde au-delà des sens. En voici une illustration
concrète : nombreuses sont les personnes qui ne réaliseront
absolument pas durant leur séjour ici-bas l'extraordinaire
mouvement des atomes animant une matière qui restera pour
elles inerte, « morte ». Car lorsque leurs yeux s'arrêtent sur
une table de bois, elles n'en considèrent que l'apparence, sans
égard pour l'arbre qu'elle fut, sans la plus fugitive référence à
sa réalité moléculaire.

Mais les observations effectuées sur les vies successives
suggèrent d'autres éventualités : celles de comportements
adoptés à la suite d'événements vécus dans le passé « antérieur », incrustés dans l'expérience individuelle et modifiant
ses inclinations. Les examens auxquels procède l'équipe du
Pr Stevenson ont clairement montré la portée d'une circonstance ancienne dans le quotidien actuel. L'évocation de la
personnalité de Sunil Dutt Saxena, profondément imprégnée
des suspicions du vieux Seth qui avait ressenti avec acuité les
désapprobations de son entourage et la désaffection dange-
reuse pour lui de sa trop jeune femme, n'est pas le seul cas de
telles transmissions : en témoignent non seulement l'ensemble
des travaux de Ian Stevenson, mais aussi les expériences de
Rochas et de ses confrères, les faits recueillis par C. Flammarion et par la thérapeutique réincarnationiste.

Alors, renaissant dans nos sociétés, comment réagiront un

257

cathare brûlé pendant la croisade des albigeois, un catholique
sacrifié aux dieux incas pendant la révolte de 1554 au
Nouveau Monde, un protestant torturé pour la cause de la
Réforme, un juif, un musulman persécutés par l'Inquisition
espagnole de la Reconquête des Rois Catholiques ?... Tous
ceux-là qui ont péri en raison de leur foi, quand ils reviennent
parmi nous, quels chemins suivront-ils ? Quelques-uns se
consacreront à nouveau courageusement à la diffusion des
doctrines qui leur sont précieuses et familières : ils seront
missionnaires et militants. D'autres, instruits précisément des
périls du propagandisme, accompliront leurs rites dans le
silence strict du cadre familial. Mais ceux qui furent jadis
douloureusement ébranlés, atteints dans leur énergie vitale,
ne vont-ils pas refuser tout engagement à des confessions au
nom desquelles s'étripent avec cruauté les passionnés de
Dieu, des dieux ? D'expérience, ils vont s'en irriter, les
rejeter, les dire absurdes : ils les savent dangereuses. Ils
voudront la paix, la tranquillité. Ils s'en tiendront à manger et
boire, jouir du bien-être et du soleil, élever des enfants,
gagner de l'argent, et surtout ne plus entendre parler d'une
âme — car ils se souviennent subconsciemment qu'ils ont
payé le prix du sang pour s'être reconnus un tel « diamant »,
et pour avoir été fidèles à une telle croyance. Ils ne pourront
supporter l'évocation d'un dieu qui leur a coûté la peau...
Peut-être estiment-ils par-dessus le marché qu'ils ont été par
lui abandonnés, et peut-être ensuite dans l'autre monde ne
l'ont-ils pas non plus « rencontré »... Alors ils seront matérialistes. Passionnément. Absolument. Intraitablement.

Cet échantillonnage anecdotique est présenté comme l'une
des explications plausibles à des refus irraisonnés de spiritualisme. Les réincarnationistes eux-mêmes ne songent pas assez
à l'ensemble de conséquences pratiques des retours terrestres ;
ils parlent beaucoup des circonstances expiatoires, ils ne
tiennent pas compte des traces émotionnelles, des sensibilités
acquises. J'esquisse quant à moi une hypothèse complémentaire à l'allergie spiritualiste.

Réfléchissant aux significations des mémoires-comporte-
ments-réflexes observées par le Pr Stevenson, on ne peut plus

penser que les matérialistes fanatiques le soient absurdement. Plus leur position est acharnée, plus elle laisse présager d'une blessure. Même si la cause précise n'en est pas généralement décelable, cette douleur perceptible doit être respectée. Aucune argumentation logique n'en viendra à bout. Un raisonnement intellectuel est incapable de modifier une expérience obtenue par un événement ayant fait appel à toute l'énergie, à toute la détresse, à toute la révolte d'un être, à sa rupture physique mortelle.

Quelles qu'en soient les raisons, le matérialisme occidental récent est d'un grand apport. Il nous a poussés à adopter ses modes d'approche, ses analyses, ses minuties, pour venir à bout de ses propres certitudes.

Utilisées par des hommes tels que C. Flammarion et I. Stevenson, l'observation expérimentale et la méthodologie scientifique mettent en évidence, d'après des faits, ce monde invisible, extra-matériel, nié par les postulats rationalistes.

Ainsi un lien précis est-il établi avec les croyances universelles de l'humanité. Avec les savoirs, dont certains sont millénaires, transmis par les traditions religio-philosophiques, l'enquête méthodique a permis des « ponts », des points de repère, des points de vérification.

Mon esprit d'individu occidental de 1980 réclamait ces justifications. La technologie croissante après 1945 a joué contre le spiritualisme qui inspirait nombre d'auteurs encore jusqu'en 1936. Oui, je ne pouvais récuser ni mon époque, ni mon milieu. Et je ne suis pas croyant-né.

Les moyens d'une démarche rigoureuse se trouvaient autour de moi. Ils m'ont conduit où je voulais : hors des brouillards de crédulités et de doutes. *Les clartés logiques sont accessibles à qui fait effort.*

Alors les grands idéaux constamment évoqués par les sages et les prophètes sont compris différemment, car liés sans conteste avec la réalité quotidienne. Ainsi proches, ils ne sont plus reçus avec le scepticisme qu'entraînent les théories abstraites. Ils deviennent « concrètement » intéressants. Les traditions, confirmées par la raison expérimentale, ratifiées, retrouvées par la méthodologie scientifique, cessent d'être de grandes voix révérées, considérées pourtant comme inadaptées au monde moderne, peut-être dépassées... Du moins quelques-uns d'entre nous craignent-ils qu'elles ne le soient.

L'alliance de la science, de la philosophie, de la religion se renoue, harmonieuse comme elle le fut du temps de Platon et durant les époques d'équilibre, d'épanouissement, de « renaissance ». Il n'y avait pas de guerre intestine entre elles alors, mais recherche commune. Recherche satisfaisant l'âme et l'intelligence, aboutissant à la survie comme élément central de connaissance.

Identique fondamentalement, le savoir métaphysique est diversement interprété, ensuite codifié, enfin dogmatisé, par les disciples, les Eglises, les chroniqueurs, les exégètes, les intellectuels, les logophiles. Le savoir est transformé en croyances, et l'adhésion en discipline.

Complexe dans le détail de thèses d'une prolifique variété, la pensée spiritualiste peut être schématiquement scindée d'après trois déterminantes fondamentales. Par commodité, et sans prétention à l'originalité, je les ai nommées :

Immortaliste

Un dieu créateur fabrique un jour le monde, et l'homme auquel il attribue un reflet de ce qu'il est lui-même. La vie est un « don », un accident en somme. Créée de la volonté du dieu, la naissance est le commencement. Il n'y a pas de préexistence. Mais une éternité à venir est promise (donc, à la vérité, une immortalité), car le dieu anthropomorphique qui a fait l'homme à son image permet à sa fabrication de connaître — si la créature satisfait aux lois de son créateur — quelques-uns de ses privilèges. A savoir : transcendance hors du temps, vocation à un futur immortel dans un état glorieux, curieusement figé dans un style saint-sulpicien de la fin du XIXe siècle. La résurrection est assurée après le jugement dernier, quelles que soient les controverses à propos de ses modalités.

Les animaux, les plantes et les incroyants qui ne sont pas

260

serviteurs du Bon Dieu ne connaîtront pas cette Eternité. L'Eternité est inventée à partir de l'homme. Et comme pour l'inciter à bien faire.

A cause de la faute originelle, la naissance entraîne la traversée d'une suite de calamités, souffrances, épreuves, etc. Le passage est un parcours à accomplir « sportivement », et avec obéissance, si l'on veut plus tard goûter les vraies joies, qui sont célestes.

De rien naît la vie, mais de la vie naît la mort.

Réincarnationiste

Conception métaphysique expliquant la vie à partir d'un Tout-Conscience-Omniscience-Principe de Vérité-Réalité.

Il y a préexistence, il y a survie, il y a renaissance.

De la Vie ne naît que la vie. Jusqu'à sa plénitude métaphysique. Parce que chacun évolue et « vit » à son niveau selon ses choix et ses capacités, il n'y a pas, jamais, de choses « mortes », mais vie manifestée selon des intensités d'être.

Les plantes et les animaux évoluent aussi, et le minéral n'est pas inerte.

Quelles que soient leur croyance et leur religion, tous les êtres sont promis à la plénitude de la Vie.

Les réincarnationistes sont éternalistes au sens strict du terme puisque pour eux la Vie n'a ni commencement ni fin. C'est en elle que se développent les existences individuelles à travers des formes successives.

Comme les immortalistes, les réincarnationistes contemporains sont le plus souvent gens de théorie, y compris ceux nés dans les pays culturellement adeptes du principe des vies successives. Ils se meuvent avec facilité à travers les abstractions, et n'intègrent que rarement les conséquences concrètes immédiates de leur foi. (Ainsi certaines familles hindoues, croyant par conséquent à la réincarnation, rencontrées par le Pr Stevenson, et témoignant de la plus grande incrédulité devant l'apparition pratique des affirmations réincarnationistes de leur enfant, ou s'en montrant étonnées... Il y a, semble-t-il, la foi d'un côté, à propos de laquelle on ne réfléchit guère, on s'y trouve, pas de questions, on y reste ; de l'autre côté, la « vraie » vie, celle que l'on connaît.)

Le séjour terrestre est marqué des nécessités d'expiation. L'autre monde est plus agréable, « meilleur » que celui-ci. Cette intrusion du « péché lourd » dans la conception réincarnationiste est récente. Elle n'apparaît chez les philosophes réincarnationistes, ni dans l'Antiquité ni même au XIXe siècle. Elle n'est pas dramatisée dans la pensée orientale, comme elle l'est pour certains auteurs occidentaux marqués de la culpabilisation catholique : faute originelle, péchés réitérés, pénitence, indignité constante, purgatoire, enfer, rédemption par le sacrifice du Fils de Dieu lui-même, etc.

La mort est pour les réincarnationistes passage, transition, naissance à l'existence supra-terrestre, supra-« normale ».

La Vie s'exprime, émane, incessamment.

Survivaliste

Se réclamant d'une analyse analogue à celle des réincarnationistes en ce qui concerne l'univers vivant, les survivalistes s'en différencient pourtant en ce sens qu'ils ne se contentent pas d'une référence théorique à la survie, elle fait partie de leur réalité pratique quotidienne : ils ont avec les habitants de l'autre monde des échanges continuels, familiers et révérencieux à la fois. Ils traitent avec eux individuellement, « d'homme à homme », de force à force. Les dieux sont spectateurs tutélaires de ces dialogues multiples : affectifs, religieux, utilitaires. Appui est demandé pour un amour heureux, pour une vengeance, pour l'opulence des récoltes, pour avoir des fils et des filles courageux au travail... et l'on obtient réponse.

Quels que soient ses « cadres » métaphysiques ou doctrinaux, pour les survivalistes, survie signifie présence d'êtres proches se manifestant aussi bien avant leur naissance qu'après leur mort physique. Les « esprits » vivent dans la dimension d'une réalité différente, cependant non étrangère, et à des degrés de pouvoir et de savoir très distincts.

Mais cette existence supra-terrestre n'est pas immobile, statufiée en une théorie d'être « éthéré », contrairement aux conceptions immortalistes et réincarnationistes les plus répandues.

L'aventure se poursuit et donne témoignage de sa continuité nettement individuelle et « voisine » : l'esprit-âme-conscience nous regarde. L'âme intervient, elle s'exprime, conseille et prévient. Elle exige aussi parfois assistance, compréhension intelligente, affection. Il lui arrive de s'épuiser à nous démontrer qu'elle est là, vivante encore. Elle s'offense quelquefois de nos prétentieuses mises en demeure, qui lui font sentir à quel point nous ne sommes pas du même monde : les tatillonneries de contrôleurs fiscaux sont déplacées dans l'intemporel... (Les enquêteurs se privent habituellement de générosité, de chaleur, sous prétexte de lucidité... Pauvres cervelles affolées par l'Infini.)

Les forces de conscience, végétales et animales, participent à la vie quotidienne ici-bas d'une façon proportionnée selon chaque règne. L'intercommunication de ces forces est incessante. Telles les gouttes d'eau dans le fleuve, rien n'est figé, rien n'est indifférent, rien n'est abstrait.

La continuité d'existence exprimée et témoignée individuellement entre les mondes visible et invisible est perçue en une vitalité dynamique qui exclut l'effroi de l'au-delà. Et comme les survivalistes savent d'expérience que l'idée d'un monde « meilleur-préservé-dépourvu-de-tâches-et-de-préoccupations » est à proprement parler fausse, ils sont délivrés du complexe de fuite hors de l'incarnation actuelle pour gagner un paradis tranquille. Ils ne considèrent pas celle-ci comme un châtiment ou un exil, dû à des fautes. Ils estiment qu'une vie terrestre est un moment parmi d'autres moments d'enrichissement. Moment qu'ils traversent pour apprendre et pour savourer des formes d'existence, comme ils l'ont fait avant incarnation ici, et comme ils le feront après séparation d'avec le corps physique.

Telle est la conception des survivalistes :

Il n'y a pas de néant. Cette notion est d'une absurdité risible.

La mort comme telle n'existe pas.

Seulement des vies dans la Vie.

Un examen scrupuleux de chaque tradition révèle qu'aucun des grands courants de pensée qui ont imprimé leur sceau sur une civilisation n'a été homogène, c'est-à-dire durablement accepté et maintenu dans son intégrité première, dans l'harmonie initiale donnée par le message du fondateur.

Car des groupes d'études, des réformateurs, des « parfaits », des maîtres à penser, ont au fil des jours lancé des réflexions divergentes. Complémentaires ou dissidentes... ? Approfondissements... ou spéculations inutiles ? Qui peut le dire : le Prophète est au-delà, et chacun le revendique selon ses compréhensions personnelles. Aucune tradition n'a été préservée des mises en cause de doctes analystes soutenant des thèses fréquemment contradictoires. Ces affrontements ont provoqué l'affirmation des différences d'opinion en courants séparés ou indépendants. Plus gravement en schismes.

Le Savoir est donc enseigné diversement.

Mais aussi parce que tout savoir se trouve différencié selon qu'il est reçu par un groupe très large relativement indifférent (population), par des groupes réduits (experts, investigateurs), par des individus.

Représentatif de chaque période historique, se diffuse un savoir classique, un savoir de base, orthodoxe devrais-je dire, en tout cas conforme aux desseins des prêtres concertés à ceux des politiques. Adapté à leurs vues. Simple. Populaire.

Parallèlement un savoir privilégié se communique à quelques-uns : spécialistes laïcs ou sacerdotaux, conseillers ou sages, philosophes ou chercheurs engagés. Après avoir montré patte blanche et parcouru un long apprentissage — une ascèse — et suivi les étapes d'un enseignement particulier, ils accèdent à une initiation. Ayant donné d'eux-mêmes certaines preuves requises (différentes selon les exigences des maîtres de chapelle), ils sont admis à bénéficier d'un savoir ésotérique, c'est-à-dire caché au plus grand nombre, réservé à quelques-uns très passionnés de la question.

Souvent le savoir initiatique a été réincarnationiste, tandis que le savoir populaire était immortaliste : ainsi le monde grec ancien, ainsi le monde chrétien des XVIᵉ et XVIIᵉ siècles.

Peut s'ajouter à l'un ou à l'autre — à l'un et à l'autre — un savoir individuel construit par expérience personnelle de rencontre incontestable avec une personne soi-disant morte, ou avec une réalité indéniable « antérieure » de soi-même. Ce savoir personnel est survivaliste. Il s'inscrit alors dans notre actualité contemporaine occidentale comme une donnée expérimentale au sein des croyances abstraites immortalistes, ou réincarnationistes.

Les guerres d'opinion sont naturelles bien sûr lorsque les connaissances se heurtent ainsi dans leur forme, dans leur expression, dans leurs détails, en leur degré déjà, et à travers leurs supporters. Encore cette analyse est-elle succincte volontairement dans le but de proposer une classification au chercheur décidé à explorer la futaie spiritualiste. La forêt spiritualiste est de type amazonien : luxuriante, fascinante, enchevêtrée, étouffante et ténébreuse souvent, mais constamment jaillissante en vies tendues vers la Lumière.

Il serait faux de caractériser l'Orient comme réincarnationiste (hindouisme, védisme, bouddhisme, et divers courants spécifiques échafaudant de nouvelles constructions dogmatiques).

Il est faux de croire l'Occident seulement immortaliste.

Car à la vérité, l'un et l'autre ont leurs survivalistes, leurs agnostiques aussi. Des individus sont immortalistes dans un milieu réincarnationiste. Inversement, nombreux sont les réincarnationistes appartenant aux Eglises chrétiennes.

Quelques exemples pour étoffer le propos.

La tradition juive est immortaliste. Mais il s'est trouvé des groupements de travail et de méditation, pratiquants méticuleux, pour se déclarer sans réticence réincarnationistes. La

Bible peut être interprétée dans ce sens, me dit-on. Interprétation ne vaut pas argument, quand un représentant de la conviction opposée est susceptible de la revendiquer en y appliquant sa lecture personnelle, sans que l'on y puisse rien rétorquer. C'est pourquoi je ne cite ici aucune phrase ni de l'Ancien ni du Nouveau Testament, bien que quelques extraits puissent suggérer renaissance terrestre. Des communautés juives, vivaces et réincarnationistes, mais réduites, se maintiennent actuellement en Pologne, en U.R.S.S., en Allemagne et en Israël. Elles essaiment peu, car elles sont mises en question autant par leurs coreligionnaires que par leurs adversaires dans la foi.

Du temps de Jésus, une certaine « association » d'initiés, les esséniens, était réincarnationiste. Les évangiles apocryphes, quelques textes récemment découverts et non encore censurés, relatent des voyages d'études et d'initiation du Christ auprès des penseurs grecs, indiens, égyptiens, esséniens. Des courants réincarnationistes ont constamment traversé la tradition juive, et des prises de position survivalistes se sont affirmées.

Il est quelquefois malaisé de le comprendre lorsque, de l'extérieur, l'on aborde le bloc Ancien-Testament-Rites-et-Coutumes, qui semble immuablement compact à travers trois mille ans pourtant sans quiétude.

Zoroastre, le prophète Isaïe, Platon, Lao-Tseu, Confucius, Mahavira * et Bouddha, à quelque cent ans près, auraient pu deviser ensemble. Ils nous apparaissent maintenant inconciliables. Sur l'essentiel, ils ne l'étaient pas. Mais quoi que nous pensions là-dessus, ils ont en commun ceci : chacun a été trahi par les siens. Des schismes ont distordu leur message, et se le sont approprié pour le retransmettre avec un esprit sans rapport — hélas — avec la « grande âme » initiatrice : elle aurait jugé inacceptable leur prosélytisme dogmatique.

L'Eglise chrétienne fut immortaliste et réincarnationiste

---

* Fondateur de la religion jaïn, en 535 av. J.-C., vallée du Gange ; le jaïnisme est réincarnationiste.

jusqu'au Concile de Constantinople, dont le déroulement se poursuivit de 543 à 553 par intermittence... Le pape Vigilius qui se trouvait dans cette ville en résidence surveillée, refusa d'assister à la clôture du concile qui s'effectuait en épreuve de force. Car l'empereur Justinien avait décidé que les opinions qui lui agréaient devaient triompher de celles qui ne lui convenaient pas — arbitrairement. Par tous les moyens, Justinien cherchait à établir la prédominance du pouvoir politique de Constantinople sur le pouvoir sacré du pape de Rome. Il entreprit, entre autres intimidations, la lutte doctrinale. Parmi les idées prises dans cette tourmente, figuraient les thèses exprimées par Origène, mort en 254, trois cents ans plus tôt. Origène était réincarnationiste, comme saint Jérôme, comme saint Augustin, comme saint Grégoire de Nysse et autres Pères de l'Eglise. Durant les premiers siècles, le savoir populaire chrétien fut naturellement réincarnationiste, car la jeune Eglise du Christ l'était elle-même.

A la suite de manœuvres sur lesquelles les historiens de l'époque se montrent soit trop réservés, soit diserts contradictoirement, le concile voulu par l'Empereur vota selon ses exigences, et ce fut, entre autres conséquences, la condamnation d'Origène. Les pressions furent considérables. Il s'ensuivit que le principe de réincarnation sortit du savoir orthodoxe et donc populaire, pour appartenir désormais au savoir privilégié initiatique.

Des commentateurs — antiréincarnationistes — assurent que l'anathème porta spécialement sur la réincarnation et la préexistence, dont certains partisans convaincus encoururent l'excommunion. Ce n'est pas ce qui ressort des documents impartiaux que j'ai vus.

Depuis plusieurs années Justinien cherchait à réunir entre ses mains les éléments d'une suprématie incontestée. Il lui fallait donc affaiblir l'importance du successeur de saint Pierre. Il ne pouvait arriver à ses fins que par méthode d'apparence respectueuse : un concile réuni dans sa capitale impériale, comportant majorité de représentants de l'Eglise d'Orient et quelques représentants de l'Eglise de Rome inquiets de leur sécurité — des textes indiquent que le pape

Vigilius fut victime de sévices qui altérèrent sa santé au point qu'il mourut peu après — était une occasion éclatante pour « condamner » les thèses de Rome aux yeux de la chrétienté.

« Trois Chapitres », trois thèmes furent choisis pour débats. Ce que l'on appelle « origénisme », c'est-à-dire l'ensemble de la philosophie d'Origène, n'y figurait pas. L'animosité de Justinien contre ce genre d'idée le conduisit à les inclure dans l'affrontement. Comme l'empereur eut gain de cause sur toute sa ligne choisie — qui s'en étonnera… — l'on déclara « hérétique » la philosophie d'Origène. Et naturellement, il y eut des collaborateurs zélés pour satisfaire leur phobie personnelle nourrie contre la thèse préexistence-réincarnation ; et pour s'illustrer aux yeux de Justinien, qui estimait que de telles opinions encourageaient à la paresse (*sic*), car l'on remettait à une vie prochaine l'accomplissement des devoirs — d'obéissance stricte — à Dieu, et à César. Quant à César, il n'entendait pas que l'on prenne des délais ni des libertés avec son autorité. Sous prétexte des services rendus à Dieu, il s'occupait à affermir son pouvoir. Mettre Dieu de son côté — sachant qu'Il ne protestera pas à voix haute — est une facétie politique assez élémentaire : mais elle impressionne toujours les populations.

Pélage I (556-561), Pélage II (579-590), et Grégoire le Grand (590-604), papes de la période qui suivit ce triste concile, ne se réfèrent pourtant à aucune condamnation d'Origène, et évoquèrent ses doctrines sans les qualifier d'hérésie.

Les décisions prises durant les huit dernières réunions du concile, qui eurent lieu entre le 5 mai et le 2 juin 553, n'obtinrent l'approbation et le sceau du pape Vigilius qu'en février 554. Or les comptes rendus et les archives de clôture de débats ne font ni mention ni état de la philosophie d'Origène. La controverse doctrinale avait porté sur d'autres points. D'après les écrits, aucune « condamnation » n'a été prononcée, aucune condamnation n'a été stipulée, elle n'a donc pas été non plus contresignée par le pape.

Le principe de vies successives, de préexistence et de réincarnation n'a pas été condamné par l'Eglise de Rome.

Mais l'entourage de Justinien, comme lui-même, le déclara condamnable. Et le condamna verbalement. Ils n'obtinrent pas plus... Mais ils réussirent à fermer l'Université d'Athènes fondée par Platon ; et les enseignants, réincarnationistes, durent s'enfuir à Bagdad, à Alexandrie, en Inde, en Chine. Quel libéralisme !

Et la suite fut incessamment ce qu'est l'histoire des hommes et de leur savoir : partisans, adversaires, passion pour, passion contre. Durant les fortes tensions vécues au cours des réformes (réforme du Carmel, Luther, Calvin, jansénisme, etc.), il est certain que tout individu ayant des idées un peu originales se mettait en péril d'hérésie. Les dominicains de l'Inquisition torturèrent des malheureux au sujet de la réincarnation, comme ils s'en prirent à des astronomes, à des savants (Galilée, Erasme, Giordano Bruno), qui osaient dire que la terre était ronde et qu'il existait, en plus de Dieu, un système solaire...

Comme si Dieu-souverain d'un monde ne pouvait cohabiter avec le Soleil-souverain d'un système. Il est vrai que ce système était « céleste », et que Dieu — d'après ces hommes pointilleux — s'en trouverait dérangé... Il est vrai que se rencontraient des religions du Soleil-Dieu — immortalistes et survivalistes — et que celui-ci pouvait être un rival...

Je ne puis m'empêcher de formuler ces réflexions, au fil de ce journal qui atteint bientôt à ses conclusions. Les dieux — qui appartiennent à l'Infini —, tout le monde spiritualiste est au moins là-dessus d'accord, comme leurs serviteurs les font petits ! « Je suis le Verbe, la Vérité et la Vie », disait Quelqu'un que nous connaissons bien. Et ses adorateurs, en son nom, ont trop souvent porté et l'hypocrisie, et la mort... Nombreux sont les hommes qui aiment à parer leurs dieux — pour le détail de leur comportement probable — des arithmétiques humaines : œil pour œil, dent pour dent, et variations sur ce thème. Je ne doute pas que Moïse n'ait été un chef de valeur auquel son peuple doit beaucoup ; mais je conçois sa loi du talion comme une pratique sociale correspondant aux nécessités des tribus dont il avait la charge. A la recherche de leur équilibre et de leur enracinement, elles avaient besoin d'une morale forte. Certes Moïse s'entretenait avec son Dieu, mais n'était-il pas capable d'inventer le talion tout seul ? Faut-il « croire » que Dieu est lui-même ainsi, chipoteur de détail à détail, comptable en vindictes, en menues exigences. Les dieux ne verraient-ils pas « grand » ?

L'on me raconte depuis mon enfance que nous sommes créés à l'image de Dieu. Et cette étincelle, cette flamme, cette conscience de l'Infini, elle nous vient sans conteste d'une autre dimension de l'Etre. Mais ne recréons-nous pas Dieu à nos images, le caractérisant obstinément de nos étroitesses, l'emprisonnant de nos conceptions, le « colonisant »...

Catholiques et protestants « classiques » s'imaginent à tort que la préexistence et la réincarnation n'ont jamais fait partie du bagage chrétien. C'est faux. Jésus, très proche des esséniens, est dit réincarnationiste par quelques-uns. D'après les Evangiles, c'est possible. Mais bien loin d'être certain.

La pensée chrétienne a sécrété des éclatements au sein des Eglises tant catholiques que protestantes et orthodoxes. Kabbale, gnoses, confréries secrètes, courants de « sang nouveau » comme par exemple celui des cathares : ils sont pour la plupart réincarnationistes. De surcroît, souvent, survivalistes. Les mormons, qui ont fait promesse de monogamie en 1890, sont réincarnationistes.

L'Islam est considéré comme immortaliste, et non réincarnationiste. Ce serait une erreur de s'en tenir aux vues d'ensemble. Car, entre autres, les Druses (Syrie, Liban, Iraq, Turquie, diaspora en Afrique et en Asie du Sud), se réclamant du caliphe musulman Al-Hakīm, sont réincarnationistes passionnés. Et d'après leur croyance, la réincarnation se commence à la seconde qui suit la mort physique, la personnalité défunte devant aussitôt trouver un couple pour être engendrée. Al-Hakīm s'est proclamé porte-parole de Dieu en 1017. La nouvelle religion s'est tout de suite propagée. L'un de ses premiers missionnaires s'appelait Al-Darazi : de là viendrait le mot « druse ». Et selon leurs croyances tribales, plusieurs ethnies musulmanes sont aussi survivalistes. La culture musulmane, extrêmement civilisée et triomphante sur les deux rives du bassin méditerranéen jusqu'à la fin du XVe siècle (le royaume de Grenade est perdu pour l'Islam en 1492, mais Gibraltar est conservé), produit de grands médecins, des poètes, et des philosophes, dont certains sont réincarnationistes. Ils ne sont pas pour autant persécutés par les leurs, qui considèrent que cette élite fait montre d'une subtilité de sagesse très approfondie. Celle-ci ne saurait être préjudiciable au Prophète. Ismaïliens et shiites sont réincarnationistes.

Peut-on dire que le confucianisme est immortaliste ? Oui, mais il est surtout survivaliste. Bien entendu, la conception orientale de création de la vie n'a rien de commun avec la nôtre. Mais les dieux détiennent pouvoir d'intervention, de pulsion donnée à des êtres vers la vie. Tout sage, tout philosophe dépasse rapidement la notion anthropomorphique de « Dieu », pour atteindre à la conception métaphysique d'un principe éternel de Vie, de Paix, de Savoir. Parmi l'élite chinoise ancienne, qui voyageait et s'informait, nombreux furent les réincarnationistes.

La conception de vies successives est essentiellement celle du bouddhisme. Quelles que soient ses « adaptations » tibétaines, japonaises, cinghalaises ou indiennes, et les ramifications de ses spéculations doctrinales, le bouddhisme est réincarnationiste. Dans de nombreuses régions, il est intensément survivaliste, les populations alliant la théorie des vies successives à la pratique quotidienne d'échanges avec ceux qui viennent de partir à travers la mort, et qui vont en revenir, qui d'ailleurs ne cessent d'être là, et à l'expérience et aux pouvoirs desquels un culte de vénération est rendu.

L'hindouisme est profondément réincarnationiste, souvent survivaliste.

La distinction s'est imposée pour moi entre réincarnationistes et survivalistes, quand il a été manifeste qu'il ne suffisait pas de « croire » en la réincarnation pour que l'attitude spiritualiste en soit imprégnée.

Les réincarnationistes sont persuadés de la transmigration des âmes à la manière dont ils savent que la planète Mars est dotée d'un anneau et de deux satellites : ça tourne là-haut, on ne comprend pas bien comment, on en a vu quelques documents, on y croit, c'est loin. En fait cela ne change rien à la morale des choses, et n'atténue pas beaucoup la douleur venue des épreuves. Pour cette catégorie de spiritualistes, si la mort n'est pas « mortelle », si elle n'est pas anéantissante, la séparation demeure pourtant comme un infranchissable abîme. Celui ou celle qu'ils aiment disparaît dans son futur, tout comme l'âme s'absente au purgatoire ou en un paradis pour les immortalistes : LOIN. Que le futur comporte une résurrection, un retour, ou une éternité sans autres voyages, il reste imprécis, obscur, noir... ou gris...

A l'inverse, les survivalistes, il faut le souligner encore tant c'est important, savent vivre la survie.

Entre l'éphémère et l'intemporel, le combat douloureux cesse : une vie terrestre s'inscrit après d'autres, avant d'autres, simplement. Aucun lien n'est dénoué ; rien n'est abandonné. Même sans retour ici, les communications se poursuivent. Riche est le passé, riche est l'avenir. Ainsi le pensent des tribus d'Alaska survivalistes * et réincarnationistes : Tlingits, Haïdas, Tsimsyans, Aleuts et Atapashans, Esquimaux... et il y en a d'autres. Heureux d'exister, pensant aux améliorations à déterminer en la prochaine vie, ils œuvrent néanmoins bien pour celle-ci et dans celle-ci. Très proches des leurs qui se trouvent momentanément « esprits », ces hommes et ces femmes ont une réputation d'extrême courage. Ils sont redoutés des communautés voisines, car ils ne connaissent pas la peur de la mort, ni la peur de la souffrance qu'ils estiment ne pas durer. Ils sont dépouillés du fardeau des

---

* Certains survivalistes qui parlent avec les esprits de la famille, de la forêt, de la faune et de la tribu, ne sont pas réincarnationistes : il n'y a pas, selon leur croyance, retour à un corps nouveau.

angoisses indécises : pourquoi souffre-t-on, d'où vient-on, où va-t-on, pourquoi la vie ; où est ma mère disparue, mon enfant mort... Aucune des tortures correspondant à ces questions sans réponse pour nous n'est ressentie par eux : ils savent où se trouvent la mère âgée, l'enfant ayant tôt quitté ce corps, ils parlent avec eux. Et que ce soit ici ou dans cet autre monde, les proximités se revivifieront sans tarder, si tel en est le souhait.

Tous les peuples dits primitifs sont survivalistes. Absolument tous. Les plus petites ethnies d'Afrique, d'Australie, toutes les tribus d'Asie du Sud, d'Asie du Nord, des continents arctiques et antarctiques sont survivalistes. De surcroît certaines sont réincarnationistes, ainsi les Maoris de Nouvelle-Zélande, les Tasmaniens, les Fidjiens, les autochtones de Nouvelle-Calédonie, les Papous de Nouvelle-Guinée, les habitants des Célèbes, les indigènes d'Okinawa...

Comme l'étaient de nombreuses populations indiennes précolombiennes : Dakotas, Hurons, Winnebagos, Kiowas, Hopis et Mohaves, Iroquois, Algonquins, etc.

L'étaient aussi dans l'Europe ancienne : les Finnois, les Lapons, les Danois, les Islandais, les Germains, Lombards, Teutons, Goths, Lettons, Lithuaniens, Saxons, les Celtes.

Ces traditions profondément semblables en leur dissemblance apparente n'ont cessé d'inspirer des poètes (Renaissance italienne : Dante, Renaissance anglaise : Milton, etc.) ; et des renouvellements d'idées (Société théosophique d'Hélène Blavatsky — Pédagogie et enseignement de Rudolph Steiner, etc.).

Il y a tant de religions et groupes dérivés que leur énumération constituerait un volume. Qu'ils soient immortalistes (dieu créateur et « paradis » repos éternel) ; réincarnationistes (principe de Conscience-Vie dans lequel progressent des vies en des formes successives) ; survivalistes (les esprits des défunts nous accompagnent), tous se réfèrent à une autre dimension de Vie.

De l'Egypte ancienne (immortaliste et survivaliste, mais les collèges de prêtres ont souvent été réincarnationistes), marquée sans doute de l'apport d'un savoir atlante d'Hermès

Trismégiste ; de la Grèce classique (immortaliste et survivaliste, mais les prêtres, les savants, les philosophes, et certains hommes d'Etat étaient réincarnationistes) ; du Proche-Orient antique et actuel ; de la Chine prémarxiste et du Japon, de l'Inde ; des Amériques précolombiennes ; de l'Afrique en ses diversités arabes et autochtones ; des îles du Pacifique, de l'Australie, le message est le même :

— survie d'une âme-esprit-force.

— continuité en un espace-temps dont les lois ne sont pas celles du monde visible.

2

UNE MÉTAPHYSIQUE
DE LA PHYSIQUE

La rencontre de la science et de la religion, l'une osant conforter le savoir de l'autre, n'est pas un phénomène rare. Mais elle prend une valeur particulière lorsque les découvertes les plus hardies accomplies par les grands savants de notre temps favorisent et multiplient ces rapprochements.

Car ils en arrivent — tous me semble-t-il — à une métaphysique de la physique.

La matière a été jusqu'à présent traditionnellement considérée, depuis Manès *, comme ennemie héréditaire de l'esprit, qu'elle force à la lourdeur, qu'elle emprisonnerait. Descartes a ravivé cette tendance dualiste en portant son étude sur le contraste entre l'inerte et l'alerte. De même, la conception chrétienne d'une fatalité charnelle conduisant aux péchés tandis que l'âme attend de s'ébattre librement, lorsqu'elle sera délivrée, déliée de ce qui l'attache au monde des sens, au corps, au matériel, a chargé tacitement notre culture d'une certaine hostilité méprisante vis-à-vis de cette matière encom-

---

* Né en Mésopotamie, écorché vif par les prêtres de son pays en février 277 ap. J.-C. à cause de ses convictions, fondateur du manichéisme, secte de type immortaliste.

brante. La terminologie ratifie constamment cette vision de lutte, de chaînes, l'immatériel représentant l'espoir merveilleux d'une liberté céleste, les entraves reposant avec ce corps physique décomposé dans la terre de la terre.

L'empereur Justinien estimait que le principe de vies successives est encouragement à remettre plus tard les devoirs d'aujourd'hui. Peut-être, peut-être... Mais la notion de libération obtenue simplement parce que le corps est mort incite bon nombre de spiritualistes à déserter « ici et maintenant », la vraie « vie » ne commençant de toute façon qu'auprès de Dieu ensuite... quand l'occasion, la provocation aux tentations sera enfouie dans la tombe. Cette mésintelligence de la situation est aussi discompréhension de l'importance des péchés contre l'esprit.

Ainsi culturellement influencés, nous nous entendons mal avec la matière. Nous la regardons d'un mauvais œil.

Celui des hommes de science a percé son identité, et l'on sait maintenant sa réelle nature. La matière n'est pas opacité traîtresse et arriérée. La matière est vie fantastique. La matière est énergie.

Plus encore : cette énergie est conscience.

Mathématiciens, atomiciens, cybernéticiens, biologistes et physiciens se trouvent confrontés — parfois contre leur inclination matérialiste — à un univers déjà immatériel, totalement immatériel au sens élémentaire du terme.

De Sir James Jeans (1877-1946, astronome et physicien) :

« Aujourd'hui l'on considère généralement, et chez les physiciens presque à l'unanimité, que le courant de la connaissance nous achemine vers une réalité non mécanique ; l'univers commence à ressembler plus à une grande pensée qu'à une grande machine. »

Extrait de Stéphane Lupasco, *Les Trois Matières* :

« Bien des notions doivent être désormais modifiées, de vieilles habitudes de pensées abandonnées. Telles sont évidemment les distinctions entre « corps » et « âme », « matière » et « vie », du moins dans la rigoureuse solution de continuité avec ses infranchissables obstacles, que des métaphysiques millénaires et un esprit scientifique encore rudimentaire imposent à ces notions. »

De R. Linssen* :

« Deux événements importants peuvent marquer l'évolution de la parapsychologie au cours des prochaines années. Ces événements ne la concernent qu'indirectement. Ils résultent assez paradoxalement de recherches et de travaux d'une majorité de physiciens éminents. Ceux-ci arrivent à la conclusion *d'une nature spirituelle de l'essence énergétique de la matière et admettent la possibilité d'une prise de conscience des ultimes profondeurs de l'univers*, en l'homme et par l'homme.

(...)

« Les progrès récents des sciences ont eu pour effet de mettre en évidence l'unité de l'univers, l'unité des aspects physiques, psychiques et spirituels de l'être humain en dépit des morcellements arbitraires opérés par lui.

« De plus en plus, dans l'esprit des savants vivant autour de l'université de Princeton, se manifestait la nécessité impérieuse de considérer l'univers comme une totalité dont nos perceptions sensorielles imparfaites ne discernent que l'envers, alors que l'endroit ou la base, se situe aux ultimes profondeurs du champ unitaire, non seulement « doué » de conscience plus ou moins confuse, mais étant lui-même « conscience cosmique » et intelligence souveraine.

(...)

« ... grande affinité pour les formes dépouillées du bouddhisme et de l'advaïta vedanta indien.

(...)

« Ce que le matérialisme considère comme l'endroit des êtres et des choses est considéré par les « Gnostiques de Princeton » comme un envers. Ainsi que l'exprimait Georges Cahen : « L'univers n'est une réalité que dans sa totalité. Le phénomène est une convention... ** » La seule réalité, en nous et en tous les êtres, en toutes les choses, est l' « ENDROIT » unique, l'essence énergétique

---

* 114, tome 1.
** G. Cahen, « *Les Conquêtes de la pensée scientifique* », éd. Dunod.

universelle. Cette réalité est une conscience cosmique se manifestant au cœur de la matière, aux niveaux atomiques et moléculaires, par une intelligence qui loin d'être vague et confuse, est infiniment supérieure à la nôtre.

(...)

« En nous révélant la nature spirituelle de l'essence de la matière et de ses constituants ultimes, ils (les Gnostiques de Princeton) nous permettent de mieux comprendre la nature exacte et les mécanismes de l'énergie psychique servant d'intermédiaire indispensable, entre les cimes les plus hautes de l'esprit et les phénomènes physiques, biologiques de la matière telle qu'elle nous est perceptible.

(...)

« A la question, « qu'est-ce que la matière ? », les Gnostiques de Princeton répondent : « L'esprit ne trouve pas la matière comme opposant, il la constitue, il en est l'étoffe. La matière, les corps matériels n'en sont que l'apparence ou le sous-produit par l'effet de la multiplicité désordonnée *. L'univers est, dans son ensemble et son unité, conscient de lui-même. Il n'est pas fait de choses, de corps matériels. Ses énergies ne sont pas physiques. »

(...)

« Le monde des apparences matérielles au sein duquel se poursuit notre existence a toujours été considéré comme suprême symbole de la réalité, comme point de départ à partir duquel s'élaborent toutes nos hypothèses, toutes nos références valables, toutes nos mensurations, toutes nos valeurs. En dehors de cette base matérielle, apparemment solide et stable, tout ne serait qu'épiphénomène vague, nébuleux, fantomatique même. Les phénomènes psychiques, les énergies spirituelles, les plus hauts sommets de la vie mystique ne seraient que mirages imaginaires émanant d'un monde matériel formant l'assise de l'univers, où la vie, l'intelligence et la conscience ne sont que l'effet d'un pur hasard. Telle est l'opinion de nombreux scientistes, rationalistes et cartésiens.

« Les Gnostiques de Princeton adoptent une attitude diamétralement opposée. Ils considèrent que le monde matériel aux apparences duquel nous nous sommes identifiés par ignorance n'est en réalité que l'envers d'un endroit fondamental qui en forme la base.

---

* 95.

Une métaphysique de la physique

(...)

« Parmi les grandes découvertes de la physique moderne, l'existence d'un sens fondamental, d'une direction, a été mise en évidence par le principe de non-conservation de la parité... Les Gnostiques de Princeton reprennent et développent même dans les détails la fameuse boutade de Robert Oppenheimer déclarant que « les atomes connaissent mieux le calcul tensoriel que les physiciens ». Reprenant et développant l'esprit dans lequel était faite cette déclaration surprenante d'Oppenheimer, le Pr Raymond Ruyer écrit * : « ... Mais la matière (en microphysique) s'organise bien d'elle-même, dans un espace et un temps matriciels, c'est-à-dire analogues à un schéma de test psychologique par complétion ou arrangement selon un sens. Les atomes se constituent comme un puzzle qui se construit lui-même à partir des particules et selon des lois de comptabilité ou d'exclusion (principe de Pauli). Toute matière est déjà esprit, en ce sens qu'elle se voit elle-même dans son champ de vision. ... La place de priorité fondamentale que les Gnostiques de Princeton accordent à la conscience cosmique les conduit à considérer l'universalité de l'intelligence et de cette supra-conscience au cœur même de la matière, et ce d'une façon assez surprenante que très peu d'hommes de science du vieux continent auraient le courage ou l'audace d'exprimer. »

(...)

« Ils considèrent que l'intelligence de l'énergie, au niveau des processus intra-nucléaires ou moléculaires, loin d'être vague ou confuse par rapport à celle des êtres humains, est, au contraire, incomparablement supérieure.

(...)

« Pour la Nouvelle Gnose, la présence de phénomènes tels que la conscience, l'intelligence, l'imagination humaines prouve l'existence de dimensions et d'univers dépassant les cadres spatio-temporels familiers. C'est à ce niveau que réside un sujet unique, universel, un Soi absolu, pour qui il n'y a ni ailleurs ni avant-après. Par contraste au caractère de priorité que revêt cette réalité fondamentale, nos « ego » interviennent à titre second et dérivé.

(...)

« ... Si nous avons vraiment compris, au-delà du niveau purement

---

* *Op. cit. :* pp. 50-51.

verbal, les implications du sens cosmique (...) nous accédons à la possibilité d'épanouissements de conscience nous révélant des richesses spirituelles insoupçonnées. ... Les anciens maîtres de l'advaïta indien ou du bouddhisme Ch'an chinois décrivaient cette expérience qui nous paraît à tort inaccessible, par trois mots d'une remarquable simplicité : « Retourner chez soi. » Telles sont les conséquences surprenantes d'une convergence des sciences actuelles les plus dépouillées et des formes les plus élevées de la spiritualité. »

D'Arthur Koestler, *Les Racines du Hasard* :

« Si l'on pouvait décrire avec une grande précision mathématique les constituants de la matière comme des types de vibrations, la question demeurerait entière : qu'est-ce qui vibre ? D'un côté, ces ondes-matière produisent des phénomènes physiques réels : structures d'interférences sur un écran ou courants d'une radio à transistors. D'un autre côté, la conception même d'ondes-matière exclut par définition, comme vecteur de ces ondes, tout milieu doué de propriétés physiques. Une onde est mouvement ; mais qu'est-ce qui se meut, et produit des ombres sur l'ombre du bureau d'Eddington ? Pour ne pas dire que c'est le sourire du Chat du Cheshire qui trouble Alice au pays des merveilles, on nomme cela le champ « psi », ou la fonction « psi ». Henry Margenau, professeur de physique à Yale, écrivait récemment à ce propos :

« Vers la fin du siècle dernier on en vint à considérer que toutes les interactions impliquent des objets matériels. Aujourd'hui, on n'y croit plus. Nous savons que ce sont des champs totalement non matériels. Les interactions mécaniques quantiques des champs physiques « psi » (il est intéressant et peut-être amusant de noter que le « psi » du physicien a en commun avec celui du parapsychologue un certain caractère d'abstraction et de vague), ces interactions sont totalement non matérielles, et pourtant elles sont décrites par les équations les plus importantes, les plus fondamentales de la mécanique actuelle des « quanta »...

Insuffisamment versé que je suis dans ces disciplines de recherches au cours desquelles, par le truchement des quanta, les physiciens deviennent en réalité métaphysiciens, je ne puis les exposer dans leur déroulement historique et logique depuis Einstein jusqu'à aujourd'hui. « Toute distribution d'énergie se fait par de petites quantités indivisibles, ce sont les quanta », définition à notre portée du physicien prix Nobel Niels Bohr. Mais l'aboutissement des analyses quantiques est celui-ci : le monde des quanta est un monde de conscience. L'advaïta vedanta, enseignement métaphysique hindou, analyse l'univers en Conscience-Connaissance-Plénitude, et ne tient donc pas un autre langage. C'est aussi celui tenu par plusieurs philosophies-sœurs hindoues et bouddhistes. Tel est également le « diagnostic » de certaines traditions amérindiennes et africaines, concevant les mondes et les êtres en champs de forces d'esprit.

Au plus haut niveau des sciences contemporaines, la position dualiste esprit-matière, dont nous avons tant souffert — parce qu'anormale en somme —, cet antagonisme disparaît. Car nous apprenons de source sûre qu'il n'a pas de fondement. Nous le ressentons bien intuitivement « contre-nature », contre la réalité substantielle qui est nôtre et nous entoure. Une ignorance s'obstinant à morceler le monde pour le dresser en deux camps qui se livraient la guerre nous a conduits aux douleurs des déchirements et des inquiétudes : cette matière se transformait pour nombre d'entre nous en ennemie génératrice de problèmes et de maux. Tandis que d'autres cultures avaient perçu l'Unité à travers la diversité, nous en étions restés aux incompatibilités...

Voici qu'aux dernières nouvelles données par les plus grands cerveaux de notre époque, les matérialistes ne sont que spiritualistes qui s'ignorent, spiritualistes non informés...

L'unité proposée par les traditions et leurs sages se réalise.

Nous n'évoluons donc plus dans une prison, mais dans la liberté, si du moins nous en avons la conscience. Encore faut-il naturellement le comprendre et y accéder : ceci est travail de chacun pour agrandir son champ d'expérience — s'il le veut — et accomplir le sens profond de sa destinée. Langage spiritualiste qui n'est plus admonestation morale idéaliste, mais voie ouverte d'après les possibilités précisées par la science.

3

RECHERCHES

Mais, cependant, des recherches se poursuivent et sur les êtres et sur leur univers. Il y a encore beaucoup à apprendre. Aucun des éléments nouveaux mis en lumière n'est venu jusqu'à présent infirmer les conclusions du condensé d'enquête menée à travers ces pages.

Les méthodes expérimentales d'investigation ont été d'un apport considérable dans l'étude « vie-mort ». L'approche en demeure pourtant, dans nos pays de culture européenne, essentiellement métaphysique, psychique, psychologique.

Une recherche parallèle s'est développée dans les pays de l'Est après la Deuxième Guerre mondiale. Sa démarche, reprise par les chercheurs américains, est beaucoup plus poussée que ne l'a jamais conçue le matérialisme cartésien. Le matérialisme cartésien nie ou dénie. Le matérialisme marxiste étudie.

La prospection est préférentiellement axée dans le domaine physique — dont nous savons maintenant qu'il n'est pas matériel. Au lieu d'observer le psychisme en ses aspects de spéculations abstraites ayant bien sûr des retentissements pratiques, les chercheurs culturellement imprégnés du matérialisme marxiste ont porté tout leur intérêt sur les possibilités-forces de la pensée, et sur la détection expérimentale de l'énergie-force-vitale à l'échelle de l'individu, à l'échelle de son monde.

Il est exact que depuis trente ans la psychocinèse a fait l'objet d'études dans les laboratoires américains, suivis tardivement par les européens. Et que la télépathie ne fut pas trop négligée non plus.

Mais considérée a priori comme « force » concrète par les ultra-matérialistes de l'Est, l'esprit fut observé beaucoup plus précisément dans ses possibilités de réalisation agissante sur son environnement, et les expériences furent orientées vers les mesures quantitatives de cette pensée-force. L'on sut, et l'on comprit, plus tôt là-bas qu'ici, les « extra-ordinaires » capacités mentales que nous véhiculons — en grande ignorance, pour la plupart d'entre nous.

Les phénomènes psychiques ont été identifiés en énergie-conscience. Le stade des constatations a été dépassé en faveur d'expérimentations dénombrant les effets concrets de l'esprit sur son milieu, et tendant à les classifier d'après leur intensité d'action. Sans doute cette méthode a-t-elle été parfois utilisée ailleurs que dans les pays de l'Est ; mais ils l'ont innovée comme système, et généralisée comme tel.

La volonté d'une utilisation technique des potentialités psychiques à des objectifs précis, tous n'étant pas pacifiques, beaucoup étant stratégiques, a intensifié le travail scientifique en appréciation et en estimation de l'esprit comme puissance concrète. Aucun aspect n'en a été négligé, les champs de perception ultra-sensible et d'intuition sont eux aussi soumis aux quotations.

Cette conception est largement reprise par les pionniers occidentaux, étonnés des possibilités qui s'offrent.

Ainsi la modification cellulaire par psychocinèse, ou télécinèse, fut-elle décelée à l'Est il y a vingt ans déjà, tandis que d'autres persévéraient dans l'établissement de statistiques de lancements de dés influencés mentalement. Bien avant 1950, les échanges télépathiques furent testés, non seulement d'après les distances entre émetteur et percipient, et la précision de réception du percipient, mais aussi à travers tous les écrans imaginables, cage de Faraday, obstacles liquides, minéraux, etc. Durant les expérimentations en psychocinèse et télépathie, les sujets furent maintenus sous électro-encéphalographes et autres instruments d'observation : la diminution de poids, l'accélération cardiaque, les transformations métaboliques furent enregistrées. Dans le domaine de la biothérapeutique (thérapie des guérisseurs), l'électrographie a photographié les transferts d'énergies du sujet émetteur à son malade. Si ces connotations apparaissent désormais élémentairement normales pour l'étude des faits parapsychologiques, elles n'étaient pas répandues il y a trente ans parmi les enquêteurs « occidentaux » : l'attention se cristallisait sur le phénomène. Elle ne portait pas, ou peu, sur le sujet et rarement sur l'objet. (Exemple : statistiques de lancements de dés, aucun souci des modifications éventuelles énergétiques physiques chez le penseur, ni chez le « pensé », ni dans l'homme, ni dans le dé.)

Certains phénomènes appelés miracles ne sont en réalité que manifestations d'une force de l'esprit, du Souffle de l'Esprit, dirait-on en langage spiritualiste. (Qu'il soit précisé que la conception d'un monde-esprit, notion spiritualiste par rapport à la vision matérialiste d'un monde-matière, n'a aucune implication religieuse. L'aperçu des choses d'après les enseignements métaphysiques ou les religions, est aussi qualifié de spiritualiste. Ce que l'on appelle vie spirituelle est la mise en pratique quotidienne des moyens d'assimilation de ces enseignements. Nombreux sont les spiritualistes qui ne se livrent pas aux exercices et aux pratiques dites spirituelles : méditation, mortifications, ascèse, rites, etc.)

Saint Augustin avait pensé déjà que le miracle n'était peut-être que la manifestation d'une force mal connue ; Avicenne l'avait également envisagé, ainsi le catholique et le musulman se trouvent-ils réunis comme précurseurs des courants les plus avancés de notre temps.

Cette force de l'Esprit, selon les chercheurs d'avant-garde Est-Ouest, est indissociable du principe d'énergie vitale. Ont-ils réussi à l'isoler des différents phénomènes-forces connus (magnétiques, électromagnétiques, thermodynamiques, etc.) ? Ont-ils distingué vraiment l'énergie-vie-conscience des autres champs de forces ? En ont-ils de surcroît saisi les propriétés, et notamment l'éternité ?

Un professeur renommé de philosophie marxiste que j'interrogeais car j'étais curieux de son opinion quant à la survie, m'a répondu : « Lorsque des faits établiront indiscutablement la pérennité de la vie individuelle au-delà de la mort, nous, marxistes, y adapterons notre vision du monde, et la modifierons, nous y sommes prêts. »

Il faut être rigoureusement honnête : oui, l'énergie vitale est une énergie spécifique ; spécifique en son essence, elle apparaît aussi personnelle à chaque être animal, végétal, cellulaire.

Ces dernières constatations sont controversées. Les interprétations contradictoires portent, comme d'habitude, sur le nombre de savants et de laboratoires ayant « observé » ; sur la répétition des observations ; sur la rigueur scientifique des analyses, des techniques et du matériel employé.

Mais hors querelles, il est acquis : cette énergie vitale échappe aux lois physiques élémentaires ; elle n'est pas prisonnière d'une forme physique.

A ma connaissance, des faits sérieux permettent, par raisonnement déductif, de conclure à la survie. Des détracteurs enragés, combattant avec fureur les divers éléments des travaux en question qui permettent de soutenir cette thèse-survie, il est préférable de les livrer à l'appréciation de chacun.

De nombreux ennemis de la démarche d'identification d'une énergie vitale individuelle crient contre les « nouveautés ». Ils prétendent la découverte du phénomène trop récente (1960 officiellement en U.R.S.S., 1947 officieusement, mais datant du siècle dernier en Hongrie, et du précédent encore en Allemagne) pour avoir des bases solides... Refusant de s'intéresser aux procédés utilisés — or ceux-ci ont de l'importance, sont-ils crédibles ou ne le sont-ils pas —, ils insistent sur le temps qui, seul, donnerait à la chose quelque poids, et la plausibilité indispensable. Pour les cervelles de cette espèce, l'infortuné Marco Polo eût dû attendre d'être mort pour se faire entendre de la République de Venise, seuls les ans accumulés lui conférant quelque véracité. Heureusement pour les ressortissants de Venise et des Républiques démocratiques, les intelligences ne sont pas toutes aussi fermées.

D'autant plus qu'une énergie vitale, différant des énergies cosmiques, telluriques et autres, a été comme telle identifiée par les plus anciennes traditions. Mais elle fut souvent appelée « force inconnue », sa source, non physique, n'étant pas « connue ». Tant que cherchée dans le physique, elle ne pouvait évidemment l'être, n'y appartenant pas.

Tiré du très intéressant ouvrage de S. OSTRANDER et L. SCHROEDER, un simple tableau récapitulatif *, suivi de quelques lignes des auteurs :

ORIGINE (époque-pays-théoricien)	NOM (donné à la force inconnue)
Chine antique	énergie vitale
Inde ancienne	prâna
Polynésie, religion Huna	mana
Renaissance : Paracelse	munis
Van Helmont	magnale magnum
Du XVIIIᵉ au XXᵉ s.	
Mesmer	magnétisme animal
Reichenbach	force odique
Keely	force motrice
Blondot	rayon N
L. E. Eeman	force X
Les radiesthésistes	force rhabdique, ou force éthérique
Parapsychologie contemporaine	
Soviétique	énergie bioplasmique
Tchécoslovaque	énergie psychotronique

---

* 82 a.

« La médecine classique évoquerait cette force lorsqu'elle fait état de phénomènes psychosomatiques, encore qu'elle prenne bien soin de limiter ceux-ci aux troubles physiologiques engendrés par un état nerveux ou psychique anormal, et vice versa.

« Grâce à la découverte des Kirlian, les Russes ont obtenu une image de cette énergie, qu'ils nomment bioplasmique, et qu'ils arriveront peut-être un jour à isoler et à domestiquer, comme les atomistes ont réussi à révéler la réalité de ce qui ne fut, longtemps, qu'un concept de la philosophie grecque. »

Le procédé de photographie d'une feuille, ou d'une partie du corps, ou du corps lui-même, au centre d'un champ de courants électriques haute fréquence, fut inauguré par deux Soviétiques, Semyon et Valentina Kirlian, à Krasnodar, capitale du Kouban, et mis au point par eux en 1947. Ils connurent un succès officiel et les appuis de leur gouvernement en 1960. Le procédé Kirlian est depuis largement repris, amélioré, utilisé en U R.S.S. ; il est pratiqué en coopération avec les scientifiques des Républiques démocratiques populaires ; il est aussi employé maintenant par les laboratoires américains. Des « figures électriques », celles de G. Lichtenberg (découvertes en 1777), celles de Karsten (1842), et celles obtenues par Tommassi et par Ducretet avaient « annoncé » le procédé, dont le meilleur précurseur fut le mathématicien et physicien tchèque Bartolomej Navratil (1849-1927).

Avec un dispositif qu'ils adaptèrent progressivement, S. et V. Kirlian ont pu photographier les échanges énergétiques s'exprimant en lumières, en courants dont les couleurs se modifient selon les états de santé ou de maladie, selon les émotions, selon l'effort. Il fut dit qu'ils avaient mis en photos l'aura, ce rayonnement, ce halo, cette auréole, que l'on retrouve sur les plus anciennes fresques grecques, indiennes hindoues et bouddhiques, égyptiennes*. Cette aura décrite depuis si longtemps par les clairvoyants, voici qu'elle se révélait aux yeux profanes, et qu'elle était saisie par des

---

*   87 c.

appareils objectifs, libres de croyances et d'interprétations abusives. Il était bouleversant de constater un phénomène spiritualiste, si simplement enregistré pragmatiquement : c'était un pont nouveau établi entre l'intuition et l'observation expérimentale.

Des contradicteurs — puisqu'il y en a toujours — prétendirent qu'il s'agissait seulement d'un dégagement thermique dû à de petites sudations épidermiques, et voulurent minimiser cela à ce qu'ils appellent un « effet de couronne ».

Couronne, halo ou aura, si ce n'avait été là que débat sémantique, ce n'aurait pas valu que l'on en fasse état. Mais l'appellation « effet de couronne » ne correspond pas à la vérité.

Car non seulement les appareils ont enregistré des turbulences lumineuses extérieures, mais ils les ont aussi détectées à l'intérieur du corps. Ainsi les points d'acupuncture ont-ils pu être reconstitués, avec leurs canaux énergétiques, car perçus en points et circuits lumineux. Cela ne surprend pas les personnes quelque peu informées des thérapeutiques et disciplines orientales. Cela ahurit les matérialistes à tous crins. Robert Oppenheimer disait : « Le monde défini par les sens est simplement un monde d'apparences... »

Renouvelée par des observateurs de diverses nationalités, attestée par des procès-verbaux, l'expérience suivante, d'importance capitale, a été réalisée * : selon le procédé Kirlian, une feuille végétale (arbre ou plante) est photographiée ; tel un squelette, sa structure énergétique se détache nettement, lumineuse, mouvante, les colorations indiquant vitalité, froid, chaleur, contrariété (se rappeler les travaux de Cleve Backster) ; puis *la feuille est coupée, une partie est retirée du champ photographique, pourtant la pellicule continue d'enregistrer le dessin énergétique encore entier,* l'intensité étant à peine moindre pour la partie disparue.

Cela appuie la thèse d'un corps-énergie, animant le corps physique, support du corps physique, ce dernier étant le

---

* 82 a et b. — 50 — 110 a et b — 114.

vêtement de l'autre. C'est le corps-énergie qui détermine le corps physique. Par le procédé Kirlian devenu techniquement très sophistiqué, les chercheurs de l'Est sont à même de déceler un affaiblissement ou une maladie qui ne se sont pas encore traduits dans la forme physique, qui ne sont encore aucunement perceptibles dans les tissus mais qui sont perceptibles dans les courants d'énergie. Car les scientifiques ont appris à interpréter les luminosités qui « parlent » incessamment. Et dont les couleurs indiquent — sans erreur — l'état réel, profond, vital du sujet. Répertoire a été dressé des couleurs et de leurs correspondances (sérénité, joie, colère, créativité, fatigue, vulnérabilité, carences, inflammation, tumeurs, maladie...). Médecins, vétérinaires, ingénieurs agricoles sont de ce fait capables de prévenir des maladies — et des épidémies — chez les plantes, les animaux et les humains. Si telle couleur signalisatrice de danger, dans tel endroit du corps-énergie-lumière, est aperçue, le mal est traité avant d'avoir atteint le corps physique, et l'expérience montre que le péril peut alors être détourné.

Les voyants, les médiums et les initiateurs des traditions ne disaient pas autre chose. Ainsi les Égyptiens savaient-ils qu'un double, le kâ, animait l'enveloppe momentanée, et ne mourait pas. Presque tous les savoirs ésotériques évoquent la réalité d'un « double ».

La synthèse s'opère entre un univers défini comme non-matière mais seulement énergie-conscience, et une énergie-conscience individuelle. Le corps lui-même n'est plus matière, manifestation, expression en une forme, d'une force. Cette force qui se situe naturellement au-delà des notions élémentaires concernant le « physique » est consciente, puissante. Etincelle unie au Principe de Vie, elle est aussi reliée aux diverses extériorisations des forces environnantes invisibles et visibles. Elle est immatérielle, et Infinie. Elle est à la fois métaphysique, et personnalisée.

Ce pourrait être une façon d'exprimer les rapports d'une puissance supérieure — divine — avec ses interlocuteurs de moindre dimension.

C'est une manière d'envisager la pérennité d'une vie

289

individuelle, constatée par les travaux expérimentaux de C. Flammarion et I. Stevenson, pour ne citer qu'eux.

Pourquoi ce rapprochement d'une énergie-conscience individuelle avec l'âme-esprit n'est-il pas publié à son de trompes et de communiqués aux Académies de sciences, de médecine, et de théologie ?

Parce que les experts n'osent se prononcer.

En effet, d'autres experts ont dénombré quatre corps subtils doublant celui-ci, celui que nous voyons sans hésitation. Mais d'autres en assurent sept. Ces dissociations analytiques énumèrent cinq, parfois six, niveaux distincts mentaux correspondant peut-être à des « esprits » différents... Pour certains, très sûrs théoriciens, âme et périsprit ne signifient pas même chose, et une énergie-conscience-individualisée ne saurait être une âme ou un esprit... Quoi correspond à qui ? Les enseignements tibétains, égyptiens, les Livres des Morts, les gnostiques, les spirites ont, semble-t-il, fait le recensement précis des plans multiples d'existence. Les affirmations ne coïncident malheureusement pas. Je n'en suis pas surpris, j'ai souligné ailleurs combien la « codification » est une tendance générale, parce qu'elle est le véhicule d'un semblant de sécurité. Mais qui cherche et veut cheminer dans la vérité doit refuser d'élaborer des spéculations stupidement minutieuses à partir de quelques données.

Aussi les chercheurs américains et soviétiques s'en tiennent-ils à l'étude d'une énergie-conscience. Quand ils l'observent chez les plantes, les animaux et les hommes, les Tchèques la nomment « psychotronique », mot emprunté à l'érudit français Fernand Clerc, et destiné à souligner la volonté d'une approche dissemblable de celle impliquée par le terme parapsychologie, souvent associé à occultisme, spiritisme, amateurisme.

Le Pr Zdenek Rejdak, président de l'Association internationale de recherche en psychotronique, est l'un des pionniers les plus avancés de cette discipline, travaillant en fraternité de coopération avec les découvreurs de tous les pays. Il a reçu Cleve Backster, il rencontre les docteurs Thelma Moss, Douglas Dean, et nombreuses autres éminences en ces domaines ; il est au courant de toutes les thèses « énergie » actuelles de J. Eccles, C. Musès, S. Lupasco, R. Tournaire, P. Dirac, R. Godel, D. Bohm, A. Hermann, D. Lawden... physiciens, médecins, etc.

Cette énumération souligne la multiplicité des rencontres de tous horizons sur le thème central de la conscience-force.

Lorsque j'ai directement demandé au Pr Rejdak s'il estimait personnellement qu'il y avait survie, il m'a répondu « oui ». Il s'est déclaré en mesure de prouver l'indépendance absolue de l'esprit. Pour lui, il n'y aurait pas de réincarnation ; pour lui les souvenirs de vies antérieures proviennent des intercommunications de la force particulière, psychique, psychotronique entre différents niveaux d'être. Sa conception sur ce point est proche de C. G. Jung.

Je ne suis pas, quant à moi, un zélateur fanatique de la réincarnation. Je ne me suis intéressé à elle que comme à un signe tangible de survie constatée, la réincarnation établit l'évidence de la survie. Si des hommes tels que Niels Bohr, Max Planck, Costa de Beauregard ou Zdenek Rejdak sont athées ou immortalistes, en tout cas non réincarnationistes, cela importe peu dans ma quête. Car je ne les « consulte » pas sur leur adhésion — ou non-adhésion — religieuse et philosophique, mais sur leurs découvertes d'un univers « immatérialiste ». Eddington le dit en quelques mots : « Le matériau de l'univers est mental. » L'essentiel pour moi est de vérifier l'assertion d'Eddington. Cette vérité étant recoupée, corroborée, que chacun l'interprète à sa manière.

Extrait de « Microcosme et Macrocosme », article d'André de Possel-Deyrier * :

« Qu'est-ce que la vie ? La science ** en a fait une fonction de la matière organique. Elle n'admet sa présence qu'à l'apparition de celle-ci. Elle affirme que la vie disparaît avec la destruction de la

---

* 114, tome 2.
** Il s'agit ici de la science rationaliste.

matière organique. C'est là, croyons-nous, une erreur fondamentale. La vie est une énergie indépendante de toute matière, organique ou non. Elle préexiste à celle-ci et se manifeste en elle, maintenant sa cohésion, que la matière soit organique ou inorganique. La vie des cristaux, scientifiquement admise, en est une preuve. Quand la vie se retire d'une portion quelconque de matière, celle-ci se décompose, s'effrite et revient peu à peu à un état moins dense qui peut ne pas être dépourvu d'énergie vitale.

« La méconnaissance de la nature de la vie a rendu inexplicable la manière dont elle est apparue sur notre terre, globe incandescent puis bouillant, où aucun germe de vie ne pouvait apparaître, l'existence de toute matière organique étant interdite par la température.

(...)

« En réalité, la question est solutionnée si l'on admet que le principe de vie n'est pas lié à la matière organique. La vie est un principe énergétique, indépendant de la matière physique, mais elle l'anime, et assure ainsi son fonctionnement. Le principe vital n'est jamais altéré par les conditions de milieu ; (...) leur action ne s'exerce que sur la matière organique qu'elles rendent inapte à être le siège de la vie... »

La force pensante que l'on discerne dans l'atome et dans les quanta, retrouvée dans l'esprit des êtres, dans les réactions des plantes, dans les comportements animaux, dans les cellules minérales et même plastiques, j'aurais aimé raconter comment elle fut sensible aux hommes qui, toujours, l'ont reconnue présente, mais différente en qualité des puissances de feu, d'eau, d'air, de terre.

Ce serait fastidieux, tant on en a parlé. La reconstitution précise des approches effectuées au cours des deux derniers siècles par des chercheurs, des médecins et des savants (de Reichenbach à Einstein, sans oublier l'Anglais Kilner en 1900, le Soviétique Gourvitch en 1930-1935, mais aussi Enrico Fermi, John Wheeler, Nicolas Kozyrev...), et concluant à l'universalité d'une conscience-énergie se transformerait en catalogue, par multiplicité des investigations, des ouvrages, des dates, des pays engagés, des prix décernés.

Ainsi que l'exprimait admirablement le Dr Roger Godel * :

---

* R. GODEL, *Essais sur l'expérience libératrice.*

« La vision de l'homme de science parvenu à la position extrême de la recherche se résout en un monde étrange : c'est un système d'énergie d'où s'est retirée, perdue, évaporée, la notion commune de substance. Un effort gigantesque à l'égard du jeu naïf des sens a porté l'homme jusqu'à cette position où le cosmos lui apparaît entièrement dépouillé d'attributs factices. Toutes les qualités, substance, dureté, couleur, volume, que l'expérience conférait aux choses ont perdu leur prééminence. Pour l'esprit ainsi établi dans un dépouillement extrême des sens et de l'intellect, rien d'autre n'existe qu'une pure conscience en observation. Cette conscience primordiale, cette conscience originelle observant en témoin son jeu, c'est là toute la réalité. »

PLAIDOYERS

Contre — Pour

Plaidoyer contre

1. Les religions ne sont qu'occupations de dévots et fabrications d'idolâtres.

2. Comment être sûr que Dieu existe ? Répéter que le Père Noël existe ne lui confère aucune réalité.

3. « Métaphysique de la physique » : boutade de bigot. Pourquoi ne pas dire, plus honnêtement, que les frontières physiques ne sont plus celles que l'on croyait.

4. L'énergie vitale se confond étroitement avec chacune des formes d'énergie. C'est erreur de la dissocier. Ce n'est qu'un dynamisme.

5. L'univers peut être énergie-conscience sans survie.

6. S'il y a débats sur le corps-énergie, il faut attendre les conclusions de la science pour tenir compte de ce que cela signifierait.

7. On ne peut décemment tirer argument de recherches en cours.

8. Tout mettre ensemble, secouer, et ressortir triomphalement la survie comme le lapin blanc du chapeau d'un

prestidigitateur, en proclamant unanimité de fond, c'est agir avec une inqualifiable superficialité. C'est mentir : il n'y a rien en commun entre l'Eglise catholique et le bouddhisme, entre le bouddhisme et l'hindouisme. Les enseignements le disent assez.

Plaidoyer pour

1. Il convient d'abord de dissocier les Eglises, organes de diffusion et d'administration, des religions, philosophies et métaphysiques. Celles-ci sont messages d'une vision du monde, et enseignement, Savoir. Elles doivent être aussi considérées différemment d'après leurs activités, et dans leur signification. Les pratiques religieuses ne se cantonnent d'ailleurs pas à l'accomplissement des rites, elles vont parfois jusqu'à des services charitables. Mais surtout la signification générale des religions est plus intéressante que les agissements qu'elles suscitent. Répertoriées depuis l'âge des cavernes jusqu'à l'âge des hyper-buildings, elles témoignent du sentiment constant de l'intemporel et de l'Infini.

2. Qu'un « Dieu-Père », qu'un « Dieu-Saint-Esprit », qu'un « Dieu-Indra », Amon-Râ, Osiris ou Odin, Quetzalcóatl ou Jupiter, ait une réalité telle que nous la dépeignons, non. Ceux-là, ces personnages, n'existent pas, ou bien comme « demi-dieux » délégués auprès de nous... Une force transcendante existe : elle se démontre. Tandis que le néant est indémontrable. Thomas Orville, mon beau-frère qui a retrouvé plusieurs de ses vies antérieures, dit des dieux (il en a vénéré plusieurs en des civilisations diverses) : « Il ne faut pas compter sur eux : ils aiment ne pas répondre. » Mais ce dont nous pouvons être désormais certains, c'est de la dimension supra-terrestre — nous l'appelons « divine » — de la Vie, de l'Etre.

3. Lorsque les plus hautes autorités scientifiques se trouvent d'accord sur une cosmogonie dans laquelle microcosme et macrocosme sont consciences-forces ; d'accord sur un monde où la matière physique n'est qu'une apparence,

parler d'une métaphysique de la physique est résumer une étude. Simplement. L'on pourrait d'ailleurs, pour se conformer à l'actualité des sciences avancées, ne plus parler que métaphysiquement...

4. L'énergie vitale est depuis longtemps reconnue de nature particulière par des spécialistes, sages, médecins, savants, ces derniers aidés d'instruments techniquement spécialisés. Se référer aux publications appropriées pour statuer en toute connaissance de cause.

5. Des faits attestent que des énergies-consciences-individualisées, indépendantes des formes physiques qu'elles animent, ou ont animé, continuent à vivre après le phénomène appelé mort et préexistent à celui appelé naissance.

6. Les débats n'ont souvent plus lieu de se poursuivre tandis que les plaideurs trouvent pourtant plaisir à jouter avec des langues fourchues. Il est déraisonnable d'attendre l'entente cordiale des tendances scientifiques diverses, marquées de cultures notoirement dissemblables. Prenons un exemple : la découverte d'une immunologie possible par vaccins n'a pas rallié la totalité du corps médical international ; mais le fait est cependant important dans ses conséquences : même s'il y eut des vaccins par certains mal tolérés, c'est un facteur décisif de santé. En ce qui concerne le corps-énergie, et sa signification pour plusieurs niveaux d'existence, il vaut la peine que l'on s'aventure dans les parutions techniques, accessibles à qui veut s'informer. Au fil des documents, il s'avère indéniable. Mais il ne suffit pas que je raconte ma conviction, après un récit sommaire ; l'enquête que j'ai faite, chacun peut la faire.

7. Mais si, l'on peut tirer argument des recherches en cours lorsqu'elles s'intègrent parfaitement dans l'ensemble des connaissances vérifiées : car alors le futur s'inscrit dans la logique essentielle du passé.

8. Ce n'est pas mentir que de faire ressortir l'Unité à travers la diversité. Car l'observateur de bonne foi la détecte rapidement sous les mots qui séparent, comme il décèle la force de vie, la Vie, dans la glèbe où germent les plantes, dans

le soleil, dans l'eau, dans le vent, dans l'oiseau, dans le lapin blanc... Le geste du prestidigitateur révèle combien peu nous savons voir : car le lapin, de toute évidence, était là, mais nous ne l'avons pas aperçu.

Et n'avons-nous pas constaté, chemin faisant, qu'entre matière, énergie, et conscience, et esprit, il n'y avait pas les irréversibles, infranchissables contradictions que notre langage et notre héritage culturel semblaient nous avoir enseignées ?

N'est-ce pas la déviation rationaliste du matérialisme, plus que le matérialisme lui-même, qui s'oppose à une perception unitaire du monde ? Telle est la signification des plus récent progrès de la physique. Et les systèmes philosophiques sont des vues de LA MEME REALITE.

Enfin ce journal est recherche portant sur un thème essentiel : la survie. C'est elle que j'ai « traquée » à travers des hommes, des langages, des disciplines, des cultures. C'est elle que j'ai trouvée partout.

L'évidence de sa réalité m'importe.

Quant à ses modalités, j'en suis moins préoccupé. Sur ce point, les enseignements se heurtent, et leurs disciples s'affrontent, assurés de détenir chacun la vérité tout entière. Enseignements et disciples expriment la diversité des esprits, des tendances, et des paroles.

Ce tumulte ne doit pas cacher l'Unité : nous appartenons à une autre dimension, nous y allons, et nous nous y trouvons, ainsi nous ne mourrons pas.

V

LE PRÉSENT

Conclusion

1

LA MORT ET L'ÊTRE

Parce que la vie parfois nous fatigue, parce qu'à force de nous croire incapables de maîtriser les épreuves, les angoisses, les souffrances, nous nous rendons effectivement faibles, passifs et vaincus, nous rêvons de repos.

Aussi la mort est-elle imaginée souvent, ou souhaitée, en havre de tranquillité, établi loin des brouhahas terrestres, préservé des affres et du tohu-bohu : mort-repos-éternel.

La mort-absence, la mort-immobilité sont des notions répondant à une immense exigence de paix. Paix que tant d'entre nous n'ont su trouver ici, et dont ils pressentent pourtant la possibilité. Alors ils en projettent l'espoir dans ce qu'ils ne connaissent pas : la mort devient compensation nécessaire aux fatigues des combats sans fin... Là-bas, ailleurs, enfin, on sera au calme. Car ce ne peut pas être pire qu'ici. Un sage de l'Inde, dont je suivais l'enseignement, m'a dit un jour que je lui demandais s'il y avait un enfer : « Ne pensez-vous pas qu'il est là déjà ? »...

La mort-paradis est une conception suscitée par l'intuition profonde de notre responsabilité et par la soif de justice. Mais il s'y ajoute indéniablement les colorations d'une sensualité :

non seulement les justes sont récompensés — et aussi, après quelques bonnes punitions, ceux qui ont transgressé les lois — mais ils accèdent à un bien-être qu'ils savourent et savoureront sans fin. Tous les paradis ne sont pas aussi charnels que le paradis d'Allah, mais enfin l'attente d'une existence bien méritée et bien agréable caractérise la « mort-paradis ». Cette notion est venue, elle aussi, d'un besoin éperdu de compensation : sur la terre, ce n'est pas toujours drôle, mais les dieux nous accorderont plus tard d'être bien, car la souffrance ne saurait constituer l'essentiel de la destinée. La mort-paradis est aussi l'expression d'une nostalgie : nous savons au fond de nous-mêmes, au niveau de l'être permanent, que nous avons vocation d'équilibre, de force et de sérénité, parce que métaphysiquement nous en provenons. Ressentant une « séparation », une atrophie, certains estiment qu'ils seront comblés par la mort-paradis. Cherchant à traduire la prescience d'une harmonie, un écrivain l'a ainsi exprimée : « La mort, ne serait-ce pas du Mozart à l'infini ? », ... si l'on aime Mozart évidemment.

La mort-régénération est envisagée comme telle par ceux qui jugent que ni le corps ni la terre ne sont propices à la compréhension de la vie. Seule la mort, favorisant le face à face sans obstacles avec Dieu, permet la purification (sanctions pour les fautes commises à cause de la chair, et souffrances nécessaires), et le retour à la vraie vie qui ne saurait être qu'immatérielle. C'est la conception de tous ceux qui se sont mal entendus avec leur pauvre corps, et l'ont méprisé pour ses appels, ses instincts propres de vie et de reproduction, ses servitudes. La mort en soi est un progrès. Une telle conception est révélatrice de déséquilibre.

La mort-libération l'indique également, mais encore plus fort. Elle est souvent attendue comme la condition de la plénitude. Elle manifeste combien est grand le désir de fuir les obligations sociales et familiales, estimées inférieures, ainsi que divers impératifs corporels trouvés dégradants. Cette vision des choses méconnaît délibérément la valeur d'ici et maintenant, l'importance des actes, et celle d'être : on existera seulement « après ». En fait elle ignore nombre de réalités. Ce n'est plus même alors une mort-rêve, c'est la mort-évasion, démission de la vie terrestre. C'est la mort-naissance !

La mort-savoir est une approche intéressante parce que plus juste, laissant présumer un état dans lequel sont retrouvées des connaissances oubliées, et dans lequel s'éclaire une autre conscience de soi-même permettant de comprendre exactement ce qu'est chacun, et le sens de son voyage.

Chaque fois que la mort est perçue comme la condition indispensable à une amélioration, c'est l'indice d'une appréciation fausse de la vie et d'une erreur capitale de jugement. Car nous pouvons tout apprendre ici. Piaffer en hennissant qu'il faut être mort pour « voir » enfin la vérité des choses, incite à la passivité actuellement, et souvent à des comportements de non-attention à ce qui nous est offert pour évoluer vers notre réelle nature-qualité-potentialité d'Etre. Il ne suffit pas d'être mort pour se trouver sagace et savant. Pourtant la conception d'une mort-savoir se rapproche, en ce qui nous concerne, nous Occidentaux, de la réalité qui nous attend : la plupart d'entre nous aurons prodigieusement à apprendre durant nos premiè· res heures dans l'au-delà. Ou mieux, ceux-là retrouveront ce dont notre culture les a coupés pendant leurs années passées dans un milieu mal informé, affadi, déséquilibré par la ruine des valeurs essentielles.

La mort-nuit, ou mort-néant, est l'idée effrayant et rassurant tout à la fois ceux qui aiment s'en tenir au jour le jour, et détestent les questions et les prolongements. Certains ethnologues prétendent que la mort-éternité n'est qu'une élucubration de l'homme dont les instincts animaux refusent absolument la dégénérescence et le pourrissement : son orgueil et lui-même ont si peur que, pour conjurer l'échéance, pour ne pas « finir », ils s'inventent n'importe quoi — sans aucun fondement. C'est aussi par peur que certains hommes dont l'âme-esprit est saisie du vertige des conséquences d'être ont décidé — sans aucun fondement — de se minimiser à la période naissance-mort, sans autres complications.

La mort-sommeil est celle sur laquelle s'interroge Hamlet, le jeune et malheureux prince de Danemark : « Mourir... dormir, rien de plus. (...) Mourir, dormir, dormir... peut-être rêver ! Oui, là est l'embarras. Car quels rêves peut-il nous venir dans ce sommeil de la mort, quand nous sommes débarrassés de l'étreinte de cette vie ? »

Expression indirecte des perplexités d'être-ou-ne-pas-être, et des tourments dus à cette angoisse, la notion de mort-sommeil, proche de la mort-absence, de la mort-immobilité, de la mort-repos éternel, est vœu d'insensibilité, de refuge.

Pourtant Hamlet *sait déjà* que la mort-sommeil ne correspond pas à la réalité : car le spectre de son père assassiné lui a demandé assistance pour être vengé, « l'esprit » de son père douloureux d'avoir été trahi lui dépeint ce qu'il souffre. Comme nombre d'entre nous qui sommes avisés de ce qui se produit effectivement, mais ne le rendons pas nôtre et le laissons en marge du savoir acceptable, Hamlet continue de tourner péniblement en rond devant la mort qui lui a cependant parlé par son père. Hamlet pose des questions pour lesquelles il a réponse. Cruellement atteint par les crimes de sa mère, épreuves qu'il doit endurer, confronté à celles que son père éprouve dans l'au-delà, il ne songe plus qu'à la mort-soulagement, à la mort-fuite : tout est terrible autour de lui. S'il était certain de la mort-sommeil, il se suiciderait. Mais il redoute la mort autant qu'il a peur de sa vie. Comme il désirerait dormir...

Mais le sommeil, absence ou tranquillité, n'existe pas.

Depuis Shakespeare, les assoupissements, sommes, siestes ont été « saisis » par les investigateurs des mystères de l'homme. Ceux de cette apparente retraite, de ce ralentissement supposé, ont été pour une grande part percés.

Des observations nombreuses effectuées en laboratoire définissent le sommeil comme état de conscience fertile en activités cérébrales multiples. Il l'est aussi en associations affectives, se traduisant en rêves plus ou moins profonds et originaux. Quels sont les liens précis du rêve et de la réalité ? Pour les experts rationalistes, il y en aurait peu, le rêve étant fantasmagorie, délire de songe-creux alimenté des complexes ou archétypes stagnant dans l'inconscient ; il manifesterait en symboles et créations d'imagination l'intensité des tensions, des bouillonnements, etc.

Mais d'après d'autres études, et d'autres conclusions avancées par des chercheurs dénués de prédétermination, sommeil et rêve correspondraient à des niveaux différents de conscience, et ne seraient qu'intensités variables d'expression de conscience. Durant ce que nous appelons sommeil se réaliseraient des activités dans une autre dimension d'être, ainsi que cela se produit au cours des expériences hors du corps, soit en expérimentation de laboratoire, soit à la faveur des comas, évanouissements ou anesthésies. De surcroît, il est maintenant démontré que certains rêves sont des souvenirs de ce qui est accompli pendant que nous nous imaginons totalement « endormis », c'est-à-dire inconscients. Faussement identifiés comme rêves, parce qu'intervenant au cours de sommes ou somnolences, se produisent des phénomènes télépathiques, précognitifs, et s'effectuent des rencontres avec les « esprits ». Ceux-ci semblent à l'affût d'une coupure avec les tensions de l'état de veille pour renouer un dialogue... Sont nommées « rêves » toutes images ne cadrant pas avec les enchaînements logiques d'un quotidien visible décrété réalité. C'est pourquoi sont rangées dans la famille des billevesées oniriques des images récurrentes, en vérité réminiscences de vies antérieures.

Nous sommes en mesure de constater que nous avons cru beaucoup de théories qui se révèlent fausses. Ainsi celle du parfait sommeil. Apprendre, connaître, c'est s'éveiller, disent les traditions, s'éveiller à la réalité. Que nous côtoyons habituellement sans en avoir aucune conscience, et sans y prêter intérêt.

Si l'intérêt s'éveille, lui aussi, et porte son acuité sur les états de veille et de sommeil, il devient bientôt évident qu'il nous arrive de « dormir », de nous montrer inertes par

305

indifférence, de sembler inconscients de nous-mêmes et de notre environnement, alors que nous sommes censés nous trouver en état de veille. Inversement, le temps de « sommeil » se révèle moment d'activité intense et de prise de conscience, de branchement sur des champs élargis de conscience.

Sensitifs et clairvoyants l'ont souvent indiqué. Le savoir initiatique l'a laissé entendre. Mais il a fallu la répétition et la vérification des témoignages, les révélations faites par les individus eux-mêmes (exemple du « rêve » de Mme Wilmot), les travaux des scientifiques et de nombreuses études du comportement humain pour que l'ensemble de ces éléments disparates soit identifié en « états » de conscience. Et pour que l'on comprenne par conséquent que cette conscience essentielle, conçue à son plus haut niveau métaphysique comme Conscience-Vie, que cette conscience donc était constante, et ne « dormait » jamais. Ni dans le sommeil. Ni dans la mort.

A travers les degrés-phases multiples de cette conscience se manifestent ses capacités-forces : psychocinèse, biothérapie, télépathie, radiesthésie, talents, etc. ; et ses capacités-informations : connaissance, expérience, discernement, comportements-réflexes, aptitudes intuitives et intellectuelles, raisonnement, mémoires. Elle s'exerce constamment dans tous les aspects d'être, du physique au métaphysique — même si nous ne le savons pas selon notre éducation et notre savoir culturel si souvent mesurés au mesurable.

Par éclairs, directement ou indirectement provoqués (émotion, commotion, coma, hypnose, drogue), elle apparaît plus distinctement dans la médiocrité de notre quotidien, à faible intensité d'être. Nous laissons absorber beaucoup de notre énergie-conscience dans l'éparpillement des gens et des tâches. Chez certains d'entre nous, elle rayonne davantage : à travers une vision agrandie, elle transmet des indications, des « nouvelles » de l'autre dimension, d'une réalité autre.

Dans celle-ci s'inscrit la mort-passage.
Dont témoignent ceux que j'ai cités dans ce journal.

Hamlet aurait pu le comprendre, après avoir parlé avec son père revenu de l'au-delà pour lui expliquer l'assistance dont il avait besoin.

Mais Hamlet cherchait désespérément et seulement l'oubli. Il aurait voulu ne plus être.

Il a donc rejeté les conséquences du dialogue établi avec le oi « mort ».

Elles étaient trop lourdes pour lui.

Car exister immortellement...

... ce n'est pas simple.

2

LA RÉALITE... POUR OU CONTRE ?

La pérennité a ses charmes et ses désagréments.
Parmi les charmes : Vivre encore. Aimer plus et mieux. Eprouver des solidarités suivies et manifestées. S'enrichir d'expériences. Acquérir des savoirs sans crainte de les perdre sous un mètre de terre. Ressentir l'invulnérabilité, aussi la possibilité de progrès. Dépasser le limitatif, mais comprendre le relatif. Détenir la certitude d'atteindre à l'Absolu d'Etre... un jour hors du temps.

Au nombre des désagréments : Assumer les suites de son passé, de son présent. Continuer les faiblesses, en ajouter peut-être. Revivre la souffrance. Persévérer — faute de pouvoir se débrouiller mieux —, perdurer l'aveuglement ou l'erreur.

Si certains sont séduits par l'ouverture, par la chance de la survie, d'autres qui ont peur des mondes, qui ont peur d'eux-mêmes, s'épouvantent de l'énormité, de la responsabilité de l'aventure.

Ils ont des raisons de douter d'eux-mêmes et de ne pas faire confiance à la vie. Sans doute ont-ils quelque part dans leur expérience personnelle la charge d'une lâcheté antérieure ou d'un crime qu'ils regrettent et craignent de réitérer dans le cours d'une vie nouvelle ; ou le souvenir d'un désespoir que nul, ni eux-mêmes encore, n'a su apaiser... Ils savent, leur mémoire lointaine sait, qu'ils sont capables de mal agir, et de mal vivre. Obnubilés par leur propre fragilité et leur sentiment d'être de toute façon voués à la perdition, ils sont pessimistes. Ils proclament qu'il y a prédestination, que les jeux sont faits d'avance. Sentiment correspondant à une minime, mais réelle, part de vérité, nous l'avons vu. Car il y a bien continuité logique, mais pas emprisonnement. Et pour régler ces difficultés — insolubles pour eux —, fautes, conséquences, réparations, drames, misère humaine, ils crient fort que la survie ne peut avoir de réalité. Ils prennent tous les moyens pour s'en persuader. Il sera bientôt indispensable à leur précaire sécurité de le prouver au monde entier. Car quiconque ne tiendra pas leur langage leur fera peur.

S'ils doivent nier, ou renier, ils nieront et renieront, puisque tout au fond d'eux-mêmes grondent la peur de la Vie et une affolante terreur de l'impuissance.

Aux contradictions d'Edgar Cayce, à la dualité observée entre les attitudes de l'individu actuel et celles du médecin endormi, il y avait des raisons dont les causes remontaient à ses existences précédentes. Lui-même savait expliquer à ceux qui le consultaient ces contrastes entre l'incarnation présente et la qualité de l'être permanent considérant le « panorama » à ce niveau de lucidité souligné par le D^r et Mme Kelsey, démontré par leur méthode thérapeutique.

Il y a des explications aux options prises par les matérialistes et aux piétinements rationalistes. Elles ne tiennent pas uniquement à l'éducation et au milieu, ni aux ratifications personnelles aux opinions d'un père, d'un maître.

Mais la peur n'affecte pas quelqu'un seulement selon sa réceptivité propre. Elle conditionne collectivement des attitudes. Le conservatisme est ainsi un système de protection contre l'aventure du changement. Certains tempéraments ressentent comme traumatisme l'adaptation demandée par les modifications et les mutations.

Ils opposent des murailles de refus, de fureur à toute éventuelle transformation des savoirs et des comportements acquis.

La science n'en a pas été préservée. Ni la religion.

Et nombreux sont les hommes qui s'abritent derrière elles, qui se servent d'elles, pour guerroyer contre ce qui est à savoir au nom de ce qui est su. Ils veulent oublier que ce qui est connu fut jadis à découvrir.

Se groupant en collèges de soi-disant sages, défenseurs de la vérité qu'attaquerait le mensonge caché sous la peau de la nouveauté, ils trouvent là bonne occasion de flatter leurs pusillanimités. Ils tentent d'entraver la marche d'une époque, et ils réussissent à obscurcir des civilisations. Ils n'hésitent pas à utiliser tous les appareils de l'autorité pour agir puissamment, sans loi ni foi, au nom bien sûr de la loi et de la foi ; ils n'agissent qu'au gré de ce qu'ils craignent : ouvrir la voie à d'autres connaissances. Toute nouvelle connaissance est danger : elle peut remettre en cause ce à quoi ils se cramponnent.

Quand ils le peuvent, quand ils gouvernent, ils tuent. Mais ils procèdent avec des formes pour s'assurer des ralliements. des partisans : ils font des procès.

Tant de grands découvreurs et novateurs ont encouru l'opprobre, la condamnation sociale par calomnie, la mort par misère et mépris, ou pire la torture et le supplice : ainsi Socrate... Galilée... Giordano Bruno...

Et les populations stupéfaites, crédules se laissent convaincre que ce sont des coupables. La vérité s'impose des années plus tard. Car l'ignominieuse cruauté, les pratiques perpétrées par veulerie ont été inutiles. Mais il demeure le crime d'avoir laissé s'accomplir le meurtre du novateur.

Par passivité. Par effroi aussi d'être brisé pour sympathie à ces idées insolites. Par lâcheté peut-être. Par le souci qu'a chacun de s'occuper de son propre salut : le soin du salut personnel a permis l'accroissement opulent et diligemment vertueux, confortable, de bien des égoïsmes, même — peut-être surtout — dans le cadre des courants spiritualistes et religieux. Par manque de générosité.

Il y a des raisons, c'est vrai, pour nous aider à comprendre ces inadmissibles oppositions destructrices et ces attitudes de complicité aux « assassinats » des découvreurs.

Mais, sans peur, et en dépit des attaques, des trahisons, des procès, des infamies, les « Galilée », les « Socrate » poursuivent leur combat pour soutenir ce qu'ils ont atteint de vérité.

Cette espèce humaine si riche en ses contradictions, que représente-t-elle ?

Cet Homme, héros et bourreau, qui est-il donc ?

Tout l'atteste, un passant aux multiples bagages :

un être pluridimensionnel.

3

L'HOMME PLURIDIMENSIONNEL

Puisque j'appartiens à la race humaine, je m'en tiendrai à elle.

Pour schématiser les divers registres dont chacun d'entre nous est riche, même s'il ne sait pas en user, référence est faite aux études et témoignages évoqués, dont il est temps de réaliser la synthèse.

Voici ce que l'on est en droit de dire, raisonnablement résumé.

Notre présent est constitué par :

— un apport génétique ;

— un apport familial, social et culturel ;

— les choix accomplis depuis notre naissance et la responsabilité de nos avenirs ;

— le bagage antérieur acquis à travers les options, expériences, actes des existences précédentes terrestres et non terrestres, en des formes successives ;

— une conscience correspondant à notre actuelle incarnation, s'identifiant à elle, et souvent liée aux limites de celle-ci ;

— la conscience de notre être permanent à plusieurs

modes de vie, en même temps Conscience métaphysique, Principe de Vie-Connaissance-Plénitude. En réalité, la conscience quotidienne, élémentaire, du présent n'est pas distincte de la conscience de l'être permanent ni de la Conscience métaphysique : elle n'en représente que l'une des moindres intensités.

L'Homme est « pluridimensionnel », et comme tel il dispose — *POTENTIELLEMENT DU MOINS* — d'un considérable éventail de capacités le plus souvent non « révélées », non perçues :

— *il peut* se déplacer, voir et agir hors de son corps et hors espace-temps (témoignages, expériences hors du corps, notamment travaux du Stanford Institute) ;

— *il peut* prévenir l'atteinte des maladies par observation du corps-énergie, personnellement et pour son environnement animal et végétal (travaux des chercheurs et ingénieurs de l'Est, d'après techniques Kirlian) ;

— *il peut* jouer de deux perceptions : sensorielle et extra-sensorielle ;

— *il peut* modifier son environnement par la seule force de son esprit (psychocinèse, télécinèse), guérir ou détruire par extériorisation d'énergies (biothérapie, sorcellerie) ; et influencer les champs de forces dans lesquels il évolue au point, parfois, de s'en rendre totalement indépendant (Institut du cerveau de Leningrad, travaux sur le bioplasma et la psychotronique, recherches du Stanford Institute) ;

— *il peut* accéder à des états et niveaux de conscience, lui permettant d'expérimenter sa pluridimension (concentration, méditation, procédés de relaxation, hypnose, etc.) ;

— *il peut* disposer d'informations « extra-ordinaires »

recueillies en ces changements d'intensité de conscience et vérifiées selon certains « repères » du monde visible (communications télépathiques avec les vivants, avec les « esprits », avec les règnes animaux, végétaux, minéraux) ; ces connaissances s'appliquent tant au monde visible qu'aux mondes invisibles, et à leurs champs de forces.

— *il peut* percevoir l'au-delà, rencontrer les trépassés, parler avec eux très simplement, et les aider (référence particulière aux travaux de C. Flammarion, sans oublier l'apport des sensitifs et des initiés) ;

— *il peut* utiliser le capital de plusieurs mémoires, de plusieurs banques de données, notamment génétiques et « lointaines » (le principe des vies successives ne sous-estime aucun des apports de la vie, et reconnaît l'importance de l'information génétique, comme celle du milieu) ;

— *il peut* connaître sa longue histoire, et s'expliquer ses goûts, ses passions, ses talents, ses phobies, ses émotions, ses prises de position, ainsi que certaines de ses vulnérabilités physiologiques profondes (mémoire lointaine, hypnose, techniques de méditation et de relaxation, souvenirs antérieurs spontanés) ;

— *il peut* oublier en apparence, s'en tenant visiblement à son actuelle incarnation, faisant obstruction aux réminiscences, aux savoirs, et même aux talents dont il est possesseur (E. Cayce, Kelsey, thérapeutique réincarnationiste) ;

— *il peut* réparer son passé, s'en guérir, s'en délivrer, (méditation, médecine réincarnationiste, référence particulière à la méthode Kelsey-Grant qui situe l'appréciation des problèmes au niveau de l'être permanent, à sa qualité de lucidité, de « sagesse » intemporelle) ;

— *il peut* élargir son présent en se réalisant en sa nature constamment pluridimensionnelle, jamais « endormie », gardant sa conscience en éveil et en intensité (méditation, relaxation, réflexion) ;

— *il peut* orienter son avenir existentiel, d'après les facultés qu'il se reconnaît et d'après le savoir acquis d'une existence qui ne finit pas, d'après les options qu'il comprend pouvoir décider (médecine réincarnationniste, apport d'E. Cayce, enseignements traditionnels) ;

— *il peut* acquérir des éléments de probabilité concernant les événements du futur proche de sa vie actuelle et ceux de son entourage (précognition, clairvoyance, manifestations des « esprits » et des forces de l'au-delà) ;

— *il peut* comprendre donc la signification de son séjour terrestre, et apprendre tout ce qui lui est nécessaire pour exister ici et maintenant (observations expérimentales, philosophies, etc.) ;

— *il peut* choisir dans une mesure certaine mais relative le temps, le lieu et la forme de sa prochaine vie, s'il le désire (Platon, Apollonius de Tyane, sensitifs, Schopenhauer, Rochas, Stevenson, Kelsey-Grant, thérapeutique réincarnationiste) ;

— *il EST* riche, fort, lucide, capable de triompher de tous ses maux ;

— *il SAIT* les valeurs essentielles ;

— *il PEUT* sans dommage traverser les épreuves, car il est Immortel.

La route est finie.

Et s'achève le journal de mon enquête sur la certitude de notre « immortalité ».

Certitude obtenue par démonstrations, et non par affection pour tel chercheur, par inclination pour tel courant de pensée.

Il m'est arrivé d'être convaincu, durant ce long parcours,

par certaines méthodes de travail et par les conclusions qui
s'en dégageaient, au point d'estimer que l'évidence de la
survie individuelle était acquise. Et la tentation me venait de
m'arrêter là, tant la rigueur intellectuelle de l'étude et la
rigueur morale de celui qui la conduisait étaient incontestables, tant en éclataient la valeur et la signification. Ce fut le
cas pour Albert de Rochas, Camille Flammarion, Joan et
Denys Kelsey, Ian Stevenson. J'ai poursuivi pourtant : pres-
sentant pouvoir trouver non pas une, mais plusieurs évidences
de survie, je devais aller plus loin.

Et je ne fus pas mécontent de constater, ce faisant, les
authentifications nombreuses, ne cessant de ratifier les
travaux préalables de chacune de ces approches.

Il apparaît ainsi clairement combien la médecine réincarnationiste corrobore, « vérifie » les traditions, combien les
observations expérimentales et les études de comportement
concordent sur la pluridimension de l'être, sur l'expérience
continue d'une psyché que n'altère ni n'affecte la mort
physique.

De ces rencontres du passé avec le futur, de la synthèse
réalisée entre les théories philosophiques et la méthodologie
scientifique, preuve est donnée de la survie, d'une survie
individuelle.

Non pas une seule fois, mais plusieurs fois, j'ai trouvé
preuves de survie.

Telle est la conclusion de ma recherche.

J'ai scrupuleusement veillé à m'en tenir au récit de cette
investigation, afin de la transmettre sans interprétation subjective. J'ai voulu ne pas y mêler ma propre cosmogonie, celle
qui est née de ma réflexion durant ce travail et des textes
fascinants et évocateurs des sages, des poètes, des rédacteurs
de comptes rendus, des correspondants, des pionniers, de mes
« interlocuteurs ». Chacun a contribué à une certaine compréhension de ces mondes qui sont nôtres, à la perception d'une
Vie solidaire de la terre, de l'eau, du feu, de l'air... de la

pierre qui se souvient... du géranium qui reconnaît... du lapin blanc que nous ne savons pas voir...

C'est un choix personnel que de « comprendre » la Vie, d'y réfléchir, d'en déduire des concepts et des modes d'action, des conséquences philosophiques et pratiques. C'est faire acte de dignité que d'élaborer, par adhésion méditée à des thèses claires et fortes, sa vision des mondes. Pour tout individu, c'est la condition de sa plénitude. Elle n'est pas liée à son niveau culturel, mais à sa volonté de conscience et d'effort. Et d'abord à sa détermination : en ces matières nul ne devrait accepter que quelqu'un se substitue à lui. Ainsi ce journal est-il *d'ABORD* invitation et provocation à la quête que chacun doit en définitive conduire ou refuser.

Mais il est un fait si capital qu'il ne doit pas, à mon sens, être passé sous silence : celui du CHOIX.

J'ai rencontré durant mes recherches des personnes accablées par leur condition humaine, par leur sexe, par leurs maladies et servitudes, désespérées de leur famille, de leur milieu social, des limites à leurs ambitions, révoltées d'une « fatalité » injuste. Certaines se croyaient condamnées à la peine de vivre comme à la peine de mort, s'estimant broyées par le sort, le mal, la vulnérabilité.

Or, dans l'amoncellement des observations expérimentales de Rochas, Flammarion, Stevenson et des praticiens des thérapeutiques réincarnationistes, dans les témoignages recueillis pendant les changements de niveau de conscience (hypnose, coma, mémoire lointaine, souvenirs antérieurs spontanés, etc.), des indications réitérées, des précisions, des explications corroborées révèlent QUE NOUS NE SUBISSONS AUCUNE FATALITE. Nous ne sommes ni des condamnés, ni des victimes, ni des esclaves, ni des jouets...

C'est ce qu'expliquait à Thomas notre amie Joan Grant-Kelsey qui évolue aisément de notre monde à l'autre. C'est ce qu'avait constaté Thomas au cours de son expérience personnelle de recherche de vies antérieures : il a volontairement attendu trois cents ans avant de se réincarner en 1930. C'est aussi ce que j'ai appris de nombreux documents.

Le présent

Socrate a clairement exprimé la possibilité du choix. Comme nous optons pour ceci plutôt que cela durant cette existence, nous le faisons dans les autres, et entre les passages terriens. Transmis par Platon, le récit d'Er de Pamphylie décrit le choix possible d'une façon saisissante. Je cite le texte, car aucun des témoignages plus récents ne l'infirme. Donner la parole à Er de Pamphylie, c'est livrer l'essentiel de ce que l'on sait sur la capacité de choix, sans fausseté, sans trahison des informations recueillies depuis :

« Chaque groupe d'âmes * passait sept jours dans la prairie ; puis, le huitième, il devait lever le camp et se mettre en route pour arriver (...) en un lieu d'où l'on découvre, s'étendant depuis le haut à travers tout le ciel et toute la terre, une lumière droite comme une colonne, fort semblable à l'arc-en-ciel, mais plus brillante et plus pure.

(...)

« Le fuseau lui-même tourne sur les genoux de la Nécessité.

(...)

« Donc, lorsqu'ils arrivèrent, il leur fallut aussitôt se présenter à Lachésis-le-Passé. Et d'abord un hiérophante les rangea en ordre ; puis prenant sur les genoux de Lachésis des sorts et des modèles de vie, il monta sur une estrade élevée, et parla ainsi :
" Déclaration de la vierge Lachésis, fille de la Nécessité. Ames éphémères, vous allez commencer une nouvelle carrière et renaître à la condition mortelle. Ce n'est point un génie qui vous tirera au sort, c'est vous-mêmes qui choisirez votre génie. Que le premier désigné par le sort choisisse le premier la vie à laquelle il sera lié par la nécessité. La vertu n'a point de maître : chacun de vous, selon qu'il l'honore ou la dédaigne, en aura plus ou moins. La responsabilité appartient à celui qui choisit. Dieu n'est point responsable. "
« A ces mots, il jeta les sorts et chacun ramassa celui qui était tombé près de lui, sauf Er, à qui on ne le permit pas. Chacun connut alors quel rang lui était échu pour choisir. Après cela, l'hiérophante étala devant eux des modèles de vie en nombre supérieur de beaucoup à celui des âmes présentes. Il y en avait de toutes sortes : toutes les vies des animaux et toutes les vies humaines ; on y trouvait

---

* Livre X, *de la République* 617-621, trad. R. BACCOU, Garnier-Flammarion.

des tyrannies, les unes qui duraient jusqu'à la mort, les autres interrompues au milieu, qui finissaient dans la pauvreté, l'exil et la mendicité. Il y avait aussi des vies d'hommes renommés soit pour leur aspect physique, leur beauté, leur force ou leur aptitude à la lutte, soit pour leur noblesse et les grandes qualités de leurs ancêtres ; on en trouvait également d'obscures sous tous ces rapports, et pour les femmes il en était de même. Mais ces vies n'impliquaient aucun caractère déterminé de l'âme, parce que celle-ci devait nécessairement changer suivant le choix qu'elle faisait. Tous les autres éléments de l'existence étaient mêlés ensemble, et avec la richesse, la pauvreté, la maladie et la santé ; entre ces extrêmes, il existait des partages moyens. C'est là, ce semble, ami Glaucon, qu'est pour l'homme le risque capital ; voilà pourquoi chacun de nous, laissant de côté toute autre étude doit surtout se préoccuper de rechercher et de cultiver celle-là, de voir s'il est à même de connaître et de découvrir l'homme qui lui donnera la capacité et la science de discerner les bonnes et mauvaises conditions, et de choisir toujours et partout la meilleure, dans la mesure du possible. En calculant quel est l'effet des éléments dont nous venons de parler, pris ensemble puis séparément, sur la vertu d'une vie, il saura (...) quelles sont les conséquences d'une naissance illustre ou obscure, d'une condition privée ou publique, de la force ou de la faiblesse, de la facilité ou de la difficulté à apprendre, et de toutes les qualités semblables de l'âme, naturelles ou acquises, quand elles sont mêlées les unes aux autres ; de sorte qu'en rapprochant toutes ces considérations, et en ne perdant pas de vue la nature de l'âme, il pourra choisir entre une vie mauvaise et une vie bonne, appelant mauvaise celle qui aboutirait à rendre l'âme plus injuste, et bonne celle qui la rendrait plus juste, sans avoir égard à tout le reste ; car nous avons vu que, pendant cette vie et après la mort, c'est le meilleur choix qu'on puisse faire. Et il faut garder cette opinion avec une inflexibilité adamantine en descendant chez Hadès, afin de ne pas se laisser éblouir, là non plus, par les richesses et les misérables objets de cette nature, (...) afin de savoir, au contraire, choisir toujours une condition moyenne et fuir les excès dans les deux sens, en cette vie autant qu'il est possible, et en toute vie à venir (...).

« Or donc, selon le rapport du messager de l'au-delà, l'hiérophante avait dit en jetant les sorts : « Même pour le dernier venu, s'il fait un choix sensé et persévère avec ardeur dans l'existence choisie, il est une condition aimable et point mauvaise. Que celui qui choisira le premier ne se montre point négligent, et que le dernier ne perde point courage. » Comme il venait de prononcer ces

319

paroles, dit Er, celui à qui le premier sort était échu vint tout droit choisir la plus grande tyrannie * et, emporté par la folie et l'avidité, il la prit sans examiner suffisamment ce qu'il faisait ; il ne vit point qu'il y était impliqué par le destin que son possesseur mangerait ses enfants et commettrait d'autres horreurs : mais quand il l'eût examinée à loisir, il se frappa la poitrine et déplora son choix, oubliant les avertissements de l'hiérophante ; car au lieu de s'accuser de ses maux, il s'en prenait à la fortune, aux démons, à tout plutôt qu'à lui-même. C'était un de ceux qui venaient du ciel : il avait passé sa vie précédente dans une cité bien policée, et appris la vertu par l'habitude et sans philosophie. Et l'on peut dire que parmi les âmes ainsi surprises, celles qui venaient du ciel n'étaient pas les moins nombreuses, parce qu'elles n'avaient pas été éprouvées par les souffrances ; au contraire, la plupart de celles qui arrivaient de la terre, ayant elles-mêmes souffert et vu souffrir les autres, ne faisaient point leur choix à la hâte. De là venait, ainsi que des hasards du tirage au sort, que la plupart des âmes échangeaient une bonne destinée pour une mauvaise ou inversement. Et aussi bien, si chaque fois qu'un homme naît à la vie terrestre il s'appliquait sainement à la philosophie, et que le sort ne l'appelât pas à choisir parmi les derniers, il semble, d'après ce qu'on rapporte de l'au-delà, que non seulement il serait heureux ici-bas, mais que son voyage de ce monde en l'autre et son retour se feraient non par l'âpre sentier souterrain, mais par la voie unie du ciel.

« Le spectacle des âmes choisissant leur condition, ajoutait Er, valait la peine d'être vu, car il était pitoyable, ridicule et étrange. *En effet, c'était d'après les habitudes de la vie précédente que, la plupart du temps, elles faisaient leur choix* **. Il avait vu, disait-il, l'âme qui fut un jour celle d'Orphée choisir la vie d'un cygne, parce que, en haine du sexe qui lui avait donné la mort, elle ne voulait point naître d'une femme ; il avait vu l'âme de Thamyras choisir la vie d'un rossignol, un cygne échanger sa condition contre celle de l'homme, et d'autres animaux chanteurs faire de même. L'âme appelée la vingtième à choisir prit la vie d'un lion : c'était celle d'Ajax, fils de Télamon, qui ne voulait plus renaître à l'état d'homme, n'ayant pas oublié le jugement des armes. La suivante était l'âme d'Agamemnon ; ayant elle aussi en aversion le genre humain, à cause de ses

---

*   Pouvoir souverain usurpé et illégal.
** Souligné par Georges.

malheurs passés, elle troqua sa condition contre celle d'un aigle. Appelée parmi celles qui avaient obtenu un rang moyen l'âme d'Atalante, considérant les honneurs rendus aux athlètes, ne put passer outre, et les choisit. Ensuite, il vit l'âme d'Epéos, fils de Panopée, passer à la condition de femme industrieuse, et loin, dans les derniers rangs, celle du bouffon Thersite revêtir la forme d'un singe. Enfin l'âme d'Ulysse à qui le sort avait fixé le dernier rang, s'avança pour choisir ; dépouillée de son ambition par le souvenir de ses fatigues passées, elle tourna longtemps à la recherche de la condition tranquille d'un homme privé ; avec peine, elle en trouva une qui gisait dans un coin, dédaignée par les autres ; et quand elle l'aperçut elle dit qu'elle n'eût point agi autrement si le sort l'avait appelée la première, et, joyeuse, elle la choisit. Les animaux, pareillement, passaient à la condition humaine ou à celle d'autres animaux, les injustes dans les espèces féroces, les justes dans les espèces apprivoisées ; il se faisait ainsi des mélanges de toutes sortes.

« Lors donc que toutes les âmes eurent choisi leur vie, elles s'avancèrent vers Lachésis dans l'ordre qui leur avait été fixé par le sort. Et celle-ci donna à chacun le génie qu'elle avait préféré, pour lui servir de gardien pendant l'existence et accomplir sa destinée.

(...)

« ... Alors, sans se retourner, l'âme passait sous le trône de la Nécessité, et quand toutes furent de l'autre côté, elles se rendirent dans la plaine du Léthé *.

(...)

« Le soir venu, elles campèrent au bord du fleuve Amélès, dont aucun vase ne peut contenir l'eau. Chaque âme est obligée de boire une certaine quantité de cette eau, mais celles que ne retient pas la prudence en boivent plus qu'il ne faudrait. En buvant, on perd le souvenir de tout. »

Il serait sage de garder la conscience de tout ce que nous sommes : d'étape en étape, nous avons le choix, certains choix ; et nous aurons à choisir... car « DIEU N'EST PAS RESPONSABLE ».

---

* « LÉTHÉ », en grec, signifie : oubli.

Le présent

N'oublions plus le savoir de la Vie sans mort.

N'oublions plus le savoir de nos multiples capacités.

... Mais ce n'est pas assez de « savoir ».

Pour avoir toute leur valeur, ces connaissances se doivent d'imprégner et de modifier la vie quotidienne : nous avons tous parmi nos relations de ces philosophes et croyants en pantoufles, qui ont expliqué, claironnants dans leurs discours, comment mourir, et qui trépassent dans l'effroi.

Ce que l'on sait ne doit pas être mis en boîte de théorie.

Ce que l'on sait, il faut en faire le souffle de sa vie.

Alors, quoi qu'il arrive, la sérénité de Socrate sera possible.

Je sais que la mort n'existe pas.
Pourtant, je n'accepte pas que l'on tue.
Pourtant, ainsi que chacun mais autrement,
    je ressens intensément chaque départ.

Isola PISANI
10. 9. 1979

BIBLIOGRAPHIE « SURVIE »

et études conduisant à établir sa réalité

1. ADAMENKO V., *Seminar on the problems of biological Plasma*, Journal of Paraphysics n° 4-1971.
2. BACKSTER C., (a) *Evidence of a Primary Perception in Plant Life*, International Journal of Parapsychology, 10-4-1968. — (b) *Cellular Consciousness*, Science of Mind — O. O. Box 75127, Los Angeles, California 90075.
3. BAGNALL O., *The origins and Properties of the Human Aura*, University Books, New York (1970).
4. BARRETT Sir W., *Deathbed Visions*, Methuen and Co, Londres (1926). (...) *Au seuil de l'Invisible*, Payot.
5. BELLINE, (a) *La Troisième Oreille*, R. Laffont, 1978. (b) *Anthologie de l'Au-Delà*.
6. BENDER H., *L'Etonnante parapsychologie*, Retz.
7. BERGSON H., *L'Energie spirituelle*, P.U.F. (1949).
8. BERNSTEIN M., *A la recherche de Bridey Murphy*, R. Laffont (1956).
9. BERTHOLET Dr, *La Réincarnation*, Ed. Genillard, Lausanne (1960).
10. BOZZANO E., *Des phénomènes prémonitoires. Phénomènes psychiques au moment de la mort*, J. Meyer. *Les Phénomènes de hantise*, Alcan (1920). *Les Phénomènes de Bilocation*, Jean Meyer (1937).

323

Bibliographie

11. BURR H., *Blueprint for Immortality*. The Electric Patterns of Life, Neville Spearman, Londres (1970).

12. CAMPBELL L., *Les Apparitions des mourants*.

13. CARREL A., *L'Homme, cet inconnu*, Plon.

14. CASSIRER M., *Two Visits to Dr. Raudive*, Parapsychology Review vol. 3, n° 2 (mars-avril 1972).

15. CAYCE H. L., *Venture Inward*, Harper and Row-Harrow Paperback, New York (1972).

16. CERMINARA G., *De nombreuses demeures*, Ed. Adyar, 4 square Rapp, Paris.

17. COSTA DE BEAUREGARD O., *Le Second Principe de la science et du temps*, Seuil (1963).

18. CROOKAL, *The techniques of Astral Projection*, Aquarian Press Wellinborough (1961).

19. CROOKES W., *Discours sur les recherches psychiques*, J. Meyer (1923).

20. DEAN E. D., *The Pleshysmograph as an indication of ESP*, Journal of SPR n° 4 (1962). *The significance of Kirlian Photography*, Human Dimensions vol. 2, n° 1 (mars 1973). *Non-Conventional Communications*, Proceedings, First Space Congress, Canaveral Council of Technology (1964).

21. DELANNE G., *Etude sur les vies successives*, J. Meyer (1923). *Documents pour servir à l'étude de la réincarnation*, J. Meyer. *Les Apparitions matérialisées des vivants et des morts*, Leymarie (1909).

22. DESJARDINS D., *De naissance en naissance*, La Table Ronde (1977). Mémoires de Vies Antérieures — id. (1980).

— DROSCHER V. B., *Ils se déchirent et ils s'aiment*, Seghers (1975).

23. EBON M., *The Evidence for Life after Death*, New American Library (1977). *Dialogues avec les morts*, Fayard (1971). *Reincarnation in the Twentieth Century*, New Am. Lib. 19. *Reincarnation*, Signet, New York (1970).

24. EISENBUD J., *The world of Ted Serios*, New York (1967).

25. FLAMMARION C., (a) *Après la mort*, Flammarion (1922) — Coll. J'ai Lu n° 311. (b) *La Mort et son Mystère* — J'ai Lu n° 310. (c) *Les Maisons hantées* (1923) — J'ai Lu n° A 247. (d) *L'Inconnu et les phénomènes psychiques*.

26. FLEW A., *Body, Mind and Death*, Mac Millan, New York (1964).
27. FIORE Dr. E., *Nous avons tous déjà vécu*, R. Laffont (1979).
28. FORT Ch., *Le Livre des damnés*, Losfeld (1967).
29. FORWALD H., *An experimental study suggesting a relationship between Psychokinesis and Nuclear Conditions of Matter*, Journal of Parapsychology 23 (97-1959).
30. GARRETT E., *Adventures in the Supernormal*, Garrett Publishers, New York (1959). *Awareness*, Bukley, New York (1968). *Many Voices*, Dell, New York (1969).
31. GAULD A. *A series of « drop-in » communicators*, Proceedings of SPR n° 55 (1966).
32. GELEY G., *L'Etre subconscient*, Alcan (1926).
33. GRANT J., *Far Memory, Return to Elysium, The Eyes of Horus*, etc., Corgi Books, New York.
34. GREEN C., *Out of the Body Experiences*, Institute of Psychophysical Research, Oxford (1968).
35. GUIRDHAM A., *Les Cathares et la Réincarnation*, Payot (1972).
36. HANDBOOK of PARAPSYCHOLOGY, Van Nostrand Reinhold C°, New York (1977).
37. HART H., *Scientific Survival Research*, International Journal of Parapsychology n° IX (1967).
38. HEMMERT D. et ROUDENE A., *L'Univers des fantômes*, Coll. J'ai Lu n° A 339.
39. HUNT D., *Exploring the Occult*, Pan Books, Londres (1964).
40. HUTIN S., *Voyages vers Ailleurs*, Fayard.
41. HUXLEY A., *La Fin et les Moyens*, Plon (1939).
42. INYUSHINE V. M., *Rapport d'Alma-Ata 1968*, Université Kirov du Kazakstan. *Biological Plasma of Human and Animal Organisms*, Symposium of Psychotronique, Prague (Septembre 1970).
43. IVERSON J., *Vivons-nous plus d'une vie ?*, Coll. J'ai Lu n° 360.
44. JAMES W., *Expériences et réflexions d'un psychiste*, Payot (1957).
45. JEANS Sir J., *Physics and Philosophy*, Londres (1937).
46. JOUTEL-GAY H., *Cet autre qui fut moi*, La Colombe.
47. JOUVENEL M. de, *Au diapason du ciel*, La Palatine.

Bibliographie

48. JUNG C. G., *Ma vie*, Gallimard (1966). *L'Energétique psychique*, Geor, Genève (1956).

49. KARDEC A., *Le Livre des Esprits*, Dervy.

50. KELLER W., *La Parapsychologie ouvre le Futur*, R. Laffont (1975).

51. KELSEY-GRANT, *Nos vies antérieures*, Coll. J'ai Lu n° A 297.

52. KILNER W. J., *The Human Atmosphere*, Rebman, Londres (1911).

53. KIRLIAN S. et V., *Photography and visual observations by means of high frequency currents*, Journal of Scientific and applied Photography (1961).

54. KOESTLER A., HARVIE R. et HARDY A., *Le Hasard et l'Infini*, Tchou (1977).

55. KOZYREV N., *Possibilities of experimental study of the properties of Time*, JPRS : U.S. Department of Commerce (2 mai 1968).

56. KUBLER-ROSS E., *Les Derniers Instants de la vie*, Librairie Protestante, 140, bd Saint-Germain, Paris 6ᵉ.

57. KUNZ F. L., *Feelings in Plants*, Main Currents (mai-juin 1969).

58. LAUBSCHER B., *Where Mystery Dwells*, Baily Bros and Swinfen New York (1963).

59. LEADBEATER C. W. *L'Autre Côté de la mort.*

60. LEEK S., *Reincarnation*, Bantam, New York (1974).

61. LEONIDOV I., *Signals of what ?*, Soviet Union 145 (1962).

62. LIVRE DES MORTS EGYPTIEN, Albin Michel (1963).

63. LIVRE DES MORTS TIBETAIN, Maisonneuve, Paris (1975).

64. LODGE O., *Pourquoi je crois à l'Immortalité*, J. Meyer.

65. LUPASCO S., *Les Trois Matières*, Julliard (1960). *L'Energie et la Matière vivante*, Julliard (1962).

66. MAC TAGGART, *Human Immortality and Pre-Existence.*

67. MILLARD J., *L'Homme du mystère*, Coll. J'ai Lu n° A 232.

68. MISRAKI P., *L'Expérience de l'après-vie*, R. Laffont (1974). *Les Raisons de l'irrationnel*, R. Laffont (1977).

69. MITCHELL E., *Outer Space and ESP*, ESP Congress, Hot Springs Arkansas (27-5-1972).

70. MOODY R., *La Vie après la vie*, R. Laffont (1977).

71. MONNIER P., *Lettres de Pierre*, R. Laffont (1974). Ed. abrégée : *Au-delà de la mort.*

72. MONROE R. A., *Journeys out of the Body*, Doubleday, New York (1971).

73. MOSS Th., *Radiation field photographies*, Kirlian, Psychic (1972). *The probability of the Impossible.* Plume, New York.

74. MOTOYAMA H., *The present situation of the parapsychology in the world*, Tokyo (1969).

75. MULDOON S. et CARRINGTON H., *Les Phénomènes d'extériorisation consciente du corps astral*, Dervy, Paris (1966).

76. MUSES C. A., *Introduction to Communication, Organization and Science*, by J. Rothstein, Falcon'wing Press (1958).

77. MYERS FWH., *Human Personality*, Longmans Londres (1963). *Human Personality and the Survival of Bodily Death*, University Boston (1961).

78. NAUMOV E., *Journal of Paraphysics*, Vol. IV n° 2 (1970).

79. NEUVILLE P., *Ces autres vies que vous avez pourtant vécues*, Coll. J'ai Lu, n° A 301.

80. OJACOBSSON Dr., *La Vie après la mort ?*, Presses de la Cité (1973).

81. OSIS K., *Deathbed observations by physicians and nurses*, Parapsychology Foundation, New York (1961). *Out of the Body Visions*, Psychic (mars-avril 1973).

82. OSTRANDER S., SCHROEDER L., (a) *Fantastiques Recherches parapsychologiques en U.R.S.S.*, R. Laffont (1973). (b) *Nouvelles Recherches sur les phénomènes Psi*, R. Laffont (1977).

83. PAPUS, *La Réincarnation*, Dr. Gérard Encausse, Dangles.

84. PAQUI, *Entretiens célestes, messages de Paqui*, Edit. par les Amis de Paqui, 3, cours de Verdun, Dax.

85. PIKE J. A., *Dialogues avec l'Au-Delà*, Ed. Robert Laffont (1970).

86. PLAYFAIR G., *Le Pouvoir de l'Invisible*, Coll. J'ai Lu n° A 350.

87. PRIEUR J., (a) *Les Témoins de l'Invisible*, Fayard (1975). (b) *Les morts ont donné signe de vie*, Fayard (1976). (c) *L'Aura et le Corps immortel*, R. Laffont (1979).

Bibliographie

88. REANT-SOTTO, *Traverses n° 1 :* Lieux et objets de la mort. *Triades,* suppl. n° 14 : Nous et les Morts.

89. REJDAK Z., *Rapports sur la psychotronique,* IARP Luxembourg.

90. RHINE L.E., *Les Voies secrètes de l'esprit,* Fayard. *Mind over Matter,* New York (1970).

91. RICHET Ch., *Traité de métapsychique,* Alcan (1923). *L'Avenir et la Prémonition,* Aubier.

92. ROCHAS A. de, *Les Vies successives,* Chacornac (1911).

93. ROGO S., *La Parapsychologie dévoilée,* Tchou (1976).

94. RUSSEL EW., *Design for Destiny,* Neville Spearman, Londres (1971).

95. RUYER R., *La Gnose de Princeton,* Fayard (1976).

96. RYALL EW., *Born Twice-Total Recall of a Seventeenth Century Life,* Harper and Row, Londres (1974).

97. RYZL M., *A method in training in ESP,* International Journal of Parapsychology, vol. 8 (1966).

98. SAURAT D., *L'Expérience de l'au-delà,* La Colombe.

99. SEGHERS Edit., *La mort est une autre naissance* (1979).

100. SOTTO A. et OBERTO B., *Au-delà de la mort,* Presses de la Renaissance (1977).

101. STEVENSON I., (a) *Twenty Cases suggestive of Reincarnation,* Presses Univers. Virginie : 2ᵉ édit. (1974). (b) *Cases of the Reincarnation Type* India.-id. (1977). (c) *Cases of the Reincarnation Type,* Sri Lanka.-id. (1978).
The Evidence for Survival from claimed memories of former reincarnations (1961).

102. STEARN J., *The girl with blue eyes,* Doubleday, New York (1968).

103. SUDRE R., *Personnages d'au-delà,* Denoël.

104. SWANN I., *Scientological Techniques :* A modern Paradigme for the exploration of Consciousness and Psychic Integration, Proceedings of the First International Conference on Psychotronic Research Virginia (6 sept. 1974).

105. TARG R. et PUTHOFF H., *Aux confins de l'esprit,* Albin Michel (1979). *Techniques pour améliorer la communication entre hommes et machine, Experiments in Distant Influence,* New York Dutton (1976). Stanford Research Institute (juillet

1978). *Rapport final sur le projet NASA*, NAS 71100, P. Cole.

106. TART C. C., *Altered states of Consciousness*, Wiley, New York (1969).

107. TOMPKINS-BIRD, *La Vie secrète des plantes*, R. Laffont (1975).

108. VASSILIEV L. L., *Experiments in mental suggestion*, Hampshire, Galley Hill (1963).

109. VICTOR M. C., *Augustin Lesage, peintre médium*, Victor.

110. WATSON L., (a) *Histoire naturelle du surnaturel*, Albin Michel, Coll. J'ai Lu. (b) *Histoire naturelle de la vie éternelle*, Albin Michel, Coll. J'ai Lu.

111. WOOD F. et HULME A. J., *Ancient Egypt Speaks*, Rider, Londres (1937).

112. ZIEGLER J., *Les Vivants et la Mort*, Seuil (1975).

113. REINCARNATION, *The Phoenix Fire Mystery*, The Julian Press, One Park Avenue, New York, N. Y. 10016.

114. MARTINSART Ed., *Univers de la parapsychologie et de l'ésotérisme* (1975).

115. WEBB D., *L'Hypnose et les Phénomènes Psi*, R. Laffont (1976).

116. BRETON G. et PAUWELLS, *Nouvelles Histoires magiques*, Albin Michel (1978).

TABLE DES MATIÈRES

III.   LES ENQUÊTEURS

Achevé d'imprimer le 18 mars 1980
sur les presses de l'Imprimerie Bussière
à Saint-Amand (Cher)
pour les éditions Robert Laffont

— N° d'édit. H. 502. — N° d'imp. 428. —
Dépôt légal : 1er trimestre 1980.